O TÚNEL DE POMBOS

JOHN LE CARRÉ
O TÚNEL DE POMBOS
HISTÓRIAS DA MINHA VIDA

Tradução de
Alessandra Bonrruquer

EDITORA RECORD
RIO DE JANEIRO • SÃO PAULO
2018

CIP-BRASIL. CATALOGAÇÃO NA PUBLICAÇÃO
SINDICATO NACIONAL DOS EDITORES DE LIVROS, RJ

C31t

Carré, John Le, 1931-
   O túnel de pombos: histórias da minha vida / John Le Carré; tradução de Alessandra Bonrruquer. – 1ª ed. – Rio de Janeiro: Record, 2018.

   Tradução de: The Pigeon Tunnel: Stories from My Life
   ISBN 978-85-01-11116-6

   1. Carré, John Le, 1931– . 2. Escritores – Inglaterra – Biografia. II. Bonrruquer, Alessandra. III. Título.

17-46907

CDD: 928.21
CDU: 929:821.111

TÍTULO ORIGINAL:
THE PIGEON TUNNEL: STORIES FROM MY LIFE

Copyright © 2016 by David Cornwell

Texto revisado segundo o novo Acordo Ortográfico da Língua Portuguesa.

Todos os direitos reservados. Proibida a reprodução, no todo ou em parte, através de quaisquer meios. Os direitos morais do autor foram assegurados.

Composição de miolo: Abreu's System

Direitos exclusivos de publicação em língua portuguesa somente
para o Brasil adquiridos pela
EDITORA RECORD LTDA.
Rua Argentina, 171 – Rio de Janeiro, RJ – 20921-380 – Tel.: (21) 2585-2000,
que se reserva a propriedade literária desta tradução.

Impresso no Brasil

ISBN 978-85-01-11116-6

Seja um leitor preferencial Record.
Cadastre-se no site www.record.com.br e receba informações
sobre nossos lançamentos e nossas promoções.

Atendimento e venda direta ao leitor:
mdireto@record.com.br ou (21) 2585-2002.

Sumário

Prefácio.. 7

Introdução 9

1 Não seja rude com seu Serviço Secreto................................ 21
2 As leis do Dr. Globke 33
3 Visita oficial.. 43
4 Dedo no gatilho 46
5 A quem interessar possa.. 52
6 As engrenagens da justiça britânica 56
7 A deserção de Ivan Serov 58
8 Um legado.. 64
9 A inocência de Murat Kurnaz 73
10 Indo a campo.. 78
11 Dando de cara com Jerry Westerby 86
12 Solitário em Vientiane 90
13 Teatro do Real: danças com Arafat...................................... 94
14 Teatro do Real: Villa Brigitte 106
15 Teatro do Real: uma questão de culpa................................. 112
16 Teatro do Real: palavras de afeto 116
17 O cavaleiro soviético está morrendo dentro de sua armadura.. 122
18 O Leste selvagem: Moscou, 1993... 134
19 Sangue e tesouro.. 145
20 Os maiores ursos no jardim 154

21	Entre os inguches	166
22	O prêmio de Joseph Brodsky	170
23	A fonte errada	173
24	Guardião do seu irmão	184
25	Quel Panama!	198
26	Sob disfarce	209
27	Caçando os senhores da guerra	213
28	Richard Burton precisa de mim	225
29	Alec Guinness	238
30	Obras-primas perdidas	243
31	A gravata de Bernard Pivot	254
32	Almoçando com prisioneiros	260
33	Filho do pai do autor	265
34	Para Reggie, com meus agradecimentos	300
35	O homem mais procurado	302
36	O cartão de crédito de Stephen Spender	312
37	Conselhos a um aspirante a escritor	313
38	O último segredo oficial	314

Fontes 319

Prefácio

Não há quase nenhum livro meu que, em algum momento, não tenha sido provisoriamente chamado de *O túnel de pombos*. A origem desse título tem uma explicação simples. Quando eu era adolescente, meu pai decidiu me levar em uma das suas jogatinas em Monte Carlo. Perto do velho cassino, ficava o clube esportivo e, mais abaixo, o gramado e um campo de tiro de frente para o mar. Sob o gramado, estreitos túneis paralelos corriam até a água. Neles, eram colocados pombos que haviam nascido e sido apanhados em armadilhas no telhado do cassino. Sua tarefa era voar pelos túneis escuros e emergir no céu mediterrâneo, servindo de alvo para os bem-alimentados cavalheiros esportistas que aguardavam, de pé ou deitados, com suas espingardas. Os pombos que não eram atingidos ou ficavam apenas feridos faziam o que essas aves sempre fazem: retornavam ao local de nascimento no telhado do cassino, onde as mesmas armadilhas esperavam por eles.

A razão pela qual essa imagem me assombra há tanto tempo é algo que o leitor talvez seja capaz de julgar melhor que eu.

John le Carré, janeiro de 2016

Introdução

Estou sentado à minha escrivaninha, no porão de um pequeno chalé suíço que construí com os ganhos que obtive com *O espião que saiu do frio*, em um vilarejo nas montanhas a noventa minutos de trem de Berna, a cidade onde, aos 16 anos, me refugiei após sair do colégio interno na Inglaterra e onde me matriculei na universidade. Nos fins de semana, grandes grupos de estudantes, garotos e garotas, a maioria bernenses, iam até Oberland para dormir em cabanas e esquiar até cansar. Pelo que sei, éramos o suprassumo da decência: garotos de um lado, garotas do outro, sem jamais se misturarem. Ou, se eles se misturavam, eu jamais o fazia.

O chalé fica acima do vilarejo. Da minha janela, se eu olhar para o alto, tenho um vislumbre dos cumes das montanhas Eiger, Mönch e Jungfrau e, mais belos que todos, do Silberhorn e do Kleines Silberhorn, um pouco abaixo: dois cones de gelo suavemente afilados que periodicamente sucumbem ao gris por conta de um cálido vento sul chamado Föhn, apenas para ressurgir, dias mais tarde, engrinaldados em toda a sua glória.

Entre nossos padroeiros, temos o onipresente compositor Mendelssohn – siga as setas para o passeio Mendelssohn –, o poeta Goethe, embora ele aparentemente só tenha chegado até as cascatas de Lauterbrunnental, e o poeta Byron, que foi até Wengernalp e odiou, protestando contra aquelas florestas devastadas pela tempestade que "me remetem a mim mesmo e a minha família".

Mas o padroeiro que mais reverenciamos é sem dúvida um tal Ernst Gertsch, que trouxe fama e fortuna para o vilarejo ao inaugurar a corrida de esqui de Lauberhorn em 1930, na qual ele mesmo venceu o *slalom*.

O TUNEL DE POMBOS

Certa vez, fui louco o bastante para participar e, por uma combinação de incompetência e puro medo, eu me dei mal, como era de esperar. Minhas pesquisas dizem que, não contente em se tornar o pai da competição, Ernst também nos deu as bordas de aço para os esquis e as plataformas de aço para os fixadores, pelo que todos devemos ser gratos.

O mês é maio, de modo que experimentamos o clima do ano inteiro em uma única semana: ontem, mais de meio metro de neve e nenhum esquiador para aproveitá-la; hoje, sol escaldante e céu de brigadeiro, com quase toda a neve derretida e flores de primavera voltando. Agora à noite, nuvens cinza de tempestade se preparam para marchar sobre o vale de Lauterbrunnen, como a *Grande Armée* de Napoleão.

E é provável que, ao despertar, como fomos poupados da sua visita nos últimos dias, o Föhn retorne, então o céu, os prados e as florestas vão ficar inundados de cores. O chalé vai estalar e se agitar, com a fumaça saindo da lareira e sujando o tapete pelo qual pagamos caro demais naquela tarde chuvosa em Interlaken, em um inverno sem neve de sabe-se lá que ano. Cada tinido e cada grasnado no vale soarão como um irritado grito de protesto, e todos os pássaros ficarão confinados a seus ninhos, à exceção das gralhas, que não aceitam ordens de ninguém. Durante o Föhn, não dirija nem peça ninguém em casamento. Se sentir dor de cabeça ou o súbito desejo de matar seu vizinho, fique tranquilo. Não é uma ressaca, é o Föhn.

O chalé ocupa um espaço, nos meus 84 anos de vida, desproporcional ao seu tamanho. Antes de construí-lo, vim ao vilarejo ainda menino, primeiro para esquiar com esquis de freixo ou de nogueira, usando pele de foca para subir e fixadores de couro para descer, depois para caminhar pelas montanhas durante o verão com meu sábio mestre de Oxford, Vivian Green, mais tarde reitor do Lincoln College, que inspirou, com seu exemplo, o íntimo de George Smiley.

Não é coincidência que Smiley, assim como Vivian, adore os Alpes Suíços e encontre consolo em sua paisagem ou que, como eu, mantenha um longo e conturbado relacionamento com a musa alemã.

Foi Vivian quem suportou minhas queixas sobre meu instável pai, Ronnie, e foi Vivian quem, quando Ronnie enfrentou mais uma das suas

INTRODUÇÃO

espetaculares falências, consegui o dinheiro necessário e me arrastou de volta para que eu terminasse os estudos.

Em Berna, conheci o herdeiro da mais antiga família de hoteleiros de Oberland. Sem sua posterior influência, eu jamais teria recebido a permissão para construir o chalé, pois naquela época, como agora, nenhum estrangeiro pode ser proprietário de um metro quadrado que seja de terras no vilarejo.

Foi também em Berna que dei meus primeiros passos no Serviço Secreto, entregando não sei o que a não sei quem. Tive muitos momentos estranhos nos últimos dias, me perguntando como teria sido minha vida se eu não tivesse saído do colégio interno ou se tivesse saído e partido em outra direção. Ocorre-me agora que tudo o que aconteceu mais tarde foi resultado dessa impulsiva decisão juvenil de sair da Inglaterra pela rota mais rápida e abraçar a musa alemã como uma mãe substituta.

Não fui um fracasso no colégio, longe disso: capitão de alguns times, vencedor de prêmios, menino de ouro em potencial. E minha fuga foi muito discreta. Não bradei nem gritei. Disse apenas: "Pai, você pode fazer o que quiser comigo, mas eu não vou voltar." E é bem provável que eu tenha colocado a culpa pela minha infelicidade no colégio – e também na Inglaterra –, quando meu real motivo era me afastar da influência do meu pai a todo custo, algo que eu dificilmente poderia dizer a ele. Desde então, é claro, vi meus próprios filhos fazerem o mesmo, embora de modo mais elegante e com muito menos alarde.

Mas nada disso responde à questão central sobre a direção que minha vida poderia ter tomado. Sem Berna, teria eu sido recrutado como jovem mensageiro do Serviço Secreto britânico, fazendo o que nesse meio chamam de *um pouco disso, um pouco daquilo?* Eu ainda não tinha lido *Ashenden*, de Maugham, naquela época, mas certamente já tivera a oportunidade de ler *Kim*, de Kipling, e muitas aventuras chauvinistas de G. A. Henty e outros como ele. Dornford Yates, John Buchan e Rider Haggard eram inofensivos.

E, é claro, apenas quatro anos após o fim da guerra, eu era o maior patriota britânico do hemisfério. Durante meu curso preparatório, nós, os rapazes, havíamos nos tornado especialistas em identificar espiões alemães no nosso meio, e eu era considerado um dos melhores agentes de contraespionagem. No colégio interno, nosso fervor nacionalista não conhecia limites. Tínhamos "Corpo" – treinamento militar com farda completa – duas vezes por semana. Nossos jovens professores tinham retornado bronzeados da guerra e, nos dias de Corpo, usavam suas medalhas e fitas de condecoração. Meu professor de alemão estivera em uma guerra maravilhosamente misteriosa. Nossos orientadores nos preparavam para uma vida de serviço em destacamentos longínquos do Império. A abadia localizada no coração da nossa cidadezinha era decorada com bandeiras regimentais esfarrapadas pelos tiros que levaram em guerras coloniais na Índia, na África do Sul e no Sudão e então restauradas a sua glória original por amorosas mãos femininas usando redes de pesca.

Assim, não surpreende que, quando o Grande Chamado chegou para mim na pessoa de uma dama de 30 e poucos anos e aparência maternal chamada Wendy, da seção de vistos da embaixada britânica em Berlim, o estudante britânico de 17 anos, se superando a cada dia em uma universidade estrangeira, tenha se apressado em atender, dizendo: "Ao seu dispor, senhora!"

Mais difícil de explicar é minha completa devoção à literatura alemã em uma época na qual, para muitos, a palavra *alemã* era sinônimo de maldade sem paralelo. No entanto, assim como minha fuga para Berna, essa devoção foi decisiva para toda a minha vida posterior. Sem ela, eu jamais teria visitado a Alemanha em 1949, por insistência do meu professor de alemão, um refugiado judeu; jamais teria visto as cidades arrasadas do Ruhr nem teria me deitado, muito doente, em um velho colchão da Wehrmacht, em um hospital de campanha improvisado no metrô de Berlim; tampouco teria visitado os campos de concentração de Dachau e de Bergen-Belsen enquanto o mau cheiro ainda se fazia presente nas cabanas, para então retornar à imperturbável serenidade de Berna, para os meus Thomas Mann e Hermann Hesse. Certamente jamais teria recebido tarefas de inteligência na Áustria ocupada enquanto cumpria o serviço militar obrigatório, não teria estudado literatura e língua alemã

INTRODUÇÃO

em Oxford, nem ensinado as mesmas disciplinas em Eton; tampouco teria servido na embaixada britânica em Bonn disfarçado de diplomata júnior ou escrito romances de temática alemã.

O legado do meu envolvimento precoce com todas as coisas alemãs está bem claro para mim. Ele me concedeu um espaço próprio em um território eclético, alimentou meu incurável romantismo e meu amor pelo lirismo e instilou em mim a noção de que a jornada de um homem, do berço à sepultura, é um aprendizado sem fim — um conceito não exatamente original e provavelmente questionável, mas, ainda assim, presente. E, quando comecei a estudar os dramas de Goethe, Lenz, Schiller, Kleist e Büchner, descobri que me identificava igualmente com sua austeridade clássica e com seus excessos neuróticos. O truque, ou assim me pareceu ser, consistia em disfarçar estes naquela.

★

O chalé tem quase cinquenta anos. Enquanto meus filhos cresciam, eles vinham para cá esquiar em toda temporada de inverno, e foi onde passamos nossos melhores momentos juntos. Às vezes, vínhamos também na primavera. Foi aqui também que, durante quatro divertidas semanas, acho que no inverno de 1967, eu me enclausurei com Sydney Pollack, diretor de *Tootsie*, *Entre dois amores* e — meu favorito — *A noite dos desesperados*, enquanto discutíamos um roteiro para meu romance *Uma pequena cidade da Alemanha*.

A neve estava perfeita naquele inverno. Sydney nunca havia esquiado e nunca estivera na Suíça. A visão de esquiadores felizes e despreocupados passando rápido em frente à nossa varanda foi simplesmente demais para Sydney. Ele tinha de ser um deles, e tinha de ser já. Queria que eu o ensinasse, mas, graças a Deus, acabei chamando Martin Epp: instrutor de esqui, lendário guia de montanhas e um dos poucos homens a subir sozinho a face norte do Eiger.

O primoroso diretor de cinema de South Bend, Indiana, e o primoroso montanhista de Arosa se deram bem de imediato. Sydney não fazia nada pela metade. Em poucos dias era um esquiador competente. Além disso, foi tomado pelo ardente desejo de fazer um filme sobre Martin

Epp que logo superou seu desejo de filmar *Uma pequena cidade da Alemanha*. O Eiger representaria o Destino. Eu escreveria o roteiro, Martin interpretaria a si mesmo e Sydney seria içado até metade da encosta do Eiger para filmá-lo. Ele ligou para seu agente e falou de Martin. Ligou para seu analista e falou de Martin. A neve continuou perfeita e teve um efeito na energia de Sydney. Decidimos que à noite, após o banho, era o melhor momento para escrever. Apesar de tudo isso, nenhum dos filmes foi realizado.

Mais tarde, para minha surpresa, Sydney cedeu o chalé para que Robert Redford fizesse um reconhecimento para seu filme *Os amantes do perigo*. Infelizmente, jamais o encontrei, mas, durante anos após aquilo, sempre que ia até o vilarejo carregava comigo a aura de amigo de Robert Redford.

*

Essas são histórias reais, contadas de memória – e agora você tem o direito de perguntar o que é verdade e o que é a memória de um escritor criativo naquilo que podemos delicadamente chamar de o entardecer da sua vida. Para um advogado, a verdade são os fatos sem adorno. Se esses fatos são verificáveis, essa é outra história. Para o escritor criativo, os fatos são o material bruto, não seu capataz, e sim seu instrumento, e seu trabalho é fazê-lo cantar. Se a verdadeira realidade reside em algum lugar, não é nos fatos, mas nas nuances.

Será que já houve algo como uma memória imaculada? Duvido. Mesmo quando nos convencemos de que estamos sendo objetivos, nos agarrando aos fatos, sem adornos nem omissões, a memória imaculada permanece tão escorregadia quanto um sabonete molhado. Pelo menos é isso que acontece comigo, depois de uma vida inteira misturando experiência e imaginação.

Aqui e ali, onde achei que a história merecia, busquei diálogos ou descrições de artigos de jornal que escrevi na época, porque seu frescor me atraiu e porque a memória tardia não fornece a mesma acuidade: por exemplo, minha descrição de Vadim Bakatin, antigo chefe da KGB. Em outros casos, deixei a história exatamente como a escrevi na época,

INTRODUÇÃO

apenas organizando um ou outro trecho e acrescentando detalhes para esclarecê-la ou atualizá-la.

Não parto do pressuposto de que meu leitor seja um grande conhecedor da minha obra – ou mesmo que tenha algum conhecimento dela –, o que justifica a existência de alguns trechos explicativos. Mas, por favor, esteja certo de que em nenhum momento falseei conscientemente um evento ou uma história. Disfarcei quando necessário? Sim. Falseei? Definitivamente, não. E, sempre que minha memória fraquejava, eu tomava o cuidado de informar. Um recém-publicado relato da minha vida oferece versões resumidas de uma ou duas das histórias e, assim, naturalmente me agrada reclamá-las como minhas, contá-las com minha própria voz e revesti-las, ao máximo, dos meus próprios sentimentos.

Alguns episódios adquiriram uma importância da qual eu não tinha noção na época, talvez por causa da morte de algum personagem importante. Durante minha vida, nunca mantive um diário; apenas anotações de viagens ocasionais e um ou outro diálogo irrecuperável, como, por exemplo, meus dias com Yasser Arafat, presidente da OLP, antes da sua expulsão do Líbano e, mais tarde, minha malograda visita ao seu hotel branco em Túnis, a mesma cidade onde vários integrantes do seu alto-comando, alojados a alguns quilômetros na mesma rodovia, foram assassinados por um grupo armado israelense algumas semanas depois da minha partida.

Homens e mulheres poderosos me atraíam porque estavam lá e porque eu queria saber o que os movia. Mas, na sua presença, tudo o que eu parecia ser capaz de fazer – quando penso nisso – era menear a cabeça com sabedoria, assentir nos momentos certos e tentar contar uma piada ou outra para aliviar a tensão. Somente depois, de volta ao meu quarto de hotel, eu pescava meu maltratado bloco de anotações e me esforçava para atribuir algum sentido ao que tinha visto e ouvido.

Os outros apontamentos de viagem que sobreviveram foram, em sua maior parte, escritos não por mim pessoalmente, mas pelos personagens fictícios que levava comigo para me proteger quando me aventurava em campo. Era da sua perspectiva, não da minha, e com suas palavras que os apontamentos eram feitos. Quando me vi encolhido em uma trincheira ao lado do rio Mekong e pela primeira vez na vida ouvi balas atingindo a lama acima da minha cabeça, não foi minha mão trêmula que confidenciou minha indignação ao bloco improvisado, mas a mão do meu corajoso herói fictício, o repórter do *front* Jerry Westerby, para quem ser baleado fazia parte da rotina. Eu costumava achar que era excepcional nisso até conhecer um célebre fotógrafo de guerra que me confessou que era apenas quando olhava através da lente da câmera que o pavor o abandonava.

Bem, esse pavor nunca me abandonou. Mas eu sei bem do que ele estava falando.

*

Se você tiver a sorte de fazer sucesso logo no começo da sua carreira de escritor, como aconteceu comigo com *O espião que saiu do frio*, pelo resto da sua vida haverá uma espécie de "antes da queda" e "depois da queda". Então, você olha para os livros que escreveu antes de os holofotes se voltarem na sua direção e eles parecem os livros da sua inocência; os que escreveu depois disso, em contrapartida, são, nos seus momentos mais sombrios, os esforços de um homem sendo julgado. "Ele está se esforçando demais", gritam os críticos. Eu nunca achei que estivesse me esforçando demais. Acho que devo ao meu sucesso dar o melhor de mim e, de modo geral, fosse bom ou ruim esse melhor, foi o que fiz.

E eu adoro escrever. Adoro fazer o que estou fazendo neste momento, rabiscando no meu esconderijo, sentado a uma escrivaninha apertada no início de uma manhã escura de maio, com a chuva das montanhas batendo na janela e nenhuma desculpa para descer até a estação ferroviária debaixo de um guarda-chuva porque o *International New York Times* só chega na hora do almoço.

Adoro escrever de improviso, em blocos de anotações durante caminhadas, em trens e cafés e, então, correr para casa e admirar meu espólio. Quando estou em Hampstead, tenho um banco favorito no Heath, aninhado embaixo de uma árvore frondosa e separado dos seus companheiros, e é nele que gosto de rabiscar. Sempre escrevi à mão. Talvez seja arrogância minha, mas prefiro manter a tradição secular

INTRODUÇÃO

de escrita não mecanizada. O artista gráfico frustrado que há em mim gosta de desenhar as palavras.

E gosto mais ainda da *privacidade* da escrita, razão pela qual não participo de festivais literários e, tanto quanto possível, me mantenho distante de entrevistas, ainda que não pareça o caso. Há momentos, comumente à noite, em que desejo jamais ter dado uma entrevista sequer. Em primeiro lugar, você inventa a si mesmo e, em seguida, começa a acreditar na própria invenção. Não é um processo compatível com o autoconhecimento.

Em viagens de pesquisa, me sinto parcialmente protegido por ter outro nome na vida real. Posso fazer o check-in nos hotéis sem me preocupar com a possibilidade de meu nome ser reconhecido; no entanto, quando não é, questiono-me ansiosamente por que não foi. Quando sou obrigado a me identificar para pessoas cuja experiência quero conhecer, os resultados variam. Algumas se recusam a acreditar em mim, outras me promovem a chefe do Serviço Secreto e, quando protesto dizendo que sempre fui uma forma de vida inferior no trabalho, retrucam que obviamente eu diria isso. Em seguida, me enchem de confidências que não quero ouvir, que não posso usar e das quais não me lembrarei, partindo da hipótese equivocada de que as passarei adiante para Você Sabe Quem. Forneci alguns exemplos desse dilema tragicômico.

Mas a maioria das almas desafortunadas que bombardeei dessa maneira nos últimos cinquenta anos – de executivos de médio escalão da indústria farmacêutica a banqueiros, mercenários e várias espécies de espiões – demonstrou paciência e generosidade. Os mais generosos foram os repórteres de guerra e correspondentes internacionais, que colocaram o romancista parasita debaixo da asa, creditaram a ele uma coragem que não tinha e permitiram que andasse com sua turma.

Não consigo imaginar minhas incursões pelo Sudeste Asiático e pelo Oriente Médio sem os conselhos e o companheirismo de David Greenway, o condecorado correspondente da *Time*, do *Washington Post* e do *Boston Globe* no Sudeste Asiático. Nenhum neófito tímido poderia almejar seguir os passos de um astro mais leal. Em uma agitada manhã de 1975, ele estava sentado à mesa do café da manhã aqui no chalé, gozando de um breve repouso da linha de frente, quando seu escritório em Washington ligou para dizer que a cidade sitiada de Phnom Penh estava prestes a ser tomada pelo Khmer Vermelho. Não há estrada que desça até o vale partindo do nosso vilarejo, apenas um trenzinho que nos leva a um trem maior, que nos conduz a outro trem maior ainda e de lá para o aeroporto de Zurique. Em um minuto, ele tirou seu traje alpino e vestiu a velha calça de sarja e os surrados sapatos de camurça de correspondente de guerra, beijou a mulher e as filhas e começou a correr colina abaixo até a estação. Corri atrás dele com seu passaporte.

Notoriamente, Greenway foi um dos últimos jornalistas dos Estados Unidos a ser resgatado de helicóptero do teto da embaixada americana sitiada em Phnom Penh. Em 1981, quando tive disenteria na ponte Allenby, que conecta a Cisjordânia à Jordânia, Greenway me empurrou através da massa de viajantes impacientes que aguardavam na fila, nos fez passar pela barreira apenas com a força da sua personalidade e me conduziu até o outro lado.

Ao reler alguns dos episódios que descrevi, percebo que, por puro egoísmo ou em prol de uma história mais perspicaz, não mencionei quem mais estava presente na ocasião.

Penso na minha conversa com o físico e prisioneiro político russo Andrei Sakharov e sua esposa, Elena Bonner, que ocorreu em um restaurante na cidade que ainda se chamava Leningrado, sob a égide da Human Rights Watch, cujos três representantes estavam sentados à mesa conosco e sofriam as mesmas intrusões pueris dos falsos fotojornalistas da KGB que formavam um círculo à nossa volta, disparando os flashes de câmeras antigas nos nossos rostos. Espero que, em algum lugar, outros membros do nosso grupo tenham feito seus próprios relatos daquele dia histórico.

Penso em Nicholas Elliott, amigo e colega de trabalho do agente duplo Kim Philby, andando de um lado para o outro na saleta da nossa casa em Londres, com um copo de conhaque na mão, e lembro tarde demais que minha esposa também estava presente, sentada na poltrona em frente à minha e tão fascinada quanto eu.

INTRODUÇÃO

E me lembro, enquanto escrevo, da noite em que Elliott trouxe sua esposa, Elizabeth, para jantar e tivemos um adorável convidado iraniano que falava um inglês irrepreensível, com uma leve e bastante charmosa gagueira. Quando nosso convidado iraniano foi embora, Elizabeth se voltou para Nicholas com os olhos brilhando e disse em um tom animado:

– Você notou como ele gagueja, querido? Igualzinho ao Kim!

O longo capítulo sobre meu pai, Ronnie, está no fim e não no início do livro porque, por mais que ele fosse gostar disso, eu não o queria acotovelando todo mundo para chegar na frente. Apesar de todas as horas que passei me torturando ao seu respeito, para mim ele permanece tão misterioso quanto minha mãe. A menos que eu informe o contrário, todas as histórias são inéditas. Quando considerei necessário, alterei nomes. O personagem principal pode estar morto, mas seus herdeiros e legatários podem não achar graça. Tentei traçar um caminho ordenado pela minha vida em termos de temática, e não cronologicamente, pois, como a própria vida, esse caminho se abriu para a incoerência, e algumas histórias se tornaram o que são para mim: incidentes isolados, autônomos, sem indicar nenhuma direção da qual eu esteja consciente, contadas apenas pelo que passaram a significar para mim e porque me alarmam, comovem ou assustam – ou então me fazem acordar no meio da noite e rir bem alto.

Com a passagem do tempo, alguns dos encontros que descrevo adquiriram, aos meus olhos, o status de pequenos fragmentos de história pegos em flagrante, o que suponho que aconteça a todas as pessoas mais velhas. Ao relê-los na íntegra, da farsa à tragédia e à farsa novamente, eu os acho ligeiramente irresponsáveis, embora não esteja bem certo do porquê disso. Talvez ache minha própria vida irresponsável. Mas é tarde demais para fazer qualquer coisa a esse respeito.

★

Há muitas coisas sobre as quais não me sinto inclinado a escrever, assim como há na vida de qualquer um. Tive duas esposas imensamente leais e devotadas, e devo a ambas infinitos agradecimentos e não poucas desculpas. Não fui um modelo de marido nem de pai, e não estou interessado em me apresentar como tal. O amor me chegou tarde, após muitos passos em falso. Devo minha educação ética aos meus quatro filhos. Sobre meu trabalho no Serviço Secreto britânico, realizado majoritariamente na Alemanha, nada desejo acrescentar ao que já foi imprecisamente relatado por outras pessoas em outros lugares. Estou atado a vestígios de uma antiga lealdade àqueles serviços mas também aos votos de silêncio que fiz a homens e mulheres que concordaram em colaborar comigo. Ficou implícito, entre nós, que a promessa de confidencialidade não teria uma barreira temporal, estendendo-se aos seus descendentes e além. O trabalho que fizemos não foi perigoso ou dramático, mas envolveu doloroso exame de consciência por parte dos que se dispuseram a fazê-lo. Estejam essas pessoas vivas ou mortas, a promessa de confidencialidade se mantém.

A espionagem me foi imposta desde o nascimento, algo similar, suponho, a como o mar foi imposto a C. S. Forester ou a Índia a Paul Scott. Do mundo do serviço secreto que conheci, tentei fazer um teatro para os mundos mais amplos que habitamos. Primeiro vem a imaginação, depois, a busca pela realidade. Então de volta à imaginação e à mesa à qual estou sentado agora.

1

Não seja rude com seu Serviço Secreto

– Eu sei o que você é – grita Denis Healey, ex-ministro da Defesa britânico e membro do Partido Trabalhista, em uma festa para a qual fomos convidados, estendendo a mão depois de atravessar a porta e vir até mim. – Você é um espião comunista, é isso que você é. Admita.

Eu admito, como caras legais fazem nessas situações. E todo mundo ri, inclusive meu ligeiramente perplexo anfitrião. Também dou uma risada, porque sou um cara legal e posso aceitar uma brincadeira tão bem quanto qualquer um e porque Denis Healey pode até ser um figurão do Partido Trabalhista e gostar de arranjar encrenca na política mas também é um erudito e um humanista altamente respeitado, eu o admiro e ele está alguns drinques na minha frente.

– Cornwell, você é um desgraçado – grita um oficial de meia-idade do MI6 com quem já trabalhei, enquanto um grupo de políticos importantes de Washington se reúne para uma recepção diplomática organizada pelo embaixador britânico. – Um *grande* desgraçado.

Ele não esperava me encontrar, mas quando me vê fica feliz com a oportunidade de dizer o que pensa a meu respeito por insultar a honra do Serviço – a porra do *nosso* Serviço, pelo amor de Deus! – e ridicularizar homens e mulheres que amam seu país e não podem revidar. Ele está parado bem na minha frente, meio encurvado, como alguém prestes a desferir um soco e, se mãos diplomáticas não o tivessem detido discretamente, a imprensa teria feito a festa na manhã seguinte.

Aos poucos, as conversas no coquetel são retomadas. Mas não antes de eu ter apurado que o livro que o aborreceu não foi *O espião que saiu do frio*, mas o seguinte, *A guerra no espelho*, que conta a história sombria de um agente britânico-polonês enviado para uma missão na Alemanha Oriental e deixado lá para apodrecer. Infelizmente, a Alemanha Oriental tinha feito parte da paróquia do meu acusador na época em que trabalhamos juntos. Penso em contar que Allen Dulles, recém-aposentado diretor da CIA, havia declarado que o livro era um pouco mais próximo da realidade que o anterior, mas temo que isso apenas alimente sua fúria.

– Somos cruéis, não somos? Incompetentes e cruéis! Muito obrigado!

Meu ex-colega furioso não é o único. Em tons menos inflamados, ouvi repetidas vezes a mesma censura nas últimas cinco décadas, não como um esforço sombrio ou coordenado, mas como um refrão de pessoas magoadas que acreditam estar fazendo um trabalho necessário.

"Por que implicar com a gente? Você sabe como realmente somos." Ou, de modo mais desagradável: "Agora que ganhou dinheiro à nossa custa, talvez você possa nos deixar em paz por um tempo."

E sempre, em algum momento, o desanimado lembrete de que o Serviço não pode responder; de que ele é indefeso contra propagandas negativas; de que seus êxitos devem permanecer desconhecidos; de que só pode ser conhecido pelas suas falhas.

– Definitivamente não somos como nosso anfitrião nos descreve – declara Sir Maurice Oldfield, severamente, a Sir Alec Guinness durante o almoço.

Oldfield é um antigo chefe do Serviço Secreto que mais tarde teria problemas com Margaret Thatcher, porém, na época do nosso encontro, era apenas outro velho espião aposentado.

– Eu sempre quis conhecer Sir Alec – disse-me ele, com sua acolhedora voz do norte, quando o convidei. – Desde que me sentei em frente a ele no trem para Winchester. Eu queria ter puxado conversa, mas não tive coragem.

Guinness está prestes a interpretar meu agente secreto George Smiley na adaptação da BBC de *O espião que sabia demais* e deseja desfrutar da companhia de um espião de verdade. Mas o almoço não transcorre sem percalços, como eu esperava. Durante a entrada, Oldfield exalta os padrões éticos do seu antigo Serviço e insinua, com bastante gentileza, que "o jovem David aqui" manchou seu bom nome. Guinness, ex-oficial da Marinha que se autopromoveu aos mais altos escalões do Serviço Secreto quando conheceu Oldfield, consegue apenas concordar sabiamente com a cabeça. Quando chega o linguado, Oldfield avança mais um pouco na sua tese.

— São jovens como David – diz ele a Guinness do outro lado da mesa, ao mesmo tempo que me ignora, sentado ao seu lado – que tornam tão difícil para o Serviço recrutar oficiais e fontes decentes. Eles leem esses livros e se sentem desencorajados. É natural.

Guinness baixa os olhos e meneia a cabeça como se lamentasse algo, enquanto eu pago a conta.

— Você deveria se associar ao Athenaeum, David – diz Oldfield gentilmente, sugerindo que, de algum modo, o Athenaeum faria de mim uma pessoa melhor. – Já sei, vou indicá-lo. Você gostaria disso, não gostaria? – E, virando-se para Guinness, enquanto estamos os três parados na porta do restaurante, acrescenta: – Foi um prazer, Alec. Uma honra. Estou certo de que nos veremos muito em breve.

— Com certeza – responde Guinness enquanto os dois velhos espiões trocam um aperto de mão.

Aparentemente sem ter tido o bastante da presença do nosso convidado, Guinness o observa partir com um olhar afetuoso enquanto Oldfield caminha pela calçada: um cavalheiro baixo, determinado e vigoroso, tateando o caminho com o guarda-chuva até desaparecer na multidão.

— Que tal um último conhaque? – sugere Guinness.

Mal voltamos à nossa mesa quando começa o interrogatório.

— Aquelas abotoaduras são muito vulgares. Todos os espiões usam abotoaduras como aquelas?

Não, Alec. Acho que Maurice gosta de abotoaduras vulgares.

— E aquelas botas de camurça alaranjadas com sola de borracha? São para caminhar furtivamente?

Acho que são só uma questão de conforto, Alec. Borracha range.

— Então me diga uma coisa. – Ele segurava uma taça de conhaque vazia. Inclinando-a, bate nela de leve com a ponta de um dedo grosso. – Já vi gente fazendo isso antes – diz, olhando, pensativo, para a taça enquanto a gira – e já vi gente fazendo isso – diz, passando a ponta do dedo pela borda da taça com a mesma disposição contemplativa. – Mas nunca vi alguém fazer isso – afirma, colocando o dedo dentro da taça e deslizando-o pela borda interna. – Você acha que ele estava procurando vestígios de veneno?

Será que ele está falando sério? A criança em Guinness nunca falou mais sério na vida. Sugiro que, se Oldfield estivesse procurando vestígios, já teria bebido o veneno. Mas ele prefere me ignorar.

É divertido pensar que as botas de camurça de Oldfield, com solado emborrachado ou não, e seu guarda-chuva enrolado usado para abrir caminho tenham se tornado características essenciais do retrato que Guinness fez de George Smiley, o velho espião apressado. Não verifiquei as abotoaduras recentemente, mas lembro que nosso diretor achou que eram um pouco demais e o convenceu a trocá-las por algo menos chamativo.

O outro legado do nosso almoço foi menos agradável, embora mais criativo artisticamente. A aversão de Oldfield a minha obra – e, suspeito, a mim – criou raízes profundas na alma dramática de Guinness, e ele não hesitava em me lembrar disso quando tinha a necessidade de evocar o sentimento de culpa de George Smiley ou, como gostava de insinuar, o meu próprio.

*

Nos últimos cem anos ou mais, os espiões britânicos mantiveram um angustiado e às vezes hilário caso de amor e ódio com seus turbulentos escritores. Como os próprios escritores, eles querem a imagem, o glamour, mas não peça que aguentem o escárnio ou as críticas negativas. No início da década de 1900, escritores espiões, cuja qualidade variava entre Erskine Childers e William Le Queux e E. Phillips Oppenheim, produziram tamanho clamor antialemão que muitos deles podem alegar, de forma justa, ter colaborado com o nascimento de um serviço de segurança bem estabelecido. Até então, cavalheiros supostamente não liam cartas de outros cavalheiros, embora, na verdade, muitos o fizessem. Com a guerra de 1914-1918, surgiu o escritor Somerset Maugham,

NÃO SEJA RUDE COM SEU SERVIÇO SECRETO

agente secreto britânico que, considerando a maioria dos seus relatos, não era muito bom no trabalho. Quando Winston Churchill reclamou que seu *Ashenden* violava a Lei de Segredos Oficiais,* Maugham, com a ameaça de um escândalo envolvendo homossexualidade pairando sobre a cabeça, queimou quatorze contos não publicados e adiou a publicação dos demais até 1928.

Compton Mackenzie, escritor, biógrafo e nacionalista escocês, não se deixava intimidar tão facilmente. Dispensado do Exército por invalidez durante a Primeira Guerra Mundial, foi transferido para o MI6 e se tornou um competente chefe de contrainformação britânica na neutra Grécia. Contudo, com frequência achava as ordens e seus superiores absurdos e, como fazem os escritores, divertia-se à custa deles. Em 1932, foi julgado por violação da Lei de Segredos Oficiais e multado em cem libras pelo seu autobiográfico *Greek Memories* [*Memórias gregas*], um livro que, de fato, está repleto de indiscrições ultrajantes. Longe de aprender a lição, ele se vingou um ano depois, com o satírico *Water in the Brain* [*Água no cérebro*, i.e., hidrocefalia]. Ouvi dizer que, no arquivo de Mackenzie no MI5, há uma carta com letras garrafais endereçada ao diretor-geral e assinada com a tradicional tinta verde do chefe do Serviço Secreto.

"O pior de tudo", escreve o chefe ao seu irmão de armas do outro lado do parque St. James, "é que Mackenzie empregou símbolos reais da correspondência do Serviço Secreto,** *e alguns deles ainda estão em uso.*" O fantasma de Mackenzie deve estar esfregando as mãos e rindo.

No entanto, o mais impressionante desertor literário do MI6 certamente foi Graham Greene, embora eu duvide que ele soubesse quão perto esteve de seguir Mackenzie até Old Bailey. Uma das minhas melhores lembranças do fim da década de 1950 é tomar um café com o advogado do MI5 na excelente cantina do Serviço de Segurança. Ele era um sujeito bonachão que fumava cachimbo, mais parecido com um

---

* Agradecimentos a *Secret Service* [*Serviço Secreto*], de Christopher Andrew, publicado em 1985 pela William Heinemann.

** Tal correspondência tradicionalmente começava com um código de três letras representando a estação do MI6, seguido de um número indicando o membro da estação.

advogado de família do que com um burocrata, mas, naquela manhã, estava bastante preocupado. Uma prova não definitiva de *Nosso homem em Havana* chegara a sua mesa, e ele estava na metade do livro. Quando eu disse que o invejava, ele suspirou e meneou a cabeça. Disse que aquele camarada Greene teria de ser processado. Usando informação obtida como oficial do MI6 em tempos de guerra, ele havia retratado corretamente o relacionamento entre o chefe de estação de uma embaixada britânica e um agente de campo. Greene teria de ir para a prisão.

– E o livro é bom – queixou-se ele. – O livro é *muito* bom. Esse é o problema.

Esquadrinhei os jornais em busca de notícias sobre a prisão de Greene, mas ele continuou solto. Talvez os figurões do MI5 tenham decidido que era melhor rir do que chorar. Pelo seu ato de clemência, Greene os recompensou, vinte anos depois, com *O fator humano*, que os retratava não apenas como tolos mas também assassinos. Porém, o MI6 deve ter lhe enviado uma advertência. No prefácio de *O fator humano*, Greene tem o cuidado de assegurar que não infringiu a Lei de Segredos Oficiais. Arrume um exemplar antigo de *Nosso homem em Havana* e encontrará o mesmo aviso.

Mas a história sugere que nossos pecados eventualmente são esquecidos. Mackenzie terminou seus dias com um título de cavaleiro e Greene, com a Ordem de Mérito.

– No seu novo romance, senhor – pergunta-me um ávido jornalista americano –, um homem diz ao protagonista que ele não teria se tornado um traidor se fosse capaz de escrever. O que teria acontecido *ao senhor* se não fosse capaz de escrever?

Procurando uma resposta segura para essa perigosa questão, eu me pergunto se os serviços secretos não deveriam ser gratos aos seus desertores literários. Em comparação ao inferno que poderíamos ter causado por outros meios, escrever foi tão inofensivo quanto brincar com blocos de montar. Como nossos pobres e criticados espiões devem desejar que Edward Snowden tivesse decidido escrever um romance!

★

NÃO SEJA RUDE COM SEU SERVIÇO SECRETO

Assim, naquela recepção diplomática, o que eu deveria ter respondido ao meu furioso ex-colega de trabalho que parecia prestes a bater em mim? De nada serviria apontar que, em alguns livros, retratei o Serviço Secreto britânico como uma organização mais competente do que sei que é na realidade. Ou que um dos seus oficiais mais antigos descreveu *O espião que saiu do frio* como "a única operação com um agente duplo que já deu certo". Ou que, ao descrever os nostálgicos jogos de guerra de um departamento britânico isolado no romance que tanto o enfureceu, eu poderia estar tentando algo um pouco mais ambicioso que um ataque grosseiro ao seu Serviço. E que Deus me ajudasse se eu argumentasse que, para um escritor tentando explorar a psique de uma nação, o Serviço Secreto é um bom lugar para procurá-la. Eu teria sido derrubado antes de chegar à metade da frase.

Quanto ao Serviço ser incapaz de responder, acho que não há nenhuma agência de espionagem no Ocidente mais paparicada pela mídia doméstica que a nossa. *Envolvida* sequer dá conta de descrever a situação. Nossos sistemas de censura, voluntários ou impostos por alguma legislação vaga e draconiana, nossa habilidade na arte de fazer amigos e a submissão coletiva do público britânico a uma vigilância integral de dúbia legalidade são motivo de inveja para todos os espiões do mundo livre e do não livre.

Também não adiantaria indicar as muitas memórias "aprovadas" de ex-integrantes que retratam o Serviço como quem gosta de ser admirado; ou as "histórias oficiais" que estendem um véu tão misericordioso sobre seus erros mais odiosos; ou os inúmeros artigos elogiosos nos nossos jornais, resultado de almoços muito mais aconchegantes do que aquele que partilhei com Maurice Oldfield.

E que tal sugerir ao meu furioso amigo que um escritor que trata espiões profissionais como seres humanos falíveis, como as demais pessoas, realiza um modesto serviço social – até mesmo, que Deus nos ajude, uma função democrática, dado que, na Inglaterra, os serviços secretos ainda são, para o bem ou para o mal, o lar espiritual da nossa elite política, social e industrial?

O TÚNEL DE POMBOS

Pois esse, prezado ex-colega, é o limite da minha deslealdade. E esse, caro e já falecido lorde Healey, é o limite do meu comunismo, o que, agora que penso nisso, não pode ser dito a respeito dos seus tempos de juventude.

★

É difícil descrever, meio século depois, a atmosfera de desconfiança que permeava os corredores do poder secreto em Whitehall no fim dos anos 1950 e no início dos anos 1960. Eu tinha 25 anos quando, em 1956, fui formalmente admitido como agente júnior do MI5. Disseram-me que, se eu fosse apenas um pouco mais jovem, minha nomeação não teria sido possível. O Cinco, como o chamávamos, orgulhava-se da sua maturidade. Infelizmente, nenhuma maturidade era suficiente para impedir o recrutamento de luminares como Guy Burgess, Anthony Blunt e outros deploráveis traidores daquele período, cujos nomes permanecem, como os de astros do futebol meio esquecidos, na memória do povo britânico.

Eu havia entrado no Serviço com grandes expectativas. Meus feitos de inteligência até então, por mais triviais que fossem, haviam me deixado com sede por mais. Meus chefes foram unanimemente agradáveis, eficientes e atenciosos. Eles despertaram minha vocação e reavivaram o dever de suportar a dor do garoto que abandonara o colégio interno. Como oficial do serviço de informações do Serviço Nacional na Áustria, eu ficara maravilhado com os civis obscuros que, periodicamente, chegavam ao nosso monótono bivaque em Graz e o investiam de uma mística que, de outra forma, ele infelizmente não tinha. Foi apenas ao entrar na sua cidadela que me dei conta da realidade

Espionar um Partido Comunista britânico decadente com 25 mil integrantes que tinham de ser reunidos pelos informantes do MI5 não correspondia a minhas aspirações. Tampouco a imparcialidade com que o Serviço tratava seus funcionários. O MI5, para o bem ou para o mal, era o árbitro moral da vida privada dos funcionários públicos e cientistas britânicos. Segundo análises da época, homossexuais e outros assim chamados "desviantes" eram vulneráveis a chantagens e, por isso, impedidos de entrar no Serviço Secreto. Mas o Serviço parecia bastante satisfeito em ignorar os homossexuais nas suas próprias fileiras e que seu diretor-geral coabitava abertamente com sua secretária durante a semana e com a esposa nos fins de semana, chegando ao ponto de deixar instruções escritas com o oficial da noite, caso ela ligasse perguntando onde ele estava. Mesmo assim, que Deus ajudasse a datilógrafa cuja saia fosse considerada curta ou justa demais ou o encarregado casado que olhasse para ela.

Enquanto os escalões superiores do Serviço eram compostos por sobreviventes já idosos dos gloriosos dias de 1939-1945, o escalão intermediário era composto por antigos policiais coloniais e oficiais distritais vindos do cada vez menor Império Britânico. Por mais experientes que fossem em reprimir nativos indisciplinados que tinham a audácia de querer seus países de volta, eles ficavam menos à vontade quando se tratava de proteger uma pátria-mãe que mal conheciam. As classes operárias britânicas eram tão instáveis e desconhecidas para eles quanto foram os dervixes rebeldes. Aos seus olhos, os sindicatos não eram nada além de organizações de fachada dos comunistas.

Enquanto isso, jovens caçadores de espiões como eu, sedentos por algo mais forte, recebiam ordens de não perder tempo à procura de "ilegais" controlados pelos soviéticos, pois era sabido, de fonte segura, que não havia espiões dessa natureza operando em solo britânico. Quem sabia, isso eu jamais descobri. Quatro anos me bastaram. Em 1960, pedi transferência para o MI6 ou, como diziam meus decepcionados empregadores, "aqueles merdas do outro lado do parque".

Mas preciso reconhecer aqui uma dívida de gratidão para com o MI5 que jamais serei capaz de saldar. A mais rigorosa instrução em prosa que jamais recebi veio não de qualquer professor ou tutor universitário, muito menos de um curso de escrita criativa. Veio dos oficiais seniores, todos de educação clássica, no último andar da sede do MI5 em Curzon Street, Mayfair, que liam meus relatórios com alegre pedantismo, destilando desdém pelas minhas frases inacabadas e pelos meus advérbios desnecessários, enchendo as margens da minha prosa sem vida com comentários como *redundante – omitir – justificar – mal escrito – você realmente pretende dizer isso?* Desde então, nenhum editor que conheci foi tão rigoroso ou esteve tão certo.

Na primavera de 1961, terminei o curso de iniciação do MI6, que me forneceu habilidades das quais jamais precisei e que rapidamente esqueci. Na cerimônia de conclusão, o chefe de treinamento, um veterano rude de rosto avermelhado e casaco de *tweed*, nos disse, com lágrimas nos olhos, que devíamos ir para casa e aguardar ordens. Talvez elas demorassem um pouco. O motivo – que ele jurou que jamais sonhara ter de explicar – era que um oficial do Serviço com muito tempo de carreira, que contara com sua confiança irrestrita, fora desmascarado como agente duplo soviético. Seu nome era George Blake.

A escala da traição de Blake permanece monumental, mesmo para os padrões daquela época: literalmente centenas de agentes britânicos – o próprio Blake já não conseguia mais calcular quantos – foram expostos; operações secretas de escuta consideradas vitais para a segurança nacional, como, mas não exclusivamente, o túnel de áudio de Berlim, fracassaram antes mesmo de começar; e todo o pessoal do MI6, os refúgios, as ordens de batalha e os postos avançados em todo o mundo se tornaram inúteis. Blake, um competente agente de campo para ambos os lados, também estava em busca de Deus e, ao ser desmascarado, já se professara cristão, judeu e comunista, nessa ordem. Preso em Wormwood Scrubs, de onde escaparia de forma espetacular, deu aulas sobre o Alcorão aos seus colegas prisioneiros.

Dois anos após receber a perturbadora notícia da traição de George Blake, eu servia como segundo-secretário (político) na embaixada britânica em Bonn. Convocando-me a comparecer em seu escritório tarde da noite, meu chefe de estação informou, em caráter confidencial, o que todo cidadão britânico leria no jornal vespertino do dia seguinte: que Kim Philby, o brilhante ex-chefe de contrainformação do MI6, já cogitado para chefe de todo o Serviço, também era um espião russo e, como descobrimos pouco tempo depois, já o era desde 1937.

Mais à frente neste livro, você lerá um relato de Nicholas Elliott, amigo de Philby, além de confidente e colega de trabalho em tempos de guerra e de paz, sobre seu último encontro em Beirute, que levou à confissão parcial de Philby. E pode passar pela sua mente que o relato é misteriosamente destituído de ultraje ou mesmo de indignação. A razão é muito simples. Espiões não são policiais, nem os realistas morais que acreditam ser. Se sua missão na vida é atrair traidores para sua causa, você não pode se queixar quando um dos seus, ainda que o ame como irmão e colega, é recrutado para o outro lado. Aprendi essa lição na época em que escrevi *O espião que saiu do frio*. E, quando escrevi *O espião que sabia demais*, foi a candeia turva de Kim Philby que iluminou meu caminho.

Espionagem e romance foram feitos um para o outro. Ambos pedem um olho atento para a transgressão humana e para as muitas rotas que conduzem à traição. Aqueles que já estiveram no interior de uma tenda do Serviço Secreto jamais a deixam realmente. Se não compartilhamos seus hábitos antes de entrar, vamos compartilhá-los para sempre depois de sair. Como prova disso, não precisamos buscar além de Graham Greene e do anedótico relato do seu autoimposto jogo de esconde-esconde com o FBI. Talvez isso tenha sido registrado por algum dos seus menos cooperativos biógrafos, mas é melhor não procurar.

Durante toda a vida adulta, Greene, escritor e ex-espião, esteve convencido de que constava na lista negra de subversivos pró-comunistas do FBI. E tinha boas razões para isso, dadas suas numerosas visitas à União Soviética, sua contínua e declarada lealdade ao amigo e colega espião Kim Philby e suas tentativas fúteis de conciliar catolicismo romano com as causas comunistas. Quando o Muro de Berlim foi construído, Greene se deixou fotografar posando do lado errado, declarando ao mundo que preferia estar lá a aqui. De fato, sua aversão aos Estados Unidos e o medo das consequências dos seus pronunciamentos radicais chegaram a tal ponto que ele insistia que qualquer reunião com seu editor americano fosse realizada do lado canadense da fronteira.

Então um dia ele finalmente pôde ver seu arquivo no FBI. Havia apenas um registro: a de que se relacionara com a politicamente inconstante bailarina inglesa Margot Fonteyn, na época em que ela lutava pela causa perdida do seu paralisado e infiel marido Roberto Arias.

Não foi a espionagem que me apresentou ao sigilo. A evasão e as trapaças foram armas necessárias durante minha infância. Na adolescência, somos todos um pouco espiões, mas eu era um veterano. Quando o mundo dos segredos me reivindicou, eu me senti como se estivesse voltando para casa. O motivo para isso é explicado em um capítulo posterior, intitulado "Filho do pai do autor".

2

As leis do Dr. Globke

Maldita Bonn era como nós, jovens diplomatas britânicos, chamávamos o lugar no início dos anos 1960, não por qualquer desrespeito em particular pelo sonolento balneário da Renânia, sede dos príncipes-eleitores do Sagrado Império Romano e local de nascimento de Ludwig van Beethoven, mas como uma saudação cética ao sonho absurdo dos nossos anfitriões de mudar a capital alemã para Berlim, sonho que alegremente partilhávamos com eles, na certeza de que nunca iria acontecer.

Em 1961, a embaixada britânica, uma monstruosidade industrial em expansão na rodovia de mão dupla entre Bonn e Bad Godesberg, contava com trezentos funcionários, a maioria ligada à Inglaterra, e não envolvida com o local. Até hoje, não consigo imaginar como eles ocupavam o tempo no ar abafado da Renânia. Para mim, no entanto, aqueles três anos deram início a tantas mudanças importantes que penso em Bonn como o lugar onde minha vida anterior chegou ao fim e minha vida como escritor teve início.

É verdade que, ainda em Londres, meu primeiro romance havia sido aceito por uma editora. Mas foi apenas quando eu já estava em Bonn, meses depois, que ocorreu seu modesto lançamento. Lembro-me de dirigir até o aeroporto de Colônia, em uma tarde de domingo, comprar exemplares de jornais britânicos, estacionar o carro, sentar à sombra em um banco de jardim em Bonn e lê-los sozinho. As críticas eram favoráveis, embora não tão empolgadas quanto eu esperava. Elas aprovavam George Smiley. E, subitamente, isso era tudo.

O TÚNEL DE POMBOS

É provável que todos os escritores, em qualquer estágio das suas vidas, tenham a tendência a se sentir do mesmo modo: as semanas e os meses de angústia e escolhas equivocadas, o precioso manuscrito final, o entusiasmo ritual do agente e do editor, o copidesque, as grandes expectativas, a crescente angústia à medida que o Grande Dia vai se aproximando, as críticas e, subitamente, o fim de tudo. Você escreveu o livro um ano atrás, então por que está aí sentado, em vez de escrever algo novo?

Bem, na verdade, eu *estava* escrevendo algo novo.

Eu tinha começado um romance ambientado em um colégio interno. Como pano de fundo, usava Sherborne, onde estudara, e Eton, onde lecionara. Cabe aqui registrar que comecei a preparar o romance quando ainda era professor em Eton, mas não tenho memória vívida disso. Levantando-me em um horário pouco usual antes de sair para a embaixada, terminei o romance rapidamente e o enviei. Assim, mais uma vez, havia terminado meu trabalho – no entanto, eu estava determinado a escrever algo mais sombrio da próxima vez. Eu escreveria sobre o mundo a minha volta.

★

Quando completei um ano *en poste*, minha jurisdição incluía toda a Alemanha Ocidental, o que me dava liberdade para me deslocar e acesso ilimitado a todo o país. Como um dos pregadores itinerantes da embaixada para o ingresso do Reino Unido no Mercado Comum, eu podia comparecer, sem ser convidado, em sedes do governo, sociedades políticas e salões de prefeituras de qualquer lugar. Na determinação do jovem país de parecer uma sociedade acessível e democrática, todas as portas estavam abertas para o jovem diplomata curioso. Eu podia passar o dia na galeria dos diplomatas do Bundestag e almoçar com jornalistas e conselheiros parlamentares. Podia bater à porta de ministros e comparecer a manifestações de protesto e eminentes seminários de fim de semana sobre a cultura e o espírito alemães, tudo isso enquanto tentava descobrir, quinze anos após o colapso do Terceiro Reich, onde terminava a velha Alemanha e onde começava a nova. Em 1961, isso não era fácil. Ao menos, não para mim.

AS LEIS DO DR. GLOBKE

Uma frase atribuída ao chanceler Konrad Adenauer, apelidado de "O velho", que ocupou o cargo desde a fundação da Alemanha Ocidental, em 1949, até 1963, resumia muito bem essa questão: "Não se joga fora a água suja antes de conseguir outra mais limpa." Muitos assumem que se tratava de uma referência velada ao Dr. Josef Maria Globke, sua eminência parda em assuntos de segurança nacional e muitos outros. O histórico de Globke era impressionante mesmo para os padrões nazistas. Bem antes da ascensão de Hitler ao poder, ele já havia se distinguido por criar leis antissemitas para o governo prussiano.

Dois anos depois, sob comando do novo Führer, criou a Lei de Nuremberg, revogando a cidadania alemã de todos os judeus e, com o propósito de identificação, exigindo que inserissem a palavra *Sara* ou *Israel* nos seus nomes. Os não judeus casados com judeus receberam a ordem de se livrar dos cônjuges. A serviço de Adolf Eichmann, no Gabinete Nazista dos Assuntos Judaicos, escreveu o texto da lei para a Proteção do Sangue e da Honra Alemã, que representou o sinal de partida para o Holocausto.

Simultaneamente, presumo que, em virtude do seu ardente catolicismo, Globke se aliou a grupos antinazistas de direita na resistência, a ponto de ser considerado para o poder caso os conspiradores conseguissem se livrar de Hitler. E talvez tenha sido por isso que, ao fim da guerra, foi capaz de frustrar as débeis tentativas dos Aliados de levá-lo a julgamento. Adenauer estava determinado a ter Globke ao seu lado, e os britânicos não ficaram no seu caminho.

Foi assim que, em 1951, apenas seis anos após o fim da guerra e dois anos depois da criação da Alemanha Ocidental como Estado, o Dr. Hans Globke conseguiu aprovar uma lei em benefício dos seus antigos colegas nazistas que, mesmo hoje, é quase inconcebível. Sob a Nova Lei de Globke, como gosto de chamá-la, os funcionários públicos do regime de Hitler cujas carreiras foram interrompidas por circunstâncias alheias a sua vontade receberiam restituição integral de salários presentes e passados e teriam pleno direito à aposentadoria, como se a Segunda Guerra Mundial não tivesse ocorrido ou a Alemanha tivesse vencido. Em outras palavras, receberiam todas as promoções a que teriam direito se suas carreiras tivessem prosseguido sem o inconveniente de uma vitória dos Aliados.

O efeito foi imediato. A velha guarda nazista se agarrou aos cargos mais cobiçados. A geração mais jovem e menos maculada foi arremessada à vida no andar de baixo.

★

Agora entra em cena o Dr. Johannes Ullrich, erudito, arquivista e amante de Bach, de vinho tinto borgonha e da história militar prussiana. Em abril de 1945, alguns dias antes de o comando militar em Berlim se render incondicionalmente aos russos, Ullrich fazia o que havia feito nos últimos dez anos: trabalhava duro como curador e arquivista júnior do Arquivo Imperial da Prússia no Ministério das Relações Exteriores, na Wilhelmstrasse. Como o Reino da Prússia havia sido dissolvido em 1918, nenhum documento que passava pelas suas mãos tinha menos de 27 anos.

Nunca vi fotos de Johannes, como viria a conhecê-lo, durante a juventude, mas o imagino como um sujeito bastante atlético, trajado severamente com os ternos e colarinho engomado de eras passadas que representavam seu habitat espiritual. Com a ascensão de Hitler ao poder, ele foi convidado três vezes a se unir ao Partido Nazista e nas três vezes recusou. Como resultado, ainda era arquivista júnior quando, na primavera de 1945, o general Jukov, do Exército Vermelho, avançou sobre a Wilhelmstrasse. As tropas soviéticas que entravam em Berlim tinham pouco interesse em fazer prisioneiros, mas o Ministério das Relações Exteriores alemão prometia prisioneiros de alto valor e documentos nazistas incriminadores.

O que Johannes fez com os russos a sua porta é algo lendário. Enrolando os Arquivos Imperiais em tiras de lona, ele os carregou em um carrinho de mão e, ignorando uma torrente de disparos de baixo calibre, bombas de morteiro e granadas, levou-os até um trecho de solo macio, enterrou-os e retornou ao seu posto a tempo de ser feito prisioneiro.

Pelos padrões da justiça militar soviética, o caso contra ele era irrefutável. Como guardião de arquivos nazistas, ele era, por definição, um agente de agressão fascista. Nos dez anos subsequentes que passou em prisões siberianas, seis foram na solitária, e os outros quatro, em uma cela compartilhada com criminosos insanos, cujos maneirismos aprendeu a imitar a fim de sobreviver.

Em 1955, foi solto por causa de um acordo de repatriação de prisioneiros. Sua primeira providência ao chegar a Berlim foi conduzir uma equipe de busca até o local onde havia enterrado os arquivos e supervisionar sua exumação. Depois disso, ele se retirou para se recuperar.

★

Agora voltemos à Nova Lei de Globke.

Quais benefícios não seriam devidos a esse leal funcionário público da era nazista, vítima da brutalidade bolchevique? Ignore as três vezes em que ele se recusou a entrar para o partido. Ignore que sua aversão por todas as coisas nazistas o havia feito mergulhar ainda mais fundo no passado imperial da Prússia. Mas pergunte-se a que altura um jovem arquivista com credenciais acadêmicas brilhantes teria alçado se o Terceiro Reich tivesse saído vitorioso.

Considerou-se que Johannes Ullrich, que durante dez anos nada vira do mundo além das paredes de uma cela na Sibéria, passara todo o seu período de encarceramento como um diplomata ambicioso. Assim, tinha direito a um aumento de salário equivalente à promoção que teria recebido, incluindo pagamentos atrasados, abonos, direito à aposentadoria e – certamente o benefício mais desejável no funcionalismo público – um escritório compatível com seu status. Ah, e um ano de licença remunerada, no mínimo.

Enquanto se recupera, Johannes se dedica profundamente à história prussiana. Redescobre seu amor pelo borgonha tinto e se casa com uma deliciosamente bem-humorada intérprete belga, que o idolatra. Por fim, chega o dia em que já não mais consegue resistir ao chamado do dever que é parte tão integral da sua alma prussiana. Ele veste seu novo terno e sua esposa ajeita o nó da sua gravata, levando-o de carro até o Ministério das Relações Exteriores, que já não fica na Wilhelmstrasse, em Berlim, mas em Bonn. Um porteiro o acompanha até sua sala. Não uma *sala qualquer*, protesta ele, mas um *salão nobre*, com uma mesa imensa que ele jura ter sido projetada por Albert Speer. De agora em diante, Herr Doktor Johannes Ullrich, goste ou não, é um representante sênior do Ministério das Relações Exteriores da Alemanha Ocidental.

*

Para imaginar Johannes em plena atividade, algo que tive a sorte de presenciar em diversas ocasiões, é preciso imaginar um curvado e vigoroso homem de uns 50 anos, tão agitado que é possível visualizá-lo andando de um lado para o outro em sua cela siberiana. Ele lança um olhar questionador para trás, como se perguntasse se está exagerando. Revira os olhos inquietos, horrorizado com seu próprio comportamento, dá uma gargalhada e caminha novamente pela sala, agitando os braços. Mas não é louco, como os pobres prisioneiros com quem conviveu na Sibéria. Ele é brilhante e insuportavelmente são e, mais uma vez, a loucura está não nele, mas em torno dele.

Primeiro, cada detalhe do seu salão nobre deve ser minuciosamente descrito em benefício dos fascinados convidados para jantar reunidos no meu apartamento diplomático em Königswinter, de frente para o Reno: a imaginária Bundesadler, a águia negra com a cabeça virada e as garras vermelhas, o encara do seu lugar na parede – ele imita o olhar desdenhoso da águia sobre o ombro direito – e o conjunto diplomático, com seus potes de tinta e aparadores de prata.

Então, abrindo uma gaveta imaginária na mesa enorme de Albert Speer, ele retira a lista telefônica interna e confidencial do Ministério das Relações Exteriores da Alemanha Ocidental, encapada com o mais fino couro de novilho. Segura-a, baixa devotamente a cabeça enquanto aspira o cheiro do couro e volta os olhos para os céus, admirado com sua qualidade.

Agora ele a abre. Muito lentamente. Cada encenação é um exorcismo, uma expurgação coreografada do que quer que tenha passado pela sua cabeça quando viu a lista de nomes pela primeira vez. Eram os mesmos nomes aristocráticos e os mesmos proprietários que receberam incentivos diplomáticos do caricato Joachim von Ribbentrop, ministro das Relações Exteriores nazista, que, da cela onde seria condenado à morte em Nuremberg, continuava a proclamar seu amor por Adolf Hitler.

Eles podem ser diplomatas melhores agora, esses nomes nobres. Podem ser defensores reabilitados do caminho democrático. Podem, como Globke, ter feito acordos com algum grupo antinazista, à espera do dia em que Hitler viesse a cair. Mas Johannes não está disposto a ver seus colegas sob essa ótica bondosa. Ainda observado pela nossa pequena plateia, ele se deixa cair em uma poltrona e toma um gole do borgonha tinto de boa qualidade que comprei em sua homenagem na Economat, onde nós, diplomatas, fazemos nossas compras privilegiadas. Ele está nos mostrando que foi isso que fez naquela manhã, no salão nobre, depois que deu uma olhada na lista telefônica interna, confidencial e com capa de couro de novilho do Ministério das Relações Exteriores da Alemanha Ocidental: afundou em uma poltrona de couro com a lista nas mãos, lendo silenciosamente um nome grandioso após o outro, da esquerda para a direita e em câmera lenta, cada *von* e cada *zu*. Vemos seus olhos e lábios se moverem. Ele fica olhando para a parede da minha sala. E conta que foi assim que encarou a parede no salão nobre. E também a parede na sua prisão na Sibéria.

Ele se levanta de repente da minha poltrona, ou, melhor, da poltrona do seu salão nobre. Está de volta à mesa enorme de Albert Speer, ainda que seja apenas um aparador bambo de mogno perto da porta de vidro que dá para meu jardim. Ele deixa a lista em cima da mesa e coloca as duas mãos sobre ela. Não há nenhum telefone no aparador bambo, mas ele levanta um receptor imaginário e, com a ajuda do indicador da outra mão, lê o primeiro número de telefone. Ouvimos o barulho de uma extensão interna tocando. Aqui é Johannes, diz ele, fazendo barulho pelo nariz. Vemos suas costas largas se empertigarem e enrijecerem e ouvimos seus calcanhares baterem um no outro, no típico estilo prussiano. Ouvimos o brado militar, alto o bastante para acordar meus filhos no andar de cima:

– *Heil Hitler, Herr Baron! Hier Ullrich! Ich möchte mich zurückmelden!*
– Heil Hitler! Aqui é Ullrich! Apresentando-se novamente para o dever!

★

O TÚNEL DE POMBOS

Não quero causar a impressão de que passei meus três anos como diplomata na Alemanha protestando contra antigos nazistas em cargos importantes, em uma época na qual minhas energias no Serviço estavam direcionadas à promoção do comércio britânico e à luta contra o comunismo. Se protestei contra antigos nazistas – que, na verdade, não eram tão antigos, pois, em 1960, estávamos havia apenas meia geração de Hitler –, foi por me identificar com os alemães da minha idade, que, a fim de avançar no caminho que haviam escolhido, tinham de ser agradáveis com as mesmas pessoas que participaram da ruína do seu país.

Eu costumava me perguntar como devia ser, para um jovem aspirante a político, saber que as fileiras mais altas do seu partido estavam adornadas por luminares como Ernst Achenbach, que, como oficial sênior da embaixada alemã em Paris durante a Ocupação, supervisionou pessoalmente a deportação em massa dos judeus-franceses para Auschwitz. Tanto franceses quanto americanos tentaram levá-lo a julgamento, mas ele era advogado e conseguiu algum misterioso tipo de isenção. Assim, em vez de ser arrastado para os tribunais de Nuremberg, montou um lucrativo escritório de advocacia, defendendo pessoas acusadas de crimes idênticos aos que ele próprio havia cometido. Como meu jovem político alemão reagia ao fato de ter alguém como Achenbach supervisionando sua carreira? Será que apenas engolia em seco e sorria?

Entre todas as outras preocupações da temporada que passei em Bonn e, mais tarde, em Hamburgo, o passado indomável da Alemanha se recusava a me deixar em paz. Internamente, eu jamais havia sucumbido ao politicamente correto da época, mesmo que, externamente, me conformasse a isso. Nesse sentido, suponho que me comportei como muitos alemães devem ter feito durante a guerra de 1939-1945.

Mesmo depois que deixei a Alemanha, o assunto continuou na minha cabeça. Com *O espião que saiu do frio* já no passado, voltei a Hamburgo à procura de um pediatra alemão acusado de ter participado do programa nazista de eutanásia para livrar a nação ariana de bocas inúteis. Descobri que o caso contra ele fora inventado por um rival acadêmico invejoso e não tinha fundamento. Senti que havia aprendido a lição. No mesmo ano, 1964, visitei a cidade de Ludwigsburg para conversar com

40

Erwin Schüle, diretor do Centro de Investigação dos Crimes Nacional-Socialistas de Baden-Württemberg. Eu procurava pelo tipo de história que mais tarde se tornaria *Uma pequena cidade da Alemanha*, mas ainda não havia decidido usar a embaixada britânica em Bonn como cenário. A experiência ainda era muito recente.

Erwin Schüle parecia feito sob encomenda: era decente, franco e comprometido com o trabalho. Assim como sua equipe de meia dúzia de advogados jovens e pálidos. Cada um no seu cubículo, eles passavam longas horas examinando as evidências horripilantes compiladas dos arquivos nazistas e dos escassos relatos de testemunhas. Seu objetivo era associar as atrocidades a indivíduos que pudessem ser levados a julgamento, e não a unidades militares, que não podiam. Ajoelhados diante de caixas de areia, eles dispunham brinquedos, cada qual marcado com um número. Em uma fileira, soldados de brinquedo usando fardas e armas. Na outra, homens, mulheres e crianças de brinquedo usando roupas civis. E, entre eles, na areia, uma pequena trincheira para indicar uma vala coletiva esperando para ser preenchida.

Certa noite, Schüle e sua esposa me receberam para jantar na varanda da sua casa, na encosta de uma colina arborizada. Schüle falou com paixão sobre seu trabalho. Era uma vocação, disse ele. Era uma necessidade histórica. Concordamos em nos encontrar novamente em breve, mas não o fizemos. Em fevereiro do ano seguinte, ele desembarcou de um avião em Varsóvia. Fora convidado a inspecionar alguns arquivos nazistas recém-descobertos. Em vez disso, foi agraciado com uma cópia ampliada do seu cartão de afiliação ao Partido Nazista. O governo soviético iniciou sua própria torrente de acusações simultaneamente, incluindo a alegação de que, enquanto servia como soldado no *front* russo, ele havia atirado em dois civis com sua pistola e violentado uma mulher. Outra vez, as acusações foram consideradas infundadas.

A lição? Quanto mais se procura por verdades absolutas, menos probabilidade haverá de encontrá-las. Acredito que Schüle, na época em que o conheci, fosse um homem decente. Mas tinha de conviver com seu passado e, fosse qual fosse, era preciso lidar com ele. Como os alemães da sua geração conseguiram isso sempre foi um dos meus maiores interesses. Quando a era Baader-Meinhof irrompeu na Alemanha, não fiquei surpreso. Para muitos jovens alemães, o passado dos seus pais fora enterrado, negado ou falseado. Era certo que, um dia, algo explodiria o que, de fato, aconteceu. E não foram apenas alguns "elementos desordeiros". Foi toda uma irritada geração de filhos e filhas da classe média frustrados que entrou silenciosamente na luta e forneceu apoio logístico e moral às linhas de frente terroristas.

Algo assim poderia acontecer na Grã-Bretanha? Há muito deixamos de nos comparar à Alemanha. Talvez já não mais ousemos. O surgimento da Alemanha moderna como uma potência autoconfiante, não agressiva e democrática – para não falar do exemplo humanitário que estabeleceu – é uma pílula amarga demais para muitos de nós, da Grã-Bretanha, engolirem. E essa tristeza me acompanhou por muito tempo.

3

Visita oficial

Um dos meus deveres mais agradáveis na embaixada britânica em Bonn, no início da década de 1960, era acompanhar, ou "tutelar", como preferem os alemães, delegações de alemães jovens e promissores em viagem à Inglaterra, para que aprendessem nossos hábitos democráticos e – tal era nossa orgulhosa esperança – os copiassem. A maioria era composta de parlamentares de primeira viagem ou jornalistas políticos em ascensão, alguns muito brilhantes e todos, como acabo de lembrar, do sexo masculino.

O tour médio durava uma semana: partíamos do aeroporto de Colônia no domingo à noite, em um voo da BEA, éramos recebidos por um representante do Conselho Britânico ou do Ministério das Relações Exteriores e retornávamos no sábado de manhã. Nesses cinco dias ocupados, os convidados visitavam ambas as casas do Parlamento; compareciam à sabatina na Câmara dos Comuns; visitavam as altas cortes de justiça e, às vezes, a BBC; eram recebidos por ministros e líderes da oposição, cuja hierarquia era determinada em parte pela importância dos delegados e em parte pelos caprichos dos seus anfitriões; e conheciam as belezas rústicas da Inglaterra (castelo de Windsor, Runnymede, para ver a Carta Magna, e a cidade rural modelo de Woodstock, em Oxfordshire).

E, à noite, podiam escolher entre ir ao teatro ou se dedicar a interesses particulares, com o que se pretendia dizer – como explicado no guia do Conselho Britânico – que os delegados de crença católica ou luterana podiam confraternizar com seus correligionários, socialistas com seus irmãos de armas do Partido Trabalhista, e aqueles com interesses particulares mais específicos, como, por exemplo, as economias emergentes do Terceiro Mundo, podiam socializar com suas contrapartes britânicas. Para mais informações ou solicitações, não hesite em consultar seu guia ou intérprete – ou seja, a mim.

E eles não hesitavam. Foi assim que, às onze da noite de um cálido sábado de verão em um hotel no West End, eu estava na recepção com uma nota de dez libras na mão e meia dúzia de jovens parlamentares alemães, todos muito animados, inclinados por cima do meu ombro solicitando companhia feminina. Eles estavam na Inglaterra havia quatro horas, a maioria pela primeira vez. Tudo o que sabiam sobre Londres na década de 1960 era que a cidade estava fervilhando, e eles estavam determinados a fervilhar com ela. Um sargento da Scotland Yard que eu conhecia havia recomendado um clube na Bond Street, onde "as garotas são honestas e não trapaceiam". Dois táxis nos levaram até a porta do clube. Mas as portas estavam fechadas e trancadas e não havia luz lá dentro. O sargento esquecera que, naqueles dias remotos, havia leis que obrigavam os estabelecimentos a fechar aos domingos. Então, com as esperanças dos meus hóspedes arruinadas, apelei para o recepcionista como último recurso e, por dez libras, ele não nos desapontou.

– Na metade da Curzon Street, senhor, do lado esquerdo, há uma placa em uma das janelas com uma luz azul que diz "Aulas de francês". Se a luz estiver apagada, isso significa que as garotas estão ocupadas. Se estiver acesa, elas estão disponíveis. Mas sejam discretos.

O que eu deveria fazer: acompanhar meus tutelados nessa função ou deixá-los ir em busca dos seus prazeres? Eles estavam agitados. Mal falavam inglês e seu alemão não era lá muito tranquilo. A luz azul estava acesa. Era de uma fluorescência peculiarmente insinuante e parecia ser a única luz na rua. Um caminho curto pelo jardim levava à porta da frente. O botão iluminado da campainha era acompanhado por uma placa que dizia "Aperte". Ignorando o conselho do recepcionista, meus delegados não estavam sendo discretos. Apertei o botão. A porta foi aberta por uma robusta dama de meia-idade usando cafetã e um lenço na cabeça.

– Sim? – perguntou ela em tom indignado, como se a tivéssemos tirado da cama.

Eu estava prestes a me desculpar pelo incômodo, quando um membro do parlamento eleito por uma cidade a oeste de Frankfurt se antecipou.

– *We are German and we wish to learn French!* [Somos alemães e queremos aprender francês!] – gritou ele em seu melhor inglês, para ruidosa aprovação dos seus camaradas.

Nossa anfitriã permaneceu impassível.

– São cinco libras cada por alguns instantes, e apenas um de cada vez – disse ela, com a severidade de uma matrona de um colégio interno.

Prestes a deixar meus delegados entregues aos seus interesses específicos, avistei dois guardas fardados, um jovem e o outro mais velho, aproximando-se pela calçada. Eu usava terno preto e calças listradas.

– Eu sou do Ministério das Relações Exteriores. Esses cavalheiros são meus hóspedes oficiais.

– Façam menos barulho – pediu o mais velho, e eles continuaram caminhando.

4

Dedo no gatilho

O político mais impressionante que acompanhei até a Inglaterra durante os três anos na embaixada britânica em Bonn foi Fritz Erler, que em 1963 era a principal autoridade em defesa e política externa do Partido Social-Democrata da Alemanha e cogitado como futuro chanceler da Alemanha Ocidental. Ele também era, e eu sabia disso por ter comparecido a alguns debates no Bundestag, um opositor ferrenho do chanceler Adenauer e do seu ministro da Defesa, Franz Josef Strauss. Como, particularmente, eu antipatizava com ambos tanto quanto Erler, fiquei duplamente satisfeito em acompanhá-lo durante uma visita a Londres, onde ele se encontraria com parlamentares ingleses de todas as posições políticas, incluindo o líder do Partido Trabalhista Harold Wilson e o primeiro-ministro Harold Macmillan.

A questão premente do momento era o dedo alemão no gatilho: que peso tinha o governo de Bonn na decisão de lançar mísseis americanos de bases alemão-ocidentais no caso de uma guerra nuclear? Esse era um tópico que Erler discutira recentemente em Washington com o presidente Kennedy e seu secretário da Defesa, Robert McNamara. Minha missão, designada pela embaixada, era acompanhá-lo durante a estada na Inglaterra e fazer as vezes de secretário, faz-tudo e intérprete. Embora Erler, que não era tolo, falasse inglês melhor do que deixava transparecer, gostava do tempo extra que o processo de tradução lhe proporcionava e não se importou quando eu disse que não o considerava um intérprete treinado. A viagem duraria dez dias, e o cronograma era apertado. O Ministério das Relações Exteriores o hospedara em uma suíte no Savoy Hotel e reservara um quarto para mim no mesmo corredor.

Todas as manhãs, por volta das cinco horas, eu comprava os jornais do dia em uma banca na Strand e, com os aspiradores de pó do Savoy ressoando nos meus ouvidos, sentava no saguão, marcando as notícias ou os comentários que achava que ele deveria ler antes das reuniões do dia. Então os deixava do lado de fora da sua porta, retornava ao meu quarto e aguardava o sinal para nossa caminhada diária, que acontecia sempre às sete em ponto.

Caminhando ao meu lado de boina preta e capa de chuva, Erler parecia austero e sem senso de humor, mas eu sabia que não era nem uma coisa nem outra. Caminhávamos em uma direção qualquer por dez minutos, a cada manhã seguindo por uma rota diferente. Então, ele parava, dava meia-volta e, de cabeça baixa e mãos cruzadas atrás das costas, com os olhos fixos na calçada, citava os nomes das lojas e dos escritórios pelos quais havíamos passado, enquanto eu conferia sua exatidão. Era um exercício de disciplina mental, explicou ele após algumas excursões, que havia aprendido no campo de concentração de Dachau. Pouco antes do início da guerra, recebera a sentença de dez anos de prisão por "planejar alta traição" contra o governo nazista. Em 1945, durante uma marcha notória para a morte dos prisioneiros, havia conseguido escapar e se esconder na Baviera até a rendição alemã.

Evidentemente, esse exercício de disciplina mental funcionava, pois não me lembro de ele errar o nome de uma única loja ou escritório.

★

Nossas reuniões durante aqueles dez dias foram uma excursão por Westminster no que havia de melhor, de bom e de não tão bom assim. Tenho lembranças de imagens de rostos do outro lado da mesa e lembranças auditivas de certas vozes. Achei a voz de Harold Wilson particularmente distrativa. Sem o distanciamento do intérprete treinado, eu ficava interessado demais nas idiossincrasias vocais e físicas dos meus interlocutores. Lembro-me particularmente do cachimbo apagado de Wilson e do uso teatral que fazia dele. Mas não tenho nenhuma lembrança da substância dos diálogos, supostamente de alto nível. Nossos interlocutores pareciam entender tão pouco de defesa quanto eu, o que foi uma bênção, pois, embora eu tivesse decorado uma lista de termos técnicos do macabro vocabulário de destruição mútua assegurada, eles permaneciam tão incompreensíveis em inglês quanto eram em alemão. Mas acho que nunca precisei utilizá-los e, hoje, duvido que conseguiria reconhecê-los.

Um único encontro se mantém indelével na minha memória, visualmente, auditivamente e em substância, aquele que foi o clímax do nosso tour de dez dias: o suposto futuro chanceler Fritz Erler se encontrou com o primeiro-ministro britânico Harold Macmillan no número 10 da Downing Street.

*

Estávamos em meados de setembro de 1963. Em março daquele ano, o secretário da Guerra John Profumo fizera um discurso pessoal na Câmara dos Comuns negando qualquer associação inadequada com certa Srta. Christine Keeler, uma dançarina de boate inglesa que vivia sob a proteção de Stephen Ward, um famoso osteopata de Londres. Um secretário da Guerra casado ter uma amante era algo repreensível, mas não inédito. A possibilidade de ele a estar dividindo, como afirmara Keeler, com o adido naval da embaixada soviética em Londres era algo excessivo. O bode expiatório foi o desafortunado osteopata Stephen Ward, que, após um julgamento forjado, matou-se sem esperar pelo veredicto. Em junho, Profumo renunciou aos seus cargos no governo e no Parlamento. Em outubro, Macmillan também renunciaria, alegando problemas de saúde. Sua reunião com Erler ocorreu em setembro, semanas antes de ele jogar a toalha.

Chegamos atrasados a Downing Street, o que nunca é um bom começo. O carro oficial que fora enviado para nos buscar não aparecera e eu tinha sido obrigado a ir para o meio da rua, de casaco preto e calças listradas, forçar um motorista a parar e pedir que nos levasse para Downing Street, o mais rápido possível. Compreensivelmente, o motorista, um jovem de terno com uma senhora ao lado, achou que eu era louco. Mas sua passageira o repreendeu.

– Ande logo ou eles vão se atrasar – disse ela, e o jovem mordeu o lábio e obedeceu à mulher. Nós nos sentamos no banco de trás. Erler entregou seu cartão ao jovem e disse a ele que o procurasse quando estivesse em Bonn. Mas, mesmo assim, chegamos dez minutos atrasados.

Conduzidos apressadamente ao escritório de Macmillan, oferecemos nossas desculpas e nos sentamos. Macmillan permaneceu sentado, imóvel, com as mãos cheias de manchas da idade cruzadas a sua frente. Seu secretário particular, Philip de Zulueta, membro da Guarda Galesa e que em breve se tornaria cavaleiro do reino, estava sentado ao seu lado. Erler lamentou, em alemão, o fato de o carro ter se atrasado. Eu disse o mesmo em inglês. Sob as mãos do primeiro-ministro havia um vidro e, sob ele, em letras datilografadas grandes o bastante para que fossem lidas de cabeça para baixo, um guia para a reunião e o currículo de Erler. A palavra *Dachau* aparecia em letras garrafais. Enquanto Macmillan falava, suas mãos passeavam pelo vidro, como se ele estivesse lendo em braile. Sua voz aristocrática arrastada, perfeitamente parodiada por Peter Cook em seu satírico show de variedades *Beyond the Fringe* [*Além do limite*], era como um velho gramofone girando em uma rotação muito lenta. Um fluxo constante de lágrimas escorria do canto do seu olho direito, percorria uma ruga no seu rosto e chegava ao colarinho da camisa.

Após algumas palavras corteses de boas-vindas, ditas com hesitante charme eduardiano – você está confortável? está sendo bem tratado? está sendo recebido pelas pessoas certas? –, Macmillan perguntou a Erler, com evidente curiosidade, do que ele tinha vindo falar, uma questão que, finalmente, pegou Erler de surpresa.

– *Verteidigung* – respondeu ele.

Defesa.

Assim informado, Macmillan consultou suas anotações e posso apenas presumir que seus olhos, assim como os meus, foram atraídos pela palavra *Dachau*, pois ele se animou.

– Muito bem, Herr Erler – declarou ele, com súbita energia. – *Você* sofreu durante a *Segunda* Guerra Mundial e *eu* sofri durante a *Primeira*.

Pausa para uma tradução desnecessária da minha parte.

Outra troca de cortesias. Erler tem família? Sim, confirmou Erler, ele tem família. Traduzi devidamente. A pedido de Macmillan, ele enumerou seus filhos e acrescentou que a esposa também era engajada na política. Traduzi isso também.

– E me disseram que você tem conversado com *especialistas em defesa* americanos – prosseguiu Macmillan, em tom de divertida surpresa, após outra minuciosa análise do relatório em letras garrafais sob o vidro.

– *Ja.*

Sim.

– E vocês também têm *especialistas em defesa* no seu partido? – perguntou Macmillan, como um estadista importunado compadecendo-se do outro.

– *Ja* – respondeu Erler, de modo mais repentino do que eu teria desejado.

Sim.

Hiato. Olho de relance para de Zulueta, tentando obter seu apoio. É algo que não conseguirei. Após uma semana convivendo intimamente com Erler, estou familiarizado com sua impaciência quando um diálogo não atende suas expectativas. Sei que ele não hesita em demonstrar seu desapontamento. Sei quão bem ele se preparou para essa reunião, mais do que para todas as outras.

– Eles vêm falar comigo, sabe – queixa-se Macmillan em um tom melancólico. – Esses *especialistas em defesa*. E acho que falam com você também. E me dizem que algumas bombas vão cair aqui e outras vão cair lá – as mãos do primeiro-ministro distribuem as bombas pelo vidro –, mas *você* sofreu na Segunda Guerra Mundial, e *eu*, na Primeira! – Mais uma vez aquele senso de descoberta. – E nós dois sabemos que as bombas vão cair onde tiverem de cair!

Traduzi isso como pude. Mesmo em alemão, precisei de apenas um terço do tempo empregado por Macmillan, e as frases soaram duplamente mais ridículas. Quando terminei, Erler ruminou por alguns instantes. Enquanto ruminava, os músculos do seu rosto delgado pareciam se movimentar de maneira independente uns dos outros. Subitamente, ele se levantou, pegou a boina e agradeceu a Macmillan o seu tempo.

DEDO NO GATILHO

Esperava que eu me levantasse também, e foi o que fiz. Macmillan, tão surpreso quanto eu, soergueu-se da cadeira para lhe dar um aperto de mão e se sentou novamente. Enquanto caminhávamos até a porta, Erler se virou para mim e deu vazão a sua frustração:

– *Dieser Mann ist nicht mehr regierungsfähig.*

Esse homem não é mais capaz de governar. É uma frase que soa estranha em alemão. Talvez ele estivesse citando algo que havia lido ou ouvido recentemente. De todo modo, de Zulueta também ouviu e, pior ainda, falava alemão. Um furioso *"Eu ouvi isso"* confirmou minha suspeita.

Dessa vez, o carro oficial estava à nossa espera. Mas Erler preferiu caminhar, de cabeça baixa e as mãos cruzadas atrás das costas, com os olhos fixos na calçada. De volta a Bonn, enviei a ele uma cópia de *O espião que saiu do frio,* que tinha acabado de ser publicado, e confessei a autoria. No Natal, ele falou gentilmente sobre o livro para a imprensa. No mesmo mês, foi eleito líder oficial da oposição parlamentar alemã. Três anos depois, morreu de câncer.

5

A quem interessar possa

Qualquer um com mais de 50 anos se lembra de onde estava naquele dia, porém, por mais que eu me esforce, não lembro com quem eu estava. Se você for o distinto convidado alemão sentado ao meu lado na Prefeitura de St. Pancras na noite de 22 de novembro de 1963, talvez queira fazer a gentileza de se apresentar. Você indubitavelmente era alguém importante, pois por que outra razão o governo britânico o teria convidado? Também lembro que nossa visita à Prefeitura fora marcada como um momento de relaxamento após um dia cansativo, uma chance para que você observasse nossa enraizada democracia britânica em ação.

E ela certamente estava enraizada. O salão estava apinhado de pessoas contrariadas. A gritaria era tamanha que eu mal conseguia ouvir os insultos lançados na plataforma, quanto mais traduzi-los para você. Funcionários de rostos sombrios e braços cruzados se alinhavam ao longo das paredes e, se alguém tivesse tentado sair do edifício, poderíamos ter tido uma briga feia. Acredito que tenham nos oferecido proteção especial, mas você declinou, e me lembro de desejar tê-la aceitado em seu lugar. Espremidos no centro do salão, estávamos bem longe da saída mais próxima.

O objeto da indignação da multidão estava na plataforma, respondendo à altura. Quintin Hogg, ex-visconde de Hailsham, renunciara ao título para disputar o assento de St. Marylebone pelo Partido Tory. Ele gostava de brigas e estava bem no meio de uma. No mês anterior, Harold Macmillan havia renunciado. As eleições gerais se aproximavam. Embora o nome não vá ser reconhecido por muita gente hoje em dia, especialmente no exterior, em 1963 Quintin Hogg, também conhecido como lorde Hailsham, era o arquétipo britânico de uma era passada. Aluno egresso de Eton, dedicado aos estudos clássicos, militar em tempos de guerra, advogado, montanhista, homofóbico e conservador cristão vociferante, ele era, acima de tudo, um artista no meio político, famoso por ser bombástico e belicoso. Na década de 1930, como muitos membros do seu partido, ele brincara com a ideia de apaziguamento antes de se unir a Churchill. Depois da guerra, tornou-se aquele arquétipo do político "quase lá", comum em toda parte, constantemente indicado para os cargos mais elevados, apenas para ser deixado na sala de espera – mas, naquela noite, e até o fim da sua longa vida, foi o encrenqueiro britânico da classe alta que o eleitorado adorava odiar.

Já não me lembro mais dos seus argumentos naquela noite, se é que cheguei a ouvi-los acima da confusão. Mas me lembro, como todos daquela época, da sua truculência, das calças curtas demais e das botas pretas com cadarço, dos pés separados como os de um lutador, do rosto inchado e vermelho e dos punhos cerrados, e, sim, daquele estrondoso rugido de alguém da classe alta contra os gritos da multidão, que eu tentava traduzir em benefício de quem quer que estivesse acompanhando.

Entra no palco um mensageiro shakespeariano. Lembro-me de um homem pequeno e indistinto, andando na ponta dos pés. Ele caminha furtivamente até Hogg e murmura algo no seu ouvido direito. Os braços de Hogg, até então erguidos em um gesto de afronta, caem. Ele fecha os olhos por um instante e os abre novamente. Vira a cabeça alongada para o lado, para ouvir outra vez as palavras murmuradas. O furioso olhar churchilliano é substituído pela descrença e, então, por um profundo abatimento. Com uma voz humilde, ele se desculpa e, com a energia de um homem indo para a forca, segue o mensageiro. Alguns têm a esperança de que ele tenha abandonado a briga e vociferam insultos. Lentamente, o salão é tomado por um silêncio ansioso. Hogg retorna, com o rosto abatido e os movimentos rígidos. Não é saudado por nenhum som. Ele para, com a cabeça baixa, como se reunisse forças. Ergue a cabeça e nós vemos lágrimas escorrendo pelo seu rosto.

O TÚNEL DE POMBOS

Finalmente, ele fala. Faz uma declaração tão absoluta e tão definitiva, que, ao contrário de qualquer outra que tenha feito naquela noite, jamais foi contestada.

– Acabo de saber que o presidente Kennedy foi assassinado. A reunião está encerrada.

★

Dez anos depois, um amigo do Ministério das Relações Exteriores me convida para um grande jantar no All Souls College, Oxford, em homenagem a um benfeitor falecido. Somos todos homens, o que, creio, era a regra naquele tempo. Ninguém é jovem. A comida está deliciosa e a conversa erudita, pelo menos nas partes que consigo entender, é refinada. Entre cada etapa do banquete, passamos de um salão de jantar iluminado a velas para outro, cada um mais bonito que o anterior e com uma longa mesa arrumada com a prataria imemorial do College. Conforme mudamos de salão, o arranjo de lugares também muda, de modo que, no segundo – ou foi no terceiro? –, vejo-me ao lado do mesmo Quintin Hogg, ou, como agora diz o cartão com seu nome, o recém-criado barão Hailsham de St. Marylebone. Tendo renunciado ao título anterior para entrar na Câmara dos Comuns, o antigo Sr. Hogg havia providenciado um novo título, a fim de retornar à Câmara dos Lordes.

Mesmo nas melhores ocasiões, não sou bom em conversas casuais, muito menos quando estou ao lado de algum militante do Partido Tory combativo com visões políticas que vão diretamente de encontro às minhas, nas poucas ocasiões em que tenho alguma. O venerável acadêmico a minha esquerda explica de modo eloquente um assunto sobre o qual nada sei. O venerável acadêmico diante de mim argumenta sobre um ponto da mitologia grega. Não sou muito versado em mitologia grega. Mas o barão Hailsham, a minha direita, depois de dar uma olhada no cartão com meu nome, impõe um silêncio tão desaprovador, tão moroso e absoluto, que a cortesia exige que eu o quebre. Hoje, não posso explicar que acesso de boas maneiras me impediu de mencionar o momento em que o assassinato de Kennedy lhe foi comunicado na Prefeitura de St. Pancras. Talvez eu tivesse

A QUEM INTERESSAR POSSA

imaginado que ele não desejaria se lembrar daquela demonstração pública de emoção.

Na falta de assunto melhor, falo de mim. Explico que sou escritor profissional e revelo meu pseudônimo, o que não o empolga. Ou talvez ele já o soubesse, e essa fosse a causa do seu abatimento. Digo que tenho uma casa em Hampstead, mas passo a maior parte do tempo na Cornualha. Falo das belezas do lugar. Pergunto se ele também tem algum lugar no campo para passar os fins de semana. Ele finalmente responde. De fato, tem uma casa no campo e me diz isso em três exasperadas palavras:

– Hailsham, seu tolo.

6

As engrenagens da justiça britânica

No verão de 1963, um eminente legislador da Alemanha Ocidental que estava sob meus cuidados em Londres, como convidado oficial do governo de Sua Majestade, manifestou o desejo de ver as engrenagens da justiça britânica em funcionamento, e o fez na presença de ninguém menos que o próprio lorde chanceler da Inglaterra, cujo nome era Dilhorne, mas, antes disso, Manningham-Buller – ou, como seus colegas de profissão o chamavam, Bullying Manner [Atitude Intimidadora].

O lorde chanceler é o membro do Gabinete responsável pela gestão dos tribunais da nação. Se houver alguma influência política em um julgamento em particular, que Deus não permita, ela provavelmente será exercida pelo lorde chanceler. O tópico da nossa reunião, pelo qual ele não havia demonstrado nenhum interesse, era o recrutamento e o treinamento de jovens juízes para a Corte alemã. Para meu eminente convidado alemão, essa era uma questão crucial, que afetava o futuro da profissão legal na Alemanha após o nazismo. Para lorde Dilhorne, era um desperdício do seu precioso tempo, e ele deixou isso claro.

Mas, quando nos levantamos para sair, ele perguntou ao nosso convidado, ainda que por mera formalidade, se havia algo que ele pudesse fazer para tornar sua estada na Inglaterra mais agradável, ao que ele respondeu – rispidamente, tenho o prazer de dizer – que sim, havia algo. Ele gostaria de assistir ao julgamento de Stephen Ward, acusado de ser sustentado pelos ganhos imorais de Christine Keeler, cuja participação no escândalo Profumo descrevi em um capítulo anterior. Dilhorne, que desempenhara um papel fundamental na fabricação do vergonhoso caso contra Ward, corou e respondeu entre os dentes:

– É claro.

E foi assim que, uns dois dias depois, eu e meu convidado alemão nos vimos sentados lado a lado no Tribunal nº 1 em Old Bailey, logo atrás do acusado, Stephen Ward. Seu advogado estava nas alegações finais, e o juiz, cuja hostilidade em relação a Ward se equiparava apenas à da acusação, fazia o possível para dificultar seu trabalho. Creio, mas já não tenho certeza, que Mandy Rice-Davies estava sentada na plateia, mas ela recebeu tanta publicidade que minha imaginação pode tê-la colocado lá. Mandy, para quem é jovem demais para se lembrar da sua contribuição para o caso, era modelo, dançarina e colega de quarto de Christine Keeler.

Mas me lembro bem da exaustão estampada no rosto de Ward, que, consciente de que éramos importantes de algum modo, se virou e nos cumprimentou: eu me lembro do perfil preocupado e aquilino, da pele esticada sobre os ossos, do sorriso rígido, dos olhos saltados, avermelhados e cansados bem como da voz rouca de fumante, enquanto ele fingia despreocupação.

– Como vocês acham que eu estou me saindo? – perguntou ele subitamente.

Como regra geral, não se espera que os atores no palco se virem e conversem casualmente com você no meio do drama. Respondendo por nós dois, assegurei-lhe que estava se saindo bem, mas não acreditava realmente nisso. Alguns dias depois, sem esperar pelo veredicto, Ward se matou. Lorde Dilhorne e seus colegas conspiradores haviam pegado seu homem.

7

A deserção de Ivan Serov

No início da década de 1960, com a Guerra Fria no auge, jovens diplomatas britânicos servindo no exterior não eram encorajados a confraternizar com seus oponentes soviéticos. Qualquer contato social ou oficial, mesmo que acidental, tinha de ser imediatamente relatado aos superiores, preferencialmente antes do evento. Assim, houve alguma agitação nos meios oficiais quando fui obrigado a confessar ao meu departamento em Londres que, durante praticamente duas semanas, estivera em contato diário com um membro sênior da embaixada soviética em Bonn e que nenhuma outra pessoa estivera presente nos nossos encontros.

Como isso acontecera havia sido tão surpreendente para mim quanto para meus superiores. O cenário político nacional da Alemanha Ocidental, que era meu dever observar, passava por uma das suas convulsões periódicas. O editor do *Der Spiegel* estava na cadeia por ter violado as leis de segredo alemãs, e Franz Josef Strauss, o ministro bávaro que o colocara no cargo, era acusado de conduta desonesta na compra de jatos Starfighter para a Força Aérea alemã. Cada dia trazia novas notícias acerca do submundo bávaro, com um elenco de cafetões, senhoras de moral duvidosa e intermediários suspeitos.

Assim, era natural que eu fizesse o que sempre fazia em épocas de agitação política: correr até o parlamento alemão ocidental e ocupar meu lugar na galeria dos diplomatas, aproveitando qualquer oportunidade para descer as escadas e sondar meus contatos parlamentares. Foi no meu retorno à galeria, após uma dessas sondagens, que tive a surpresa de encontrar meu lugar ocupado por um robusto e agradável cavalheiro de uns 50 anos, com sobrancelhas espessas e óculos sem aro, usando um volumoso terno cinza que, surpreendentemente, considerando-se a época do ano, incluía um colete justo demais para sua grande barriga.

Quando digo "meu lugar", é meramente porque a galeria, que era pequena e elevada como um camarote de ópera na parede dos fundos da câmara do Bundestag, estava sempre vazia, à exceção de um oficial da CIA chamado, pouco convincentemente, Herr Schulz, que, depois de me lançar um olhar, provavelmente sentindo uma eventual influência contaminadora, se sentava o mais longe possível de mim. Mas, naquele dia, havia apenas o cavalheiro robusto. Sorri para ele. Ele sorriu abertamente em resposta. Eu me sento a duas cadeiras de distância dele. O debate no térreo estava no auge. Ouvimos com atenção, conscientes da concentração um do outro. Na hora do almoço, levantamo-nos, decidimos quem passaria primeiro pela porta, caminhamos separadamente até o refeitório do Bundestag, no andar de baixo e, de mesas diferentes, sorrimos polidamente um para o outro, enquanto tomávamos a sopa do dia. Um par de assessores parlamentares se juntou a mim, mas meu vizinho na galeria diplomática permaneceu sozinho. Ao fim da sopa, retornamos aos nossos lugares na galeria. A sessão parlamentar chegou ao fim. Fomos embora.

Quando cheguei na manhã seguinte, ele estava novamente na minha cadeira, sorrindo. E, na hora do almoço, lá estava ele sozinho, tomando sua sopa, enquanto eu fofocava com alguns jornalistas. Será que deveria convidá-lo a se juntar a nós? Era um colega diplomata, afinal. Será que eu deveria ir até sua mesa? Minha ânsia empática, como ocorre com tanta frequência, era desnecessária: o sujeito estava perfeitamente feliz lendo seu *Frankfurter Allgemeine*. À tarde, ele não apareceu, mas era uma sexta-feira de verão, e o Bundestag estava encerrando suas atividades.

Mas, na segunda-feira, eu mal havia me sentado na minha velha cadeira quando ele entrou, com um dedo nos lábios em deferência à agitação no andar de baixo, e me ofereceu a mão molhada para um cumprimento, mas com tal ar de familiaridade que eu me senti culpado, convencido de que não o reconhecera, de que havíamos nos encontrado em um dos diversos coquetéis diplomáticos de Bonn e de que ele se lembrava do encontro, mas eu, não.

Ainda pior, a julgar pela sua idade e postura, havia grande probabilidade de ser um dos inúmeros embaixadores de menor importância de Bonn. E uma coisa da qual embaixadores de menor importância não gostam é que outros diplomatas, especialmente os mais jovens, não os reconheçam. Foram necessários outros quatro dias para que a verdade fosse revelada. Ambos fazíamos anotações: ele, em um bloco pautado de baixa qualidade, fechado com um elástico vermelho, o qual devolvia à posição original após cada inserção; eu, em um bloco de bolso sem pauta, com minhas observações permeadas por caricaturas furtivas dos principais jogadores do Bundestag. Talvez tenha sido inevitável que, durante um recesso em uma tarde tediosa, meu vizinho se inclinasse maliciosamente sobre a cadeira vazia entre nós e perguntasse se podia dar uma olhada. Quando assenti, seus olhos se estreitaram até virarem fendas e seu torso se sacudiu com o riso. Em seguida, com o floreio de um mágico, ele retirou um cartão de visita amassado do bolso do colete e ficou me observando enquanto eu lia, primeiro em russo e, em benefício dos ignorantes, em inglês:

Sr. Ivan Serov, segundo-secretário, embaixada da URSS, *Bonn, Alemanha Ocidental.*

E, escrito à mão na parte de baixo, em tinta preta com letras maiúsculas longas e finas, também em inglês: CULTURAL.

★

Até hoje, consigo ouvir nossa conversa a distância.

— Você quer sair para beber um dia desses?

Seria ótimo.

— Você gosta de música?

Muito. Embora não tenha um ouvido bom para música.

— Você é casado?

Sim. E você?

— Minha esposa, Olga, também gosta de música. Você tem uma casa?

Em Königswinter. Para que mentir? Meu endereço estava na lista diplomática e ele poderia descobri-lo quando bem entendesse.

– É uma casa grande?

Quatro quartos, respondo, sem contar.

– Você tem telefone?

Digo o número. Ele anota. Então me dá o seu. Eu lhe entrego meu cartão: segundo-secretário (político).

– Você toca piano?

Gostaria, mas infelizmente não.

– Continue fazendo desenhos engraçados de Adenauer, está bem? – disse ele, com uma gargalhada e uma forte pancada no meu ombro. – Olha só, meu apartamento é muito pequeno. Quando tocamos, todo mundo reclama. Ligue para mim uma hora dessas. Se você nos convidar, tocaremos para você na sua casa. Eu me chamo Ivan.

David.

★

Regra número 1 da Guerra Fria: nada, absolutamente nada é o que parece. Todo mundo tem um motivo oculto, se não dois. Um oficial soviético que se convida abertamente para a casa de um diplomata ocidental que sequer conhece? Quem está flertando com quem nessa situação? Dito de outro modo, o que eu havia falado ou feito para encorajar essa proposta improvável? Vamos repassar isso, David. Você disse que nunca o encontrou antes. Agora está dizendo que pode ter encontrado?

Uma decisão foi tomada e não me cabia perguntar por quem. Eu deveria convidar Serov para minha casa, exatamente como ele sugerira. Por telefone, não por escrito. Deveria ligar para o número que ele tinha me dado, que era o número oficial da embaixada soviética em Bad Godesberg. Deveria dizer meu nome e pedir para falar com o adido cultural Serov. Cada um desses atos aparentemente normais me foi explicado com enorme precisão. Ao falar com Serov – se conseguisse –, deveria perguntar casualmente qual o melhor dia para ele e a esposa participarem do evento musical que havíamos discutido. Deveria tentar marcar para o quanto antes, uma vez que desertores em potencial costumam agir por impulso. Deveria me assegurar de enviar meus cumprimentos a sua esposa, cuja inclusão na abordagem – cuja simples menção – era excepcional em casos como esse.

Ao telefone, Serov foi rude. Falou como se lembrasse apenas vagamente de mim e disse que consultaria sua agenda e ligaria de volta. Até logo. Meus mestres predisseram que era a última vez que ouvíamos falar dele. Um dia depois, ele ligou, acho que de outro número, pois parecia mais bem-disposto, como da última vez.

Sexta-feira, às oito horas, OK, David?

Vocês dois, Ivan?

Claro. Serova estará lá.

Ótimo, Ivan. Vejo você às oito. E meus melhores votos a sua esposa.

★

Durante todo o dia, técnicos de som enviados de Londres mexeram na fiação da nossa sala de estar, e minha esposa ficou com medo de que riscassem a pintura. Na hora marcada, uma enorme limusine ZiL com motorista e vidros escurecidos parou na nossa entrada. A porta traseira foi aberta e a primeira coisa que emergiu foi o traseiro de Ivan, como Alfred Hitchcock em um dos seus filmes, puxando um violoncelo da altura de um homem. Mais ninguém. Será que tinha vindo sozinho? Não, não tinha vindo. A outra porta foi aberta, aquela que eu não conseguia ver da varanda. Eu estava prestes a ver Serova pela primeira vez. Mas não era Serova. Era um homem alto e ágil em um elegante terno preto de corte reto.

– Diga olá para Dimitri – anunciou Serov da calçada. – Ele veio no lugar da minha esposa.

Dimitri disse que também adorava música.

Antes do jantar, Serov, que evidentemente não apreciava uma bebida, bebeu tudo que oferecemos e devorou uma bandeja de canapés antes de tocar uma abertura de Mozart, que nós aplaudimos, Dimitri mais entusiasticamente que todos. Durante o jantar composto de carne de veado, muito apreciada por Serov, Dimitri falou das recentes realizações soviéticas no campo das artes, das viagens espaciais e da campanha pela paz mundial. Após o jantar, Ivan tocou uma complexa composição de

A DESERÇÃO DE IVAN SEROV

Stravinsky. Aplaudimos, novamente liderados por Dimitri. Às dez da noite, a ZiL retornou e Ivan partiu carregando seu violoncelo, com Dimitri ao seu lado.

Algumas semanas depois, Ivan foi chamado a Moscou. Eu nunca soube o que fazia da vida, se era da KGB ou da GRU ou se seu nome verdadeiro era Serov. Assim, sou livre para me lembrar dele a minha própria maneira: *Serov Cultural*, como eu o chamava internamente, jovial amante das artes, que, de vez em quando, flertava com a ideia de ir para o Ocidente. Talvez ele tenha enviado alguns sinais nesse sentido, sem nenhuma intenção verdadeira de levar a ideia adiante. E, quase certamente, trabalhava para a KGB ou para a GRU, pois é improvável que, de outra maneira, gozasse de tamanha liberdade para se deslocar. Assim, no lugar de "cultural", leia-se "espião". Em resumo: apenas outro russo dividido entre o amor pelo seu país e o irrealizável sonho de uma vida mais livre.

Será que ele me identificara como um colega? Outro Schulz? Se a KGB tivesse feito a lição de casa, dificilmente teria deixado de saber o que eu fazia. Eu jamais prestara exame para o Serviço Diplomático e jamais havia frequentado aquelas recepções no campo nas quais diplomatas em potencial supostamente eram testados em suas habilidades sociais. Jamais frequentara um curso do Ministério das Relações Exteriores ou vira o interior da sua sede em Whitehall. Havia chegado a Bonn vindo de lugar nenhum e falando um alemão indecentemente fluente.

E, se tudo isso não fosse suficiente para me denunciar como espião, havia as esposas com olhos de águia no Ministério das Relações Exteriores, que mantinham uma vigilância tão atenta sobre os rivais dos maridos em busca de promoções, medalhas e eventuais títulos de cavaleiro quanto qualquer pesquisador da KGB. Uma olhada nas minhas credenciais e elas saberiam que não precisavam se preocupar comigo. Eu não era da família. Era um Amigo, que é como os respeitáveis funcionários britânicos no exterior descrevem os espiões que, relutantemente, são obrigados a acolher em seu meio.

8

Um legado

O ano é 2003. Um Mercedes à prova de balas com motorista vem me buscar de madrugada no meu hotel em Munique e me conduz por uns dez quilômetros até a agradável cidade bávara de Pullach, conhecida pelas suas cervejarias, desde então fechadas, e pela espionagem, que é eterna. Meu compromisso é um café da manhã com o Dr. August Hanning, na época *Präsident* do Serviço Secreto alemão, o BND, e um breve encontro com seus colegas seniores. Do portão com guarita, passamos por prédios baixos meio ocultos pelas árvores e cobertos com redes de camuflagem, até uma bela casa de campo pintada de branco, mais típica do norte que do sul da Alemanha. O Dr. Hanning está à porta à nossa espera. Temos algum tempo, diz ele. Será que eu gostaria de conhecer o lugar? Obrigado, Dr. Hanning, eu gostaria muito.

Durante minha temporada em Bonn e Hamburgo, mais de trinta anos antes, eu não tivera nenhum contato com o BND. Não havia sido, como diz o jargão, "declarado", muito menos entrara em sua sede lendária. Mas, quando o Muro de Berlim caiu – um evento não previsto por nenhum serviço de informação – e a embaixada britânica em Bonn, para seu espanto, foi obrigada a fazer as malas e sair de Berlim, nosso embaixador da época corajosamente decidiu me convidar para ir a Bonn a fim de celebrar a ocasião. Nesse ínterim, eu escrevera um romance intitulado *Uma pequena cidade da Alemanha*, que não poupava nem a embaixada britânica nem o governo provisório em Bonn. Ao prever – equivocadamente – a guinada da Alemanha Ocidental à extrema direita, eu tecera uma conspiração entre os diplomatas britânicos e os oficiais alemães ocidentais que levara à morte de um funcionário da embaixada disposto a expor uma verdade inconveniente.

Assim, não esperava que ninguém me julgasse a pessoa ideal para descer a cortina da velha embaixada nem imaginava ser bem-vindo na nova, mas o embaixador britânico, um homem bastante civilizado, pensava de outra forma. Não contente em pedir que eu fizesse um (assim espero) alegre discurso na cerimônia de encerramento, ele convidou para sua casa às margens do Reno cada contraparte real dos oficiais alemães fictícios que meu romance havia caluniado, solicitando a cada um deles, como preço pelo belo jantar, um discurso no papel do personagem.

E o Dr. August Hanning, posando como membro menos atraente da minha ficção, estivera à altura da ocasião, espirituoso e bem-humorado. Foi um gesto comovente, pelo qual me senti muito grato.

★

Estamos em Pullach, mais de uma década depois, com a Alemanha totalmente reunificada, e Hanning espera por mim na frente da sua bela casa branca. Embora jamais tenha estado aqui, conheço, como todos, os acontecimentos básicos da história do BND: como o fato de que, em certo momento perto do fim da guerra, o general Reinhard Gehlen, chefe do serviço secreto militar de Hitler no *front* oriental, levara seu precioso arquivo soviético para a Bavária e o enterrara, fazendo um acordo com o OSS – precursor da CIA –, segundo o qual entregaria seu arquivo, sua equipe e a si mesmo em troca da nomeação para a chefia de uma agência de espionagem antissoviética comandada pelos americanos que seria chamada de Organização Gehlen ou, para os iniciados, a Org.

Houve estágios intermediários, naturalmente, e até mesmo uma espécie de corte. Em 1945, Gehlen voou para Washington, tecnicamente ainda como prisioneiro americano. Allen Dulles, principal espião dos Estados Unidos e diretor-fundador da CIA, deu uma olhada nele e chegou à conclusão de que seu perfil lhe agradava. Gehlen foi bem-tratado, enaltecido e levado a uma partida de beisebol, mas manteve aquela imagem taciturna e distante que, no mundo da espionagem, passa muito facilmente por uma profundidade inescrutável. Ninguém parecia saber

O TÚNEL DE POMBOS

ou se importar com o fato de que, enquanto espionava para o Führer na Rússia, ele havia caído em uma armadilha soviética que tornara inútil grande parte dos seus arquivos. Era uma nova guerra, e Gehlen era nosso homem. Em 1946, presumivelmente já não mais um prisioneiro, foi nomeado chefe do embrionário serviço de informação ultramarina da Alemanha Ocidental, sob a proteção da CIA. Velhos camaradas dos tempos nazistas formavam o núcleo da sua equipe. A amnésia controlada relegava o passado à história.

É claro que, ao decidir arbitrariamente que os nazistas atuais ou do passado eram leais à bandeira anticomunista por definição, Dulles e seus aliados ocidentais se iludiram em larga escala. Como qualquer criança sabe, uma pessoa com um passado obscuro é o alvo perfeito para chantagens. Acrescente a isso o grande ressentimento de uma derrota militar, o orgulho ferido, o silencioso ultraje pelo bombardeio em massa feito pelos Aliados em sua amada cidade natal – Dresden, por exemplo –, e você tem uma receita de recrutamento tão forte quanto a KGB e a Stasi poderiam desejar.

O caso de Heinz Felfe serve muito bem de exemplo. Em 1961, quando finalmente foi preso – eu estava em Bonn na época –, Felfe, um filho de Dresden, já espionara para a SD nazista, para o MI6 britânico, para a Stasi alemã oriental e para a KGB soviética, nessa ordem. Ah, e também para o BND, é claro, no qual era um aclamado participante dos jogos de gato e rato contra os serviços de informação soviéticos. E deveria ser, uma vez que seus empregadores soviéticos e alemães orientais ofereciam quaisquer agentes dispensáveis para serem desmascarados pelo seu astro na Org. Felfe era tão precioso que seus comandantes soviéticos montaram uma unidade dedicada da KGB na Alemanha Oriental apenas para gerenciar seu agente, processar suas informações e fazer avançar sua brilhante carreira no interior da Org.

Em 1956, quando a Org passou a ter o grandioso título de Serviço Federal de Inteligência, ou Bundesnachrichtendienst, Felfe e um colega conspirador chamado Clemens, também de Dresden e importante membro do BND, forneceram aos russos toda a ordem de batalha da organização, incluindo a identidade de noventa e sete agentes de campo que trabalhavam disfarçados no exterior, o que deve ter sido um *grand slam*. Mas Gehlen, sempre afetado e fantasioso, conseguiu se manter até 1968, quando noventa por cento dos seus agentes na Alemanha Oriental trabalhavam para a Stasi e, em Pullach, dezesseis membros da sua família estavam na folha de pagamento do BND.

Ninguém consegue minar o jogo corporativo mais discretamente que os espiões. Ninguém é tão bom nos movimentos furtivos das missões. Ninguém sabe melhor como criar uma imagem de misteriosa onisciência e se esconder atrás dela. Ninguém se sai tão bem fingindo estar acima de um público que não tem escolha a não ser pagar um preço muito alto por informações de segunda mão, cuja atração reside no gótico segredo da sua obtenção, e não em seu valor intrínseco. Nisso, para dizer o mínimo, o BND não está sozinho.

★

Estamos em Pullach, temos algum tempo e meu anfitrião está me mostrando sua bela casa de campo de estilo britânico. Fico impressionado, como suspeito que ele deseja que eu fique, com a mesa comprida e brilhante, com as paisagens do século XX e com o agradável jardim de inverno, no qual esculturas de alegres meninos e meninas em plintos fazem poses heroicas umas para as outras.

– Dr. Hanning, isso é realmente notável – digo polidamente.

Com um sorriso discreto, Hanning responde:

– Sim. Martin Bormann tinha muito bom gosto.

Eu o sigo por uma escadaria de pedra, lance após lance, até chegarmos à versão personalizada de Bormann para o *Führerbunker* de Hitler, completa, com camas, telefones, latrinas e bombas de ventilação, além de tudo o que fosse necessário para a sobrevivência dos capangas favoritos de Hitler. Tudo, assegura Hanning com o mesmo sorriso irônico enquanto eu olho estupidamente ao redor, listado oficialmente como monumento protegido pelas leis estatais da Baviera.

Então foi para cá que trouxeram Gehlen em 1947, reflito. Para esta casa. E lhe deram rações, cama limpa e seus arquivos da era nazista, com cartões catalográficos e sua velha equipe nazista, enquanto grupos não coordenados de caçadores de nazistas procuravam Martin Bormann, e o mundo tentava absorver os indescritíveis horrores de Belsen, Dachau, Buchenwald, Auschwitz e outros. Foi aqui que Reinhard Gehlen e seus policiais secretos nazistas foram instalados: na casa de campo de Bormann, da qual ele já não mais precisava. Em um minuto, o mestre espião não muito bom de Hitler está fugindo da fúria russa e, no seguinte, está sendo paparicado pelos seus novos melhores amigos, os americanos vitoriosos.

Bem, talvez, na minha idade, eu não devesse estar tão surpreso. E o sorriso do meu anfitrião diz exatamente isso. Essa também já não foi minha profissão? Meu próprio antigo Serviço não trocara constantemente informações com a Gestapo até 1939? Não mantivera relações amigáveis com o chefe da polícia secreta de Muamar Kadafi até os últimos dias do seu governo – relações amigáveis o bastante para recolher seus inimigos políticos, até mesmo as mulheres grávidas, e enviá-los a Trípoli, para serem presos e interrogados com as melhores táticas?

Está na hora de subirmos novamente a longa escadaria até nosso café da manhã. Quando chegamos ao topo – acho que estamos no saguão principal da casa, mas não tenho certeza –, dois rostos do passado me saúdam do que julgo ser o hall da fama de Pullach: o almirante Wilhelm Canaris, chefe da Abwehr de Hitler entre 1935 e 1944, e nosso amigo, o general Reinhard Gehlen, primeiro *Präsident* do BND. Canaris, profundamente nazista, mas não um fã de Hitler, participou de um jogo duplo com os grupos de resistência alemães de direita, mas também com o serviço de informações britânico, com quem manteve um contato esporádico durante a guerra. Sua duplicidade lhe custou caro em 1945, quando foi sumariamente julgado e executado pela SS: uma corajosa e confusa forma de herói, e certamente não um antissemita, mas um traidor da liderança do seu país. Quanto a Gehlen, também traidor de tempos de guerra, é difícil saber, à fria luz da história, o que admirar nele além da sua ambiguidade, sua plausibilidade e sua habilidade como artista da autopersuasão.

Isso é *tudo*?, eu me pergunto, observando esses dois rostos desconfortáveis. Esses dois homens falaciosos são os únicos modelos do passado que o BND tem a oferecer para seus recrutas com os olhos brilhando? Pense nas maravilhas que aguardam os recrutas britânicos ao entrar no mundo do serviço secreto! Todos os serviços de espionagem mitificam a si mesmos, mas os britânicos são uma categoria à parte. Esqueça nossa triste participação na Guerra Fria, quando a KGB nos superou e se infiltrou em nós praticamente a cada instante. Volte, em vez disso, à Segunda Guerra Mundial, que, de acordo com a televisão e os jornais, é o local mais seguro para se investir no orgulho nacional. Olhe para nossos decifradores de códigos brilhantes de Bletchley Park! Para nosso engenhoso Sistema Double-Cross e para as grandes estratégias do desembarque no dia D, para nossos intrépidos operadores de rádio e para os sabotadores atrás das linhas inimigas! Com heróis assim marchando diante deles, como nossos novos recrutas não se sentiriam inspirados pelo passado do seu Serviço?

Acima de tudo: nós vencemos e, assim, fomos nós que escrevemos a história.

Mas o pobre BND não tem uma tradição tão inspiradora, por mais mitificada que seja, para oferecer aos seus recrutas. Ele não pode se gabar, por exemplo, da Operação Polo Norte da Abwehr, conhecida como Jogo Inglês, uma artimanha que, durante três anos, convenceu o SOE a enviar cinquenta bravos agentes holandeses para a morte certa e para coisas ainda piores na Holanda ocupada. As realizações alemãs no campo da decodificação também são impressionantes – mas com que finalidade? O BND não pode celebrar as indescritíveis habilidades de contrainformação de Klaus Barbie, antigo chefe da Gestapo em Lyon, recrutado para as fileiras da organização como informante, em 1966. Barbie, como foi descoberto apenas depois de um longo acobertamento dos Aliados, torturara pessoalmente dezenas de membros da Resistência francesa. Sentenciado à prisão perpétua, ele morreu na mesma prisão em que perpetrou suas piores atrocidades. Mas não antes de, aparentemente, ser recrutado pela CIA para caçar Che Guevara.

*

O TUNEL DE POMBOS

Enquanto escrevo isso, o Dr. Hanning, agora advogado particular, está sob o fogo cruzado de um comitê parlamentar alemão encarregado de investigar as atividades dos serviços de informação estrangeiros na Alemanha e a possível conspiração ou cooperação das agências de espionagem alemãs. Como todas as investigações realizadas a portas fechadas, essa é muito pública. Há uma abundância de acusações, insinuações e relatos sem fonte fidedigna na imprensa. A acusação mais sensacional está bem longe de ser crível: a de que o BND e seu braço de inteligência de sinais, deliberadamente ou por negligência burocrática, desde 2002 ajuda a Agência Nacional de Segurança dos Estados Unidos a espionar instituições e cidadãos alemães.

De acordo com as evidências coletadas até agora, esse não é o caso. Em 2002, houve um acordo entre o BND e a NSA que declarava categoricamente que os alvos alemães eram uma área proibida. Foram usados filtros para cumprir o acordo. Então os filtros falharam? E, se isso ocorreu, essa falha deveu-se a erro humano ou técnico – ou simplesmente foi resultado da negligência aliada ao tempo? A NSA, ao notar a falha, teria chegado à conclusão de que não havia necessidade de incomodar seus aliados alemães a esse respeito?

O resultado mais provável das deliberações do comitê, na opinião de observadores do Bundestag mais bem-informados que eu, será que o gabinete da chancelaria falhou em seu dever estatutário de supervisionar o BND; o BND, por sua vez, falhou em supervisionar a si mesmo; e, embora tenha havido cooperação com o serviço de informações americano, não houve conspiração. E, quando você ler isso, provavelmente novas complexidades e ambiguidades terão vindo à luz e ninguém será culpado, à exceção da própria história.

E, talvez, a história seja de fato a única culpada. Quando o serviço americano de inteligência de sinais lançou sua rede sobre a jovem Alemanha Ocidental logo após o fim da guerra, o inexperiente governo de Adenauer fazia o que lhe diziam para fazer e sabia pouquíssimo a respeito. Com o tempo, o relacionamento pode ter mudado, mas somente na aparência. A NSA continuou a espionar à vontade, sem a supervisão do BND, e é difícil imaginar que esse hábito não incluísse, desde o primeiro

UM LEGADO

dia, espionar tudo que se movesse no país anfitrião. Espiões espionam porque podem.

Imaginar que o BND, em qualquer momento, exerceu controle efetivo sobre a NSA me parece algo irreal, ainda mais quando se trata da sua seleção de alvos alemães e europeus. Hoje, a mensagem da NSA é clara: se você quer que informemos sobre as ameaças terroristas no seu próprio país, cale a boca e fique de joelhos.

Após as revelações de Snowden, a Inglaterra, é claro, fez investigações similares e chegou à mesma insatisfatória conclusão. Essas investigações também abordaram temas sensíveis como até que ponto nossa própria inteligência de sinais estava fazendo pelos americanos o que eles estavam legalmente proibidos de fazer por si mesmos. Mas o público britânico, apesar de todo o furor, é alimentado com segredos e encorajado pela mídia a se mostrar dócil em relação às invasões da sua privacidade. Leis violadas são reformuladas para acomodar a violação. Quando ocorrem protestos, a imprensa de direita os sufoca. Se a lealdade aos Estados Unidos for abalada, pensa-se, como ficaremos?

A Alemanha, em contrapartida, como conheceu o fascismo e o comunismo, não aceita com facilidade espiões do governo se intrometendo na vida de cidadãos honestos, muito menos se o fizerem em nome e em benefício de uma superpotência estrangeira e supostamente aliada. O que na Inglaterra recebe o nome de Relacionamento Especial, na Alemanha é traição. Mesmo assim, imagino que, nesses tempos turbulentos, ainda não se terá chegado a nenhum veredicto claro quando este livro for impresso. O parlamento alemão terá se pronunciado, a causa maior do contraterrorismo terá sido invocada e os preocupados cidadãos alemães terão sido aconselhados a não morder a mão que os protege, mesmo que essa mão tenha se desviado aqui e ali.

Mas se, contra todas as probabilidades, o pior cenário for comprovado, o que restará a ser dito como atenuante? Talvez que, como qualquer um que se vê confuso em relação a sua criação, o BND não sabe muito bem quem é. O relacionamento de mão dupla com uma superpoderosa agência de informação, na melhor das hipóteses, nunca é fácil, menos ainda quando você se relaciona com o país que o colocou na Terra,

71

O TÚNEL DE POMBOS

trocou suas fraldas, pagou sua mesada, conferiu suas lições de casa e lhe indicou o caminho a seguir. É ainda mais difícil quando esse país, em uma atitude paternal, delega parcelas da sua própria política externa aos seus espiões, coisa que os Estados Unidos têm feito com muita frequência nos últimos anos.

9

A inocência de Murat Kurnaz

Estou sentado em um quarto no primeiro andar de um hotel em Bremen, no norte da Alemanha, olhando para a pista de corrida de uma escola. O ano é 2006. Murat Kurnaz, um turco-alemão nascido, criado e educado em Bremen, acaba de ser libertado após cinco anos de encarceramento em Guantánamo. Antes de Guantánamo, esteve preso no Paquistão, foi vendido aos americanos por três mil dólares, mantido por dois meses em um centro de tortura americano em Candaar, eletrocutado, espancado até perder os sentidos, afogado e pendurado em um gancho, até que, apesar da sua grande força física, quase morreu. Contudo, quando já estava em Guantánamo havia um ano, seus interrogadores americanos e alemães – dois do BND e um do serviço de segurança interna – concluíram que ele era inofensivo, ingênuo e não representava risco para os interesses alemães, americanos ou israelenses.

Todavia, eis um paradoxo que não consigo reconciliar, explicar e muito menos julgar. Quando conheci Kurnaz, eu não tinha ideia de que o Dr. Hanning – que também havia sido convidado para a mesa do embaixador em Bonn e fora meu anfitrião em Pullach – tivera qualquer participação no seu destino, muito menos uma participação tão importante. Agora descubro que, semanas antes, em uma reunião dos principais oficiais civis e líderes do serviço de informação alemão, Hanning, como *Präsident* do BND, votara, em aparente desafio ao conselho dos membros do seu próprio Serviço, contra o retorno de Kurnaz. Se Kurnaz tivesse de ir para algum lugar, que fosse para a Turquia, o lugar a que pertencia. E, ainda mais tortuosamente, não se podia confiar que ele *não* havia sido terrorista no passado ou *não* se tornaria um no futuro – isso, aparentemente, explicaria a decisão de Hanning.

Em 2004, enquanto Kurnaz ainda estava preso em Guantánamo, a polícia e os serviços de segurança do estado de Bremen anunciaram que, como ele falhara em renovar seu visto de residência, que havia expirado – uma omissão perdoável, dada a falta de canetas, selos e papel de carta nas celas de Guantánamo –, seria banido para o país de sua mãe.

Embora um tribunal tenha rapidamente anulado o édito de Bremen, Hanning até hoje não alterou publicamente sua posição.

Mas, se penso nos dias da Guerra Fria, há uns sessenta e tantos anos, quando, em uma posição muito mais humilde, também fui convidado a julgar pessoas que, de um jeito ou de outro, recaíam em certas categorias – antigos simpatizantes comunistas, viajantes suspeitos, membros secretos do Partido e outros –, também me vejo na mesma situação impossível. Superficialmente, ao menos no papel, o jovem Kurnaz preenchia uma série de critérios. Em Bremen, havia frequentado uma mesquita conhecida por propagar o radicalismo. Antes de ir para o Paquistão, deixara crescer a barba e instara os pais a observarem mais estritamente o Alcorão. Quando se estabeleceu no Paquistão, o fez secretamente e sem avisar aos pais – o que não foi um bom começo. Sua mãe ficou tão alarmada que procurou a polícia, dizendo que o filho tinha se tornado radical na mesquita de Abu Bakr, estava lendo literatura jihadista e pretendia lutar na Chechênia ou no Paquistão. Outros turcos de Bremen, quaisquer que fossem seus motivos, apresentaram-se com relatos similares. E eu compreendo por que agiam assim. Suspeita, desespero e recriminação mútua estavam destruindo a comunidade. Todo o complô contra as Torres Gêmeas não tinha sido criado por colegas muçulmanos em Hamburgo? Kurnaz, por sua vez, repetiu consistentemente que seu único objetivo ao viajar para o Paquistão fora aprimorar sua educação muçulmana. Que nenhum dos critérios a que correspondia produziu um terrorista é um fato. Ele não cometeu nenhum crime e sofreu indescritivelmente pela sua inocência. Mas leve-me de volta àqueles dias, apresente-me os mesmos critérios e um clima similar de medo e não consigo me imaginar correndo em sua defesa.

A INOCÊNCIA DE MURAT KURNAZ

★

Sentado confortavelmente no meu quarto de hotel em Bremen, tomando café, pergunto a Kurnaz como ele conseguiu se comunicar com os detentos das celas ao lado, apesar de todas as comunicações serem proibidas, sob pena de espancamentos sumários e inúmeras privações, aos quais Kurnaz estava particularmente sujeito em virtude tanto da sua disposição obstinada quanto do seu tamanho. Seu tamanho, aliás, deve ter se adequado mal a uma cela na qual não podia nem se sentar, nem ficar de pé, durante vinte e três horas por dia.

Você tem de tomar cuidado, responde ele, após uma pausa para pensar, algo a que estou me habituando. Não só com os guardas, mas com os outros prisioneiros. Você jamais pergunta a alguém por que está lá. Não pergunta se são da al Qaeda. Mas, quando se está agachado dia e noite a alguns centímetros de outro prisioneiro, é natural que, mais cedo ou mais tarde, você tente estabelecer contato.

Primeiro, havia um lavatório, mas ele era destinado a uma espécie mais geral de contato. Em uma hora combinada – Kurnaz não estava disposto a dizer exatamente qual, uma vez que muitos dos seus colegas combatentes inimigos ainda estavam presos* –, eles evitavam ligar a água e sussurravam pelo ralo. Não era possível ouvir as palavras, mas o murmúrio coletivo fornecia uma sensação de pertencimento.

Então, havia a tigela de sopa de poliestireno que era colocada na bandeja de comida, com um pedaço de pão velho ao lado. Ele tomava a sopa e, depois, quebrava um pedaço minúsculo da beirada da tigela, do tamanho de uma unha, e esperava que o guarda não notasse ou não se importasse. Posteriormente, com a unha, que deixara crescer com esse objetivo, escrevia em árabe algum trecho do Alcorão. Em seguida, mastigava um pedaço de pão até formar uma bolinha e deixava endurecer. Retirando um fio do macacão, amarrava uma ponta na bolinha de pão e a outra no pedacinho de poliestireno. Usando a bolinha como

---

* Em 2016, oitenta detentos permaneciam encarcerados, dos quais metade já tinha autorização para soltura.

75

peso, jogava-a pelas barras até o vizinho, que puxava o fio da roupa e o pedaço de poliestireno para sua cela.

Após algum tempo, ele recebia uma resposta.

Para um homem inocente, que, mesmo nos evasivos padrões legais de Guantánamo, foi erroneamente aprisionado durante cinco anos e enfim enviado para casa, o mínimo que poderia ser feito por Kurnaz era lhe conceder um avião particular que o levasse da prisão até a Base Aérea Ramstein, na Alemanha, após a soltura. Para a viagem, ele recebeu roupas íntimas limpas, jeans e uma camiseta branca. Visando ao seu conforto, dez soldados americanos foram designados para acompanhá-lo durante o voo e, quando foi entregue ao comitê de recepção alemão, o oficial americano no comando ofereceu a sua contraparte alemã algemas mais leves e convenientes à continuação da jornada, ao que o oficial alemão, para sua glória eterna, respondeu:

– Ele não cometeu nenhum crime. Aqui na Alemanha, ele é um homem livre.

★

Contudo, essa não era a opinião de August Hanning.

Em 2002, Hanning havia denunciado Kurnaz como uma ameaça à segurança alemã. Desde então, que eu saiba, suas razões para ignorar as conclusões dos alemães e americanos que o interrogaram não foram explicadas. Mesmo assim, cinco anos depois, em 2007, falando como a autoridade suprema do serviço de informações no Ministério do Interior, Hanning não apenas repetiu sua oposição à residência de Kurnaz na Alemanha – uma questão atual, visto que Kurnaz estava novamente em solo alemão –, como também puniu os interrogadores do BND, que estiveram sob seu comando direto e declararam que Kurnaz era inofensivo, por extrapolarem sua área de competência.

E, quando eu mesmo me apresentei, embora tardiamente, como apoiador da causa de Kurnaz, Hanning, a quem continuo a ter em alta conta, avisou amigavelmente que minha simpatia era imerecida, mas não ofereceu nenhuma razão. E, como nenhuma razão jamais veio à tona ou chegou ao conhecimento do advogado de Kurnaz, sinto-me in-

A INOCÊNCIA DE MURAT KURNAZ

capaz de seguir seu conselho. Talvez houvesse uma causa maior? Quase quero acreditar que sim. A demonização de Kurnaz era alguma espécie de necessidade política? Estaria Hanning, que eu sei ser um homem honrado, sendo pressionado a agir assim?

Há pouco tempo, Kurnaz veio à Inglaterra promover o livro que escreveu sobre suas experiências.* Sua obra fora bem recebida na Alemanha e publicada em várias línguas. Dei-lhe um entusiástico endosso. Antes de começar a turnê, ele passou algum tempo comigo em Hampstead, onde, por sugestão de Philippe Sands, o advogado de direitos humanos, foi convidado, sem aviso prévio, a falar aos alunos da University College School. Ele aceitou e falou como sempre fala: com simplicidade e cuidado, no inglês fluente que aprendeu sozinho em Guantánamo, nas mãos dos seus inquisidores. Para um auditório lotado de estudantes de várias crenças ou nenhuma, disse que somente a fé muçulmana lhe permitiu sobreviver. E se recusou a atribuir culpa aos guardas ou aos torturadores. Como sempre, não mencionou Hanning ou qualquer oficial ou político alemão que tenha militado contra seu retorno. Explicou como, ao ser solto, deu aos guardas seu endereço na Alemanha, para o dia em que o peso do que fizeram se tornasse pesado demais para eles. Somente ao descrever sua dívida para com os prisioneiros que deixou para trás que ele demonstrou alguma emoção. E disse que não se calará enquanto houver um único homem em Guantánamo. Quando terminou, houve tanta gente para lhe dar um aperto de mão que uma fila ordenada teve de ser formada.

No meu romance *O homem mais procurado* há um turco nascido na Alemanha de mesma idade, religião e histórico de Murat. Ele se chama Melik e paga um preço similar por pecados que não cometeu. Em sua aparência física, maneira de falar e modo de agir, parece-se muito com Murat Kurnaz.

---

* *Cinco anos de minha vida: a história de um inocente em Guantánamo*, publicado no Brasil pela editora Planeta.

10

Indo a campo

Minha mesa na Cornualha fica no sótão de um celeiro de granito construído na encosta de um penhasco. Olhando para a frente em uma ensolarada manhã de julho, vejo somente o Atlântico, pintado de um azul mediterrâneo ridiculamente perfeito. Uma regata de veleiros delgados se move ao sabor de um agradável vento leste. Os amigos que vêm me visitar acham que sou louco ou abençoado, dependendo do clima, e hoje sou abençoado. Nessa ponta de terra, o tempo pode mudar a qualquer momento. Dias e noites de ventos de tempestade e então a trégua e o súbito silêncio. Em qualquer época do ano, uma volumosa nuvem de neblina pode estacionar sobre nós e nenhuma quantidade de chuva é capaz de persuadi-la a ir embora.

A uns duzentos metros daqui, em um casebre arruinado pertencente a uma antiga fazenda com o belo nome de Boscawen Rose, vive uma família de corujas-das-torres. Só as vi todas juntas uma única vez: dois adultos e quatro filhotes alinhados em um peitoril quebrado para a foto de família que não tive tempo de tirar. Desde então, relaciono-me com um dos adultos – ou assim decidi, arbitrariamente, porque os filhotes já cresceram há muito. A coruja pai, como estou determinado a imaginá-la, é minha parceira secreta e, antes de passar pela janela do lado oeste, transmite, por meios que desconheço, um aviso da sua chegada. Mesmo quando estou escrevendo, perdido em pensamentos e com a cabeça baixa, jamais deixo de ver sua sombra branca e dourada voando baixo pela janela. Até onde sei, ela não tem predadores. Nem as gralhas do penhasco nem os falcões-peregrinos estão dispostos a mexer com ela.

INDO A CAMPO

A coruja-das-torres também está consciente de ser observada, em um nível que nós, espiões humanos, consideraríamos psíquico. O pasto escarpado desce até o mar. A coruja pode estar planando sobre ele, meio metro acima da grama e se preparando para arremeter contra uma presa desavisada. Mas, se penso em movimentar a cabeça, ela aborta a operação e volta para o penhasco. À noite, se eu tiver sorte, terá se esquecido de mim e tentará novamente, com apenas as pontas das asas brancas e douradas tremulando. E, dessa vez, prometo que não levantarei a cabeça.

★

Em um dia ensolarado da primavera de 1974, cheguei a Hong Kong para descobrir que alguém havia construído um túnel sob o mar entre a ilha de Hong Kong e Kowloon, no continente, sem me avisar. Eu tinha acabado de entregar as últimas provas do meu romance *O espião que sabia demais*. Ele seria impresso a qualquer momento. Entre os supostos prazeres do livro, estava uma perseguição de balsa pelos estreitos entre Kowloon e Hong Kong. Para minha eterna vergonha, eu ousara escrever a passagem na Cornualha, com a ajuda de um guia de viagem desatualizado. Agora estava pagando o preço.

O hotel tinha uma máquina de fax. Eu tinha uma cópia do romance na bagagem. Liguei para meu agente no meio da noite e implorei que convencesse os editores a interromperem a impressão. Era tarde demais para a edição americana? Ele temia que sim, mas ia verificar. Após mais algumas passagens pelo túnel com um bloco de anotações nos joelhos, enviei o texto revisado para Londres, via fax, e jurei que nunca mais escreveria uma cena em um lugar que não tivesse visitado. E meu agente estava certo: era tarde demais para consertar a primeira edição americana.

Mas a lição que aprendi não foi apenas sobre pesquisa. Descobri que, na meia-idade, estava ficando gordo e preguiçoso e vivendo de uma fonte de experiência que estava prestes a se exaurir. Era hora de explorar mundos pouco familiares. Uma frase de Graham Greene ressoava nos meus ouvidos: algo sobre como, ao escrever sobre a dor humana, temos o dever de partilhá-la.

O TÚNEL DE POMBOS

Se o túnel realmente foi o responsável ou se tive essa percepção um pouco mais tarde, isso não importa. O que sei com certeza é que, depois daquele túnel, arrumei minha mochila e, imaginando-me algum tipo de andarilho da tradição romântica alemã, parti em busca de experiência: primeiro no Camboja e no Vietnã, depois em Israel e na Palestina, em seguida na Rússia, na América Central, no Quênia e no Congo. É uma jornada que tem se estendido, de um jeito ou de outro, pelos últimos quarenta e tantos anos, e sempre pensarei em Hong Kong como seu ponto de partida.

Alguns dias depois, tive a sorte de conhecer o mesmo David (H. D. s.) Greenway que, mais tarde, desceu correndo a trilha gelada do meu chalé, sem seu passaporte, para se tornar um dos últimos americanos a sair de Phnom Penh. Ele pensava em percorrer as zonas de guerra para o *Washington Post*. Será que eu gostaria de ir junto? Quarenta e oito horas depois, eu estava deitado, paralisado de medo, ao seu lado em um abrigo raso, espiando os atiradores do Khmer Vermelho na margem oposta do rio Mekong.

Ninguém jamais havia atirado em mim. Eu entrara em um mundo no qual todos pareciam ter mais coragem que eu, fossem correspondentes de guerra ou pessoas comuns nas suas rotinas diárias, mesmo sabendo que sua cidade estava inteiramente cercada pelo Khmer Vermelho a apenas alguns quilômetros de distância, que podiam ser bombardeadas a qualquer momento do dia ou da noite e que as forças de apoio americanas sob o comando de Lon Nol eram ineficazes. É verdade que eu era novo naquilo, e eles não. Talvez, convivendo com o perigo por tempo suficiente, você se acostume a ele – ou mesmo, que Deus nos ajude, passe a depender dele. Mais tarde, em Beirute, quase acreditei nisso. Ou talvez eu apenas seja uma daquelas pessoas incapazes de aceitar a inevitabilidade do conflito humano.

Todos têm sua própria visão da coragem humana, e essa visão é sempre subjetiva. Todos se perguntam qual é seu limite, quando e como ele chegará e como se comportarão em comparação às outras pessoas. Ao meu respeito, só sei que o mais perto que cheguei de demonstrar coragem foi ao suprimir seu oposto, o que pode ser a definição de um

INDO A CAMPO

covarde nato. E, na maioria das vezes, tais momentos chegaram quando aqueles à minha volta demonstravam mais coragem do que a que me ocorria naturalmente e, por meio do exemplo, me emprestaram a sua. E, de todas as pessoas, a mais corajosa que conheci nas minhas viagens – alguns diriam a mais louca, mas não estou entre eles – foi uma executiva francesa de Metz minúscula chamada Yvette Pierpaoli, que, com seu parceiro Kurt, ex-capitão da Marinha suíça, tocava um negócio de importação falido em Phnom Penh para o qual mantinham uma frota de antigos monomotores e um colorido time de pilotos para pular de cidade em cidade sobre a selva hostil mantida por Pol Pot, entregando alimentos e remédios e transportando crianças doentes para a relativa segurança de Phnom Penh.

Com o Khmer Vermelho estreitando cada vez mais o cerco em torno de Phnom Penh, famílias de refugiados chegando de todos os lados e bombardeios e carros-bomba aleatórios espalhando destruição, Yvette Pierpaoli descobriu sua verdadeira missão: salvar crianças em perigo. Sua diversificada equipe de pilotos asiáticos e chineses, mais acostumados a transportar máquinas de escrever e aparelhos de fax para sua importadora, passou a salvar crianças e mães das cidades prestes a cair sob o Khmer Vermelho de Pol Pot.

De forma nada surpreendente, os pilotos eram santos de meio expediente. Alguns tinham voado pela Air America, a companhia aérea da CIA. Outros haviam transportado ópio. A maioria fizera ambos. As crianças doentes podiam se ver sentadas sobre sacolas de ópio ou pedras semipreciosas, compradas com dólares em Pailin. Um piloto com quem voei se distraiu instruindo-me sobre o que fazer para aterrissar o avião caso ele estivesse dopado demais de morfina para fazer isso sozinho. No romance para o qual eu fazia pesquisas, mais tarde intitulado *Sempre um colegial*, eu o chamei de Charlie Marshall.

Em Phnom Penh, Yvette era destemida nos seus esforços para fornecer abrigo e esperança a crianças que não tinham nem uma coisa, nem outra. Eu estava com ela quando vi minhas primeiras baixas de guerra: soldados cambojanos ensanguentados e mortos, empilhados lado a lado em um caminhão aberto, com os pés descalços. Alguém havia roubado suas botas, juntamente com suas carteiras, relógios e qualquer dinheiro que tivessem. O caminhão estava estacionado ao lado de uma bateria de artilharia que atirava, aparentemente sem mirar, na selva. Em torno das armas, havia crianças pequenas, ensurdecidas pelas explosões, vagueando a esmo. Em torno delas, sentavam-se jovens mães cujos companheiros estavam lutando na selva. Elas esperavam que voltassem, sabendo que, se não o fizessem, seus comandantes não relatariam sua ausência e receberiam o pagamento em seus lugares.

Curvando-se, sorrindo, fazendo seus *wais*, Yvette se sentava entre as mulheres e reunia as crianças ao seu redor. Jamais saberei o que conseguia dizer a elas, acima do barulho das armas, mas, no minuto seguinte, elas estavam todas rindo, mulheres e crianças. Até mesmo os homens que atiravam partilhavam da piada. Na cidade, meninos e meninas pequenos se sentavam de pernas cruzadas no chão, ao lado de garrafas de um litro cheias de combustível que haviam retirado dos tanques de carros destruídos. Se uma bomba explodisse, o combustível pegava fogo e as crianças se queimavam. E Yvette, ouvindo a explosão da varanda da sua casa, corria para o carrinho horroroso que dirigia como se fosse um tanque e varria as ruas em busca de sobreviventes.

★

Fiz mais duas viagens a Phnom Penh antes de a cidade finalmente cair. Quando fui embora da última vez, percebi que os lojistas indianos e as garotas nos seus riquixás seriam os últimos a partir: os comerciantes, porque, quanto maior a escassez, mais altos os preços; as garotas, porque, em sua inocência, acreditavam que seus serviços seriam necessários, não importava quem vencesse. No fim das contas, foram recrutadas pelo Khmer Vermelho ou morreram de inanição nos campos de extermínio. De Saigon, como ainda se chamava, eu escrevera para Graham Greene para dizer que havia relido *O americano tranquilo* e achara bom. Surpreendentemente, a carta chegou e ele respondeu, instando-me a visitar o museu em Phnom Penh e admirar o chapéu-coco com penas de avestruz com que os reis Khmer haviam sido coroados. Tive de dizer a ele que não só não havia mais chapéu-coco como também não existia mais museu.

INDO A CAMPO

Yvette se tornou o assunto de muitas histórias, algumas apócrifas, mas muitas, a despeito da sua improbabilidade, verdadeiras. Minha favorita, que ouvi da sua própria boca – nem sempre uma garantia de veracidade –, conta como, nos últimos dias de Phnom Penh, ela marchou com uma tropa de crianças órfãs do Khmer até o consulado francês e exigiu passaportes, um para cada criança.

– Mas elas são filhas de quem? – perguntou o aflito oficial do consulado.

– Minhas. Eu sou a mãe delas.

– Mas elas têm todas a mesma idade!

– E eu tive muitos quadrigêmeos, seu idiota!

Derrotado, talvez cúmplice, o cônsul quis saber os nomes. Yvette não hesitou:

– *Lundi, Mardi, Mercredi, Jeudi, Vendredi*...

★

Em abril de 1999, enquanto estava em uma missão para ajudar os refugiados de Kosovo, Yvette Pierpaoli morreu, juntamente com David e Penny McCall, da Refugees International, quando seu motorista albanês perdeu o controle em uma estrada nas montanhas e o carro foi lançado em uma queda de centenas de metros em uma ravina. Naquela altura, com muita ajuda da minha esposa, ela havia escrito seu próprio livro*, que foi traduzido para várias línguas. O título em inglês era *Woman of a Thousand Children* [*Mulher de mil filhos*]. Yvette tinha 61 anos. Eu estava em Nairóbi na época, fazendo pesquisas para meu romance *O jardineiro fiel*, cuja personagem central era uma mulher disposta a tudo para ajudar aqueles que não podiam ajudar a si mesmos: nesse caso, mulheres de tribos africanas que estavam sendo usadas como cobaias humanas em testes clínicos. Yvette já trabalhara extensivamente na África, assim como na Guatemala e – sua nêmesis – em Kosovo. No meu romance, a personagem feminina, chamada Tessa, morre. Desde o começo havia pretendido que Tessa morresse, e suponho que, após minhas viagens

---

* Publicado pela Robert Laffont, Paris, em 1992.

O TÚNEL DE POMBOS

com Yvette, eu soubesse que sua sorte não duraria muito. Na infância, Yvette havia sido violentada, abusada e abandonada. Quando jovem, se refugiara em Paris e, na penúria, tinha recorrido à prostituição. Quando descobrira que estava grávida de um cambojano, fora para Phnom Penh atrás dele, apenas para descobrir que ele tinha outra vida. Em um bar, conheceu Kurt e os dois se tornaram parceiros na vida e nos negócios.

Eu a encontrei pela primeira vez na casa de um diplomata alemão, na cidade sitiada de Phnom Penh, em um jantar servido sob a barulheira das metralhadoras no palácio de Lon Nol, a cem metros dali. Ela estava com Kurt. Sua empresa se chamava Suisindo e funcionava em uma velha casa de madeira no centro da cidade. Tinha quase 40 anos e era vivaz e durona ou, alternadamente, vulnerável e estridente, jamais permanecendo a mesma por muito tempo. Podia colocar as mãos na cintura e xingar até sua quinta geração. Podia abrir um sorriso que derreteria seu coração. Podia adulá-lo, lisonjeá-lo e ganhá-lo como fosse necessário. Mas tudo isso era em nome de uma causa.

E a causa, como você descobriria rapidamente, era conseguir comida e dinheiro para os famintos, por quaisquer métodos e a qualquer preço: remédio para os doentes, abrigo para os desabrigados, documentos para os apátridas e, da maneira mais secular, eficiente e concreta, realizar milagres. Isso não a impedia de ser uma mulher de negócios habilidosa e, com frequência, desavergonhada, particularmente quando estava frente a frente com alguém cujo dinheiro, em sua inabalável opinião, estaria melhor nos bolsos dos necessitados. A Suisindo obtinha bons lucros, como tinha de ser, pois boa parte do dinheiro que entrava pela porta da frente saía imediatamente pela dos fundos, destinada a qualquer objetivo adequado que tivesse conquistado o coração de Yvette. E Kurt, o mais sábio e paciente dos homens, sorria e concordava com a cabeça.

Um oficial sueco, apaixonado por Yvette, convidou-a para sua ilha particular na costa da Suécia. Phnom Penh caíra. Kurt e Yvette, depois de se mudarem para Bangkok, estavam em uma situação financeira difícil. Havia um contrato em jogo: será que conseguiriam a encomenda de uma agência humanitária sueca para comprar e entregar vários milhões de dólares em arroz para os famintos refugiados cambojanos na fronteira

INDO A CAMPO

tailandesa? Yvette estava convencida, provavelmente com base apenas no instinto, de que o concorrente mais próximo, um implacável mercador chinês, planejava enganar a agência humanitária e os refugiados.

Encorajada por Kurt, ela foi para a ilha sueca. A casa de praia era um ninho de amor preparado para sua chegada. Ela jurou que havia velas perfumadas no quarto. Seu futuro amante era ardoroso, mas Yvette pediu paciência. Eles não poderiam primeiro dar uma caminhada romântica pela praia? Claro! O que você quiser! Estava muito frio e eles precisaram se agasalhar. Enquanto tropeçavam pelas dunas de areia no escuro, Yvette propôs um jogo infantil.

— *Fique parado. Agora fique aqui atrás de mim. Mais perto. Isso é muito bom. Agora vou fechar meus olhos e você vai cobri-los com as mãos. Está confortável? Eu também. Agora você pode me fazer uma pergunta, qualquer pergunta, mas só uma, e eu devo responder com a verdade. Se não responder, não mereço você. Você quer jogar? Ótimo. Qual é sua pergunta?*

A pergunta, previsivelmente, estava relacionada aos mais íntimos desejos dela. Yvette os descreve, com a mais absoluta cara de pau: ela sonha com certo sueco belo e viril, fazendo amor com ela em um quarto perfumado, em uma ilha deserta no meio do oceano turbulento. Então é a vez dela. Ela se vira e, talvez com menos ternura do que o pobre coitado teria esperado, coloca as mãos sobre seus olhos e grita:

— *Qual é o concorrente mais provável da Suisindo para a entrega de mil toneladas de arroz para os refugiados na fronteira entre a Tailândia e o Camboja?*

Agora percebo que foi o trabalho de Yvette que eu quis celebrar ao escrever *O jardineiro fiel*. Eu provavelmente sabia disso desde o começo, qualquer que tenha sido o começo. Provavelmente ela também. E foi a presença de Yvette que, antes e depois do momento da sua morte, conduziu-me pelo livro. E a resposta dela a tudo isso seria: é claro.

11

Dando de cara com Jerry Westerby

Em uma adega na Fleet Street cheia de barris de vinho, George Smiley está sentado em frente a Jerry Westerby, acompanhado de um generoso Pink Gin. Estou falando do meu romance *O espião que sabia demais*. Ninguém nos diz quem está bebendo o Pink Gin, mas presumimos que seja Jerry. Uma página depois, Jerry pede um Bloody Mary, provavelmente para Smiley. Ele é um correspondente esportivo da velha guarda. Um homem grande, ex-receptor de um time de críquete do condado. Tem mãos "enormes" e musculosas, cabelo loiro-acinzentado e um rosto rosado que fica vermelho quando ele se constrange com alguma coisa. Usa a gravata de um famoso time de críquete – embora o texto não revele qual – e uma camisa de seda creme.

Além de ser um experiente correspondente esportivo, Jerry Westerby é agente do Serviço Secreto britânico e idolatra o chão em que Smiley pisa. Também é uma testemunha perfeita. Não tem malícia nem fortes opiniões. Ele faz o que os melhores agentes secretos fazem: fornece todos os detalhes e deixa a teorização para os analistas do Serviço – ou, como os chama carinhosamente, as *corujas*.

Enquanto Jerry é gentilmente interrogado por Smiley em um restaurante indiano que ele próprio havia escolhido, pede o curry mais apimentado do cardápio e – novamente, com suas mãos "enormes" – esmigalha um *papari* sobre ele, temperando tudo com um molho vermelho, que presumimos ser um chilli letalmente apimentado, antes de experimentá-lo. Jerry gosta de dizer que o gerente do restaurante faz o molho para ele e o guarda bem escondido. Em resumo, ele nos é apresentado como um sujeito tímido, pesadão e encantador, com um ar meio infantil, que, por causa da timidez, tem o hábito de utilizar o que chama de língua dos peles-vermelhas, a ponto de saudar Smiley dizendo *How!* antes de "se recolher em si mesmo".

Fim da cena. E fim da participação de Jerry Westerby no romance. Seu trabalho é fornecer a Smiley informações preocupantes sobre uma toupeira dentro do Circus: Toby Esterhase. Ele odeia fazer isso, mas sabe que é seu dever. E isso é tudo o que descobrimos sobre ele em *O espião que sabia demais* e tudo o que eu sabia também até minha partida para a Ásia Meridional a fim de realizar pesquisas para *Sempre um colegial* e levar Jerry comigo como um parceiro secreto.

Se o Jerry do meu romance tem algum parentesco longínquo com alguém da vida real, provavelmente é com certo Gordon, um sujeito desocupado da alta sociedade, com origens vagamente aristocráticas, que meu pai aliviou da fortuna familiar. Mais tarde, desesperado, ele se suicidou, e suponho que talvez por isso os detalhes a seu respeito permanecem tão claramente impressos na minha memória. Suas origens aristocráticas lhe permitiam usar o absurdo "honorável" antes do nome,* e foi esse título que concedi a Jerry em *O espião que sabia demais* – embora nada neste mundo pudesse persuadi-lo a usá-lo. Quanto à parte do "colegial"... Bem, Jerry podia ser um endurecido repórter do *front* e agente secreto britânico, mas, nos assuntos do coração, tinha 14 anos, e não 40.

Esse é o Jerry da minha imaginação e foi com esse Jerry – no que certamente foi um dos mais estranhos eventos da minha vida como escritor – que dei de cara no hotel Raffles em Cingapura: não uma caricatura vaga, mas o próprio homem, incluindo as mãos musculosas e os ombros "enormes". Seu nome não era Westerby, mas eu não teria ficado surpreso se fosse. Era Peter Simms. Ele era um veterano correspondente estrangeiro e, como geralmente é o caso, embora na época eu não soubesse, um veterano agente secreto britânico. Tinha um metro

---

* O título original de *Sempre um colegial* é *The Honourable Schoolboy* [*O colegial honorável*]. (*N. do E.*)

e noventa, cabelo loiro e sorriso de colegial, além do hábito de dizer *Super!* ao dar um aperto de mão vigoro.

Ninguém que o conhecia conseguia esquecer a onda imediata de pura camaradagem que emanava dele. E eu jamais me esquecerei da sensação de incredulidade tingida de culpa ao perceber que havia criado um homem a partir de lembranças adolescentes e etéreas e agora ele estava ali na minha frente, em quase dois metros de carne e osso.

Eis o que eu não sabia sobre Peter na época, mas aprendi depois – algumas coisas, infelizmente, tarde demais. Durante a Segunda Guerra Mundial, ele serviu na Índia, com os Sapadores e Mineradores de Bombaim. Eu sempre assumira que havia algum traço de império no início da vida de Westerby, e ali estava ele. Em seguida, na Universidade de Cambridge, estudou sânscrito e se apaixonou por Sanda, uma bela princesa de Shan que, na infância, velejara pelos lagos birmaneses em um barco cerimonial no formato de um pássaro dourado. Westerby também teria perdido a cabeça por ela. Apaixonado pela Ásia, Simms se converteu ao budismo. Ele e Sanda se casaram em Bangkok. Permaneceram triunfalmente juntos até o fim da vida, partilhando aventuras pessoais ou em nome do Serviço Secreto de Sua Majestade. Peter lecionou na Universidade de Rangum, trabalhou para a revista *Times* em Bangkok e Cingapura, para o sultão de Omã e, finalmente, para o departamento de informação da polícia de Hong Kong, quando a ilha ainda era uma colônia. Em cada estágio da sua vida, Sanda esteve ao seu lado.

Em uma palavra, não havia um único detalhe na vida de Simms que eu não teria concedido a Jerry Westerby, à exceção, talvez, do casamento feliz, pois eu precisava que ele fosse um solitário, um homem ainda em busca do amor. Mas eu só soube disso depois. Quando dei de cara com Peter Simms no hotel Raffles em Cingapura – onde mais? –, nem mesmo desconfiava. Eu sabia apenas que ali estava a encarnação do meu Jerry Westerby, tão cheio de energia e sonhos, tão ardentemente britânico e, contudo, com tamanha identificação com a cultura asiática que, se ele não trabalhasse para o Serviço Secreto britânico, seria por mero desinteresse da sua parte.

Nós nos encontramos novamente em Hong Kong, Bangkok e Saigon. Finalmente, fiz minha proposta: será que ele estaria disposto a me acompanhar aos cantos mais obscuros do Sudeste Asiático? Minha hesitação fora desnecessária. Nada agradaria mais àquele homem. E ele concordaria com uma bonificação profissional como pesquisador e guia? Pode apostar que sim, parceiro! Ele não estava em um bom momento no trabalho com a polícia de Hong Kong, e um novo aporte de dinheiro seria bem-vindo, sem dúvida. Iniciamos nossa jornada. Com a inesgotável energia de Peter, seu conhecimento da cultura local e sua alma asiática, como eu não terminaria o retrato colorido de Westerby que havia delineado apenas superficialmente em *O espião que sabia demais*?

Em 2002, Peter morreu, na França. Um elegante obituário intitulado "Jornalista, aventureiro, espião e amigo", escrito por David Greenway – eu o saudei com um grito de *Super!* –, descreve-o corretamente como modelo para o Jerry Westerby de *Sempre um colegial*. Mas meu Westerby existiu bem antes de Peter Simms. O que Peter fez, como incurável romântico e homem generoso até o fim, foi segurar Jerry com suas mãos enormes e torná-lo retumbantemente seu.

12

Solitário em Vientiane

Estamos deitados lado a lado em um antro de ópio em Vientiane, sobre esteiras de junco e com travesseiros de madeira sob o pescoço que nos fazem olhar para o teto. Um *coolie* encarquilhado usando um chapéu *hakka* está agachado entre nós na penumbra, enchendo nossos cachimbos ou, no meu caso, irritado ao ter de acendê-lo novamente sempre que o deixo apagar. Se um roteiro de cinema dissesse INTERIOR. ANTRO DE ÓPIO. LAOS. FIM DOS ANOS 1970. NOITE, aquele seria o ambiente que o cenografista teria montado, e nós éramos exatamente a mistura que a época e o lugar exigiam: um velho fazendeiro colonial francês chamado monsieur Edouard, agora depauperado pela guerra secreta no norte; um bando de pilotos da Air America; um quarteto de correspondentes de guerra; um comerciante de armas libanês e sua acompanhante; e eu, o relutante turista de guerra. E Sam, que mantinha um soporífico monólogo desde que eu me deitara ao seu lado. O ambiente na *fumerie* continha certo nervosismo, porque as autoridades do Laos proibiam o ópio, e nós havíamos sido avisados por um correspondente ansioso de que, a qualquer momento, poderíamos ter de correr até o telhado, descer por uma escada e fugir por uma rua lateral. Mas Sam não dera a menor atenção a isso, era besteira. Quem ele era ou é, isso eu jamais vou saber. Acho que era algum tipo de imigrante britânico, pago pela família para ficar longe de casa, que fora para o Oriente em busca da própria alma e, após cinco anos percorrendo as frentes de batalha no Camboja, no Vietnã e agora no Laos, ainda não a havia encontrado. Ao menos era isso que seu afável fluxo de consciência parecia me dizer.

SOLITÁRIO EM VIENTIANE

Eu nunca havia fumado ópio antes e nunca mais voltei a fumar, mas, desde aquela noite, mantenho a irresponsável crença de que o ópio é uma dessas drogas proibidas com uma reputação terrível que, fumada por pessoas razoáveis em quantidades razoáveis, só faz bem. Você se estica na esteira de junco e se sente apreensivo e meio tolo. É sua primeira vez. Você traga seguindo as instruções, faz besteira, o *coolie* balança a cabeça e você se sente ainda mais tolo. Mas, quando pega o jeito, que é inspirar lenta e longamente e no momento certo, seu lado bom assume o controle da situação e você não se sente bêbado, tolo ou agressivo, nem é tomado por súbitos desejos sexuais. Você é apenas o sujeito satisfeito dado a associações livres que sempre soube ser. Ainda melhor: pela manhã, não há ressaca, remorso ou retorno angustiado à realidade, apenas uma boa noite de sono e as boas-vindas ao novo dia. Ou foi isso que Sam me disse quando descobriu que eu era um novato, e foi nisso que acreditei desde então.

A vida anterior de Sam, de acordo com seu sinuoso relato, havia sido bastante convencional: uma agradável casa de campo inglesa, colégio interno, Oxbridge, casamento, filhos – até que a coisa ficou feia. Como e com quem ficou feia, isso nunca descobri. Sam ou esperava que eu já soubesse ou preferia que jamais ficasse sabendo, e seria falta de educação perguntar. O fato é que a coisa ficou feia. E deve ter ficado feia drasticamente, porque Sam sacudiu a poeira inglesa dos sapatos no mesmo dia e, jurando nunca mais voltar, partiu para Paris, um lugar que adorava até ter tido o coração partido por uma francesa que o rejeitou. A coisa ficou feia outra vez.

Seu primeiro pensamento foi se juntar à Legião Estrangeira, mas eles não estavam recrutando naquele dia, ou então ele se atrasou, ou acabou indo ao endereço errado, porque começo a suspeitar que aquilo que é fácil para a maioria de nós não era necessariamente fácil para Sam. Há uma desconexão nele que faz com que você não acredite que uma coisa se seguirá naturalmente a outra. Assim, em vez da Legião Estrangeira, ele se filiou a uma agência de notícias francesa no Sudeste Asiático. Eles não pagam pelas viagens nem reembolsam despesas, explica Sam, mas, se ele entrega algo razoavelmente útil, recebe algum dinheiro. E, como Sam tinha algum dinheiro guardado, pareceu-lhe um bom acordo.

Assim, nos últimos cinco anos, Sam percorreu as zonas de guerra e, aqui e ali, teve sorte e publicou em um ou dois dos grandes jornais franceses, seja porque recebeu uma dica de um dos jornalistas de verdade, seja porque inventou a coisa toda. Ele sempre quis tentar a sorte na ficção, considerando a vida que leva, e pensa em escrever contos, romances ou algo do gênero. É a solidão que o impede, explica, a ideia de se sentar à mesa no meio da selva e escrever por dias a fio, sem um editor para apressá-lo nem um prazo específico.

Mas ele está chegando lá. E, olhando para sua produção recente, não há absolutamente nenhuma dúvida em sua mente de que as histórias que inventou para a agência de notícias francesa são muito melhores que qualquer coisa que se possa chamar de baseada em fatos reais. E, em um dia não muito longínquo, ele vai se sentar àquela mesa na selva e, a despeito da solidão e da ausência de um prazo ou de um editor para pressioná-lo, vai escrever, pode acreditar. É apenas a solidão que o desencoraja, repete ele, no caso de eu ainda não ter entendido. É algo que o consome, especialmente em Vientiane, onde não há nada para fazer a não ser fumar, transar e ouvir os pilotos mexicanos da Air America bêbados se gabarem do seu número de mortes enquanto são chupados na White Rose.

Então, ele me conta como lida com a solidão, que já não está mais relacionada apenas a suas ambições como escritor, mas engloba sua vida inteira. A coisa de que mais sente falta é Paris. Desde que seu grande amor o rejeitou, Paris se tornou uma área proibida para ele, e sempre será. Sam jamais voltará para lá, não depois daquela garota, não poderia. Cada rua, cada edifício, cada volta do rio grita o nome dela, explica ele ansiosamente em um raro, embora sonolento, floreio literário. Ou será que ele está pensando em uma música de Maurice Chevalier? Dá na mesma, Paris é onde sua alma está. Seu coração também, acrescenta, após pensar um pouco. Você entende? Eu entendo, Sam.

O que ele gosta de fazer depois de fumar um ou dois cachimbos, continua – decidindo confessar seu maior segredo, porque eu sou seu

SOLITÁRIO EM VIENTIANE

amigo mais próximo e a única pessoa no mundo que lhe dá alguma atenção –, o que vai fazer assim que sentir a urgência dentro de si, o que pode ser a qualquer momento, agora que pensou bem, é ir até a White Rose, onde o conhecem, entregar uma nota de 20 dólares para madame Lulu e fazer uma ligação de três minutos para o Café de Flore, em Paris. E, quando o garçom no Flore atender, ele vai pedir para falar com mademoiselle Julie Delassus, que, até onde sabe, é um nome inventado e que ainda não usou. Então vai ouvi-los gritar o nome dela pelas mesas e pelo bulevar: *Mademoiselle Delassus... Mademoiselle Julie Delassus... au téléphone s'il vous plaît!*

E, enquanto gritam o nome dela e ele ressoa até se dissolver no éter, ou até que seu tempo acabe, o que acontecer primeiro, ele ficará ouvindo seus 20 dólares em sons de Paris.

13

Teatro do Real: danças com Arafat

Esta é a primeira de quatro histórias inter-relacionadas sobre minhas jornadas para escrever *A garota do tambor*, entre 1981 e 1983. Meu tema era o conflito Palestina-Israel. A garota em questão era Charlie, personagem inspirada na minha meia-irmã Charlotte Cornwell, quatorze anos mais nova que eu. "Tambor", porque, na minha história, Charlie inflamava as emoções combativas dos protagonistas em ambos os lados do conflito. Na época, Charlotte era uma famosa atriz de teatro e televisão (na Royal Shakespeare Company e na série de TV *Rock Follies*) mas também uma militante de extrema esquerda.

No meu romance, Charlie, também atriz, é recrutada por um carismático agente antiterrorista israelense chamado Joseph para interpretar o papel central no que ele chama de Teatro do Real. Quando interpreta a si mesma como a combatente radical pela liberdade que ela até então *havia imaginado* ser – até encontrar Joseph –, quando interpreta a si mesma na *realidade*, em outras palavras, e eleva suas habilidades cênicas a novos níveis sob a direção de Joseph, ela se torna alvo de um ninho de terroristas palestinos e alemães ocidentais e, ao fazer isso, salva vidas *reais* e inocentes. Dividida entre a compaixão pelo sofrimento dos palestinos, a quem deve trair, o reconhecimento de que os judeus têm direito a uma pátria e sua atração por Joseph, Charlie se torna uma mulher duplamente prometida em uma terra duplamente prometida.

A tarefa que estabeleci para mim mesmo foi a de partilhar a jornada com Charlie; ser influenciado, como ela foi, pelos argumentos proferidos por ambos os lados e sofrer, da melhor forma possível, suas contraditórias ondas de lealdade, esperança e desespero. E foi assim que, na véspera do Ano-Novo de 1982, em uma escola na encosta de uma montanha, criada para os órfãos daqueles que morreram na luta pela libertação palestina, também chamados de mártires, eu me vi dançando o *dabke* com Yasser Arafat e seu alto-comando.

★

Minha jornada até Arafat havia sido frustrante, mas, na época, ele era um homem tão vividamente descrito como um terrorista inatingível e capcioso transformado em estadista que qualquer coisa mais confortável teria sido uma decepção. Minha primeira parada foi o falecido Patrick Seale, jornalista britânico nascido em Belfast e criado em Oxford, arabista e supostamente espião britânico que sucedera a Kim Philby como correspondente do *Observer* em Beirute. Minha segunda parada, seguindo o conselho de Seale, foi um comandante militar palestino leal a Arafat chamado Salah Tamari, que conheci em uma das suas viagens periódicas à Inglaterra. No restaurante Odin's, na Devonshire Street, enquanto garçons palestinos o encaravam arquejando de veneração, Salah confirmou o que todos que eu consultara haviam me dito: se eu quisesse conhecer os palestinos profundamente, precisaria da bênção do presidente.

Ele disse que intercederia a meu favor, mas que eu devia seguir os canais oficiais. Eu estava tentando. Equipado com as apresentações tanto de Tamari como de Seale, marcara duas reuniões com o representante da Organização pela Libertação da Palestina no escritório da Liga dos Estados Árabes na Green Street, Mayfair; duas vezes passara pelo escrutínio de homens usando ternos escuros na calçada; duas vezes entrara em um caixão de vidro na entrada enquanto era revistado em buscas de armas escondidas; e duas vezes tinha sido educadamente mandado embora por razões fora do controle do representante. E as razões provavelmente *estavam* fora do seu controle. Um mês antes, seu predecessor tinha levado um tiro fatal na Bélgica.

No fim, voei até Beirute de qualquer maneira e me hospedei no hotel Commodore, porque era de propriedade de palestinos e porque era conhecido pela sua indulgência em relação a jornalistas, espiões e animais similares. Até então, minhas pesquisas haviam se restringido a Israel. Eu tinha passado alguns dias com as Forças Especiais de Israel, entrara em escritórios agradáveis e conversara com chefes atuais e antigos do Serviço de Informação israelense. Mas o escritório de relações públicas da Organização pela Libertação da Palestina ficava em uma rua devastada, atrás de um anel de barris de aço corrugado preenchidos com cimento. Homens armados com o dedo no gatilho franziram o cenho quando me aproximei. Na semiescuridão da sala de espera, os visitantes eram saudados com revistas amareladas de propaganda em russo e, dentro de mostruários de vidro trincados, havia estilhaços e pequenas bombas não detonadas recuperadas de campos de refugiados palestinos. Fotos amassadas de mulheres e crianças dilaceradas pendiam de tachinhas nas paredes.

O santuário privado do Sr. Lapadi, o representante, não era mais alegre. Sentado atrás da mesa com uma pistola na mão esquerda e uma Kalashnikov ao lado, ele me lançou um olhar pálido e cansado.

— Você escreve para jornal?

Em parte. Também estou escrevendo um livro.

— Você é um zoólogo humano?

Eu sou um escritor.

— Você está aqui para lucrar à nossa custa?

Para entender a sua causa em primeira mão.

— Você vai ter que esperar.

E eu esperei, dia após dia, noite após noite. Fiquei deitado no quarto do hotel, contando os buracos de bala nas cortinas quando a luz da manhã os atravessava. Fiquei sentado no bar subterrâneo do Commodore nas primeiras horas da madrugada, ouvindo os murmúrios de correspondentes de guerra exaustos que esqueceram como se dorme. Certa noite, enquanto eu comia um rolinho-primavera de quase trinta centímetros no cavernoso e abafado salão de jantar do hotel, um garçom sussurrou, em tom empolgado, no meu ouvido:

— O presidente irá recebê-lo agora.

Meu primeiro pensamento foi no presidente do grupo hoteleiro. Ele ia me expulsar do hotel porque eu não havia pago a conta ou tinha insultado alguém no bar. Ou talvez quisesse que eu autografasse um livro. Então, lentamente, a ficha caiu. Segui o garçom até o lobby e fomos saudados por uma chuva torrencial. Combatentes armados usando jeans cercavam uma van da Volvo cor de areia com a porta traseira aberta. Ninguém falava e eu permaneci calado. Entrei no carro, com um combatente de cada lado e outro no banco da frente, ao lado do motorista.

Cruzamos a cidade devastada com um jipe na nossa cola. Trocamos de pista. Trocamos de carro. Percorremos ruas secundárias, atravessando a faixa central de uma avenida de mão dupla movimentada. Os motoristas que vinham na contramão tentavam evitar a colisão subindo no meio-fio. Trocamos de carro de novo. Fui revistado pela quinta ou sexta vez. Fiquei em pé na calçada, debaixo da chuva, em algum lugar de Beirute, cercado por homens armados usando capas encharcadas. Nossos carros desapareceram. Uma porta se abriu e um homem sinalizou para que entrássemos em um saguão perfurado de balas, sem cortinas nas janelas e nenhuma luz. Ele gesticulou em direção a uma escada revestida de azulejos na qual se alinhavam homens armados fantasmagóricos. Após dois andares, chegamos a um corredor acarpetado e entramos em um elevador que fedia a desinfetante. O elevador subiu e, então, parou com um tranco. Chegamos a uma sala em formato de l. Havia combatentes de ambos os sexos apoiados nas paredes. Surpreendentemente, ninguém fumava. Lembrei que Arafat não gostava do cheiro de cigarro. Um combatente me revistou pela enésima vez. Fui tomado pela inutilidade do gesto.

– Por favor. Eu já fui revistado o suficiente.

Abrindo as mãos, como se para mostrar que estavam vazias, ele sorriu e recuou.

A uma escrivaninha na parte menor da sala em l estava o presidente Arafat, esperando ser descoberto. Ele usava um *keffiyeh* branco e uma camisa cáqui e segurava uma pistola prateada em um coldre trançado de plástico marrom. Não olhou para ver quem era seu convidado. Estava ocupado demais assinando papéis. Mesmo quando fui conduzido até uma cadeira de madeira talhada a sua esquerda, ele não me notou. De súbito, ergueu a cabeça. Sorriu como se se lembrasse de algo feliz.

Virou-se para mim e se levantou, deliciado. Levantei também. Como atores em um ato ensaiado, olhamos um para o outro. Eu havia sido avisado de que Arafat estava sempre no palco. E disse a mim mesmo que eu também estava. Eu era um colega ator e nós tínhamos uma plateia de talvez umas trinta pessoas. Ele se inclinou e segurou minhas mãos em saudação. Retribuí o gesto, e suas mãos eram macias como as de uma criança. Seus olhos castanhos eram calorosos e súplices.

– Sr. David! – gritou ele. – Por que o senhor veio me ver?

– Senhor presidente – respondi no mesmo tom vibrante –, eu vim conhecer o coração palestino!

Será que havíamos ensaiado essa cena? Ele colocou minha mão direita sobre o bolso esquerdo da sua camisa cáqui. Era uma camisa de botão, perfeitamente passada.

– Sr. David, ele está *aqui*! – gritou Arafat com fervor. – Está *aqui*! – repetiu, em benefício da nossa plateia.

A casa veio abaixo. Éramos um sucesso absoluto. Iniciamos um abraço árabe, esquerda, direita, esquerda. A barba não era áspera, mas macia e sedosa. Cheirava a talco de bebê Johnson's. Ele me soltou, mantendo uma das mãos possessivamente no meu ombro ao se dirigir à plateia. Eu caminharia livremente entre os palestinos, anunciou ele – ele, que jamais dormia duas vezes na mesma cama, gerenciava sua própria segurança e insistia em ser casado apenas com a Palestina. Eu teria a liberdade de ver e ouvir o que quisesse. Arafat só pedia que eu dissesse e escrevesse a verdade, porque somente a verdade libertaria a Palestina. Ele confiaria minha segurança ao chefe combatente que eu tinha conhecido em Londres – Salah Tamari. Salah forneceria jovens guarda-costas escolhidos a dedo. Ele se encontraria comigo no sul do Líbano, ensinaria sobre a grande luta contra os sionistas e me apresentaria aos comandantes e às suas tropas. Todos os palestinos que eu encontrasse falariam comigo com grande franqueza. Arafat pediu que eu tirasse uma foto com ele. Declinei. Ele perguntou o motivo. Sua expressão era tão radiante e provocativa que arrisquei uma resposta verdadeira:

– Porque eu espero estar em Jerusalém um pouco antes do senhor, presidente.

Arafat riu entusiasticamente, e por isso nossa plateia riu com ele. Mas era uma verdade extrema e eu já começava a lamentá-la.

*

Depois de Arafat, qualquer coisa era normal. Todos os jovens combatentes da Fatah estavam sob o comando militar de Salah, e oito deles eram meus guarda-costas pessoais. Sua idade média era de no máximo 17 anos e eles dormiam em um círculo em torno da minha cama, no último andar, com ordens de vigiar pela janela qualquer sinal de ataque por terra, ar ou mar. Quando o tédio os vencia, o que acontecia com facilidade, eles atiravam nos gatos que passavam pelos arbustos. Mas, na maior parte do tempo, sussurravam em árabe entre si ou praticavam inglês comigo sempre que eu estava quase adormecendo. Aos 8 anos, eles se uniram aos escoteiros palestinos, o Ashbal. Aos 14, foram reconhecidos como combatentes formados. De acordo com Salah, ninguém os vencia quando se tratava de lançar um míssil em tanques israelenses. E minha pobre Charlie, atriz do Teatro do Real, vai amar todos eles, pensava eu enquanto transcrevia seus pensamentos para meu maltratado bloco de anotações.

Com Salah para me guiar e Charlie como minha familiar, visitei os postos avançados palestinos na fronteira com Israel e, ao som de aviões de vigilância israelenses e ocasionais tiros, ouvi as histórias dos combatentes – não sei se reais ou fictícias –, histórias de ataques noturnos em botes no mar da Galileia. Não era do seu heroísmo que se gabavam. *Estar lá* já era suficiente, insistiam eles: viver o sonho, mesmo que por apenas algumas horas, sob o risco de morrer ou ser capturado; parar o bote no meio da travessia, sentir o perfume das flores, das oliveiras e das fazendas da sua própria pátria, ouvir os balidos das ovelhas em suas próprias colinas – *essa* era a verdadeira vitória.

Com Salah ao meu lado, caminhei pelas alas do hospital infantil em Sídon. Um menino de 7 anos com as pernas mutiladas fez um sinal de positivo com ambos os polegares quando passamos. Charlie nunca esteve mais presente. Dos campos de refugiados, lembro-me de Rashidieh e

O TÚNEL DE POMBOS

Nabatieh, praticamente duas cidades. Rashidieh era famosa pelo seu time de futebol. O campo de terra era bombardeado com tanta frequência que as partidas só podiam ser marcadas em cima da hora. Vários dos melhores jogadores eram mártires da causa. Suas fotos estavam ao lado das taças prateadas que haviam conquistado. Em Nabatieh, um árabe idoso usando um manto branco notou meus sapatos ingleses marrons e algo colonial no meu modo de andar.

– O senhor é britânico?

– Sim, eu sou britânico.

– Leia isso.

Ele retirou um documento do bolso. Era um certificado em inglês, carimbado e assinado por um oficial britânico do Mandato, confirmando que o portador era o proprietário legítimo de uma pequena residência e de um oliveiral em Betânia. A data era 1938.

– Eu sou o portador, senhor. Agora olhe para nós, olhe no que nos tornamos.

Minha sensação inútil de vergonha correspondia ao ultraje de Charlie.

Os jantares na casa de Salah, em Sídon, forneciam uma ilusão de mágica calmaria após os trabalhos do dia. A casa podia estar toda esburacada por balas, e um míssil israelense disparado do mar passara perto de uma das paredes sem explodir. Mas havia cachorros dormindo e flores no jardim, fogo na lareira e pedaços de carneiro à mesa. A mulher de Salah, Dina, era uma princesa haxemita que já havia sido casada com o rei Hussein da Jordânia. Tinha sido educada em um colégio britânico e estudara no Girton College, em Cambridge.

Com cultura, tato e muito humor, Dina e Salah me instruíram sobre a causa palestina. Charlie estava sempre ao meu lado. Da última vez que houvera uma batalha em Sídon, contou-me Salah com orgulho, Dina, uma mulher frágil de renomada beleza e força de caráter, havia dirigido seu velho Jaguar até a cidade, coletara uma pilha de pizzas com o padeiro, fora até a linha de frente e tinha insistido em entregar as pizzas pessoalmente aos combatentes.

★

100

É uma noite de novembro. O presidente Arafat e seu séquito estão em Sídon para celebrar o décimo sétimo aniversário da Revolução Palestina. O céu azul está quase preto e há chance de chuva. Todos os meus guarda-costas, à exceção de um, desapareceram enquanto nos espremememos às centenas na rua estreita onde ocorrerá a procissão – todos, exceto o inescrutável Mahmoud, que não carrega armas, não atira em gatos da minha janela, fala o melhor inglês de todos e mantém um ar de misteriosa distância. Nas três últimas noites, Mahmoud desaparecera por completo, só retornando à casa de Salah ao raiar do dia. Agora, na palpitante e densamente ocupada rua decorada com cartazes e balões, ele se mantém possessivamente ao meu lado, um garoto magro e diminuto de 18 anos usando óculos.

O desfile começa. Primeiro flautistas e porta-bandeiras; depois deles, uma van com alto-falante berrando slogans. Homens fortes fardados e oficiais dignitários usando ternos escuros se reúnem em um palanque improvisado. O *keffiyeh* branco de Arafat se destaca entre eles. A rua explode em celebração, uma fumaça verde irrompe acima das nossas cabeças e se tinge de vermelho. A despeito da chuva, começa uma exibição de fogos de artifício, acompanhados de munição real, enquanto nosso líder permanece imóvel na frente do palanque, interpretando sua própria efígie à luz dos fogos, com os dedos erguidos em sinal de vitória. Agora é a vez das enfermeiras com crachás do crescente verde; das crianças mutiladas na guerra em cadeiras de rodas; dos meninos e meninas do Ashbal, balançando os braços e marchando fora de ritmo; e de um jipe puxando um carro alegórico com combatentes enrolados na bandeira palestina e apontando suas Kalashnikovs para o céu negro e chuvoso. Mahmoud, ao meu lado, acena vigorosamente para eles e, para minha surpresa, eles se viram e retribuem o aceno. Os garotos no carro alegórico são os meus guarda-costas ausentes.

– Mahmoud – eu grito, colocando as mãos em torno da boca –, por que você não está com os seus amigos, apontando sua arma para o céu?

– Eu não tenho arma, Sr. David!

– Por que não, Mahmoud?

– Eu faço trabalho noturno!

O TÚNEL DE POMBOS

– Mas o que você faz à noite, Mahmoud? – Baixo a voz o máximo possível em meio ao alvoroço. – Você é um *espião*?

– Não, Sr. David, eu não sou um espião.

Mesmo em meio aos clamores da multidão, Mahmoud parece indeciso em revelar seu grande segredo.

– O senhor já viu os uniformes do Ashbal, com a foto de Abu Amar, nosso presidente Arafat?

Sim, Mahmoud.

– À noite, em um lugar secreto, eu pessoalmente imprimo a foto de Abu Amar, presidente Arafat, nas camisas dos uniformes, usando um ferro quente.

E Charlie vai amá-lo ainda mais por isso, reflito.

*

Arafat me convidou para passar a noite de Ano-Novo com ele em uma escola para órfãos dos mártires palestinos. Ele enviará um jipe para me buscar na frente do hotel. O hotel ainda era o Commodore e o jipe fazia parte de um comboio que prosseguiu, para-choque com para-choque, até uma estrada na montanha, a uma velocidade alucinante, atravessando barreiras libanesas, sírias e palestinas sob a mesma chuva implacável que parecia atormentar meus encontros com o presidente.

A estrada só tinha uma pista, era esburacada e parecia estar se desmanchando sob o dilúvio. Pedras soltas continuamente voavam na nossa direção, vindas da frente do jipe. Vales se abriam a centímetros do acostamento, revelando pequenos tapetes de luz milhares de metros abaixo. O veículo na frente era uma Land Rover vermelha e blindada. O rumor era de que o presidente viajava nela. Mas, quando chegamos à escola, os guardas nos disseram que haviam nos enganado. A Land Rover era um chamariz. Arafat estava a salvo no salão de concertos, recebendo seus convidados para a comemoração de Ano-Novo.

Do lado de fora, a escola parecia uma construção modesta qualquer de dois andares. Do lado de dentro, percebia-se estar no último andar, e o restante do edifício jazia sob a colina. Os usuais guardas armados usando *keffiyehs* e jovens mulheres com cinturões de munição cruzando o peito nos observavam enquanto descíamos os degraus. O salão de concertos era um anfiteatro grande e lotado com um palco de madeira elevado, e Arafat estava na primeira fileira em frente ao palco, dando abraços nos seus convidados enquanto as paredes estremeciam ao rítmico retumbar de palmas. Serpentinas de Ano-Novo desciam do teto. Slogans da revolução enfeitavam as paredes. Fui empurrado até Arafat e, mais uma vez, ele me recebeu no seu abraço ritual, enquanto homens grisalhos usando fardas cáqui e cinturões me davam apertos de mão e gritavam votos de feliz Ano-Novo acima dos aplausos. Alguns diziam seus nomes. Alguns, como o vice de Arafat, Abu Jihad, tinham *noms de guerre*. Outros não tinham nada disso. O espetáculo começou. Primeiro, as garotas órfãs da Palestina, dançando e cantando em círculo. Em seguida os garotos órfãos. Depois todas as crianças juntas, dançando o *dabke* e balançando Kalashnikovs de madeira ao som das palmas da multidão. À minha direita, Arafat estava em pé, com os braços estendidos. Obedecendo a um aceno do sombrio guerreiro do outro lado, segurei o cotovelo esquerdo de Arafat e, juntos, nós o arrastamos até o palco, subindo junto com ele.

Deslizando em meio aos seus amados órfãos, Arafat parece se perder entre as crianças. Ele segura a ponta do *keffiyeh* e gira sinuosamente com ele, como Alec Guinness interpretando Fagin no filme *Oliver Twist*. Sua expressão é a de um homem enlevado. Ele está rindo ou chorando? De qualquer modo, a emoção é tão evidente que pouco importa. Então ele faz um sinal para que eu segure sua cintura. Alguém segura a minha. Todos nós – alto-comando, combatentes de campo, crianças extasiadas e, sem dúvida, um exército de espiões do mundo inteiro, uma vez que provavelmente ninguém na história foi mais espionado que Arafat – formamos uma fila de dois em dois, com nosso líder à frente.

Descendo pelo corredor de concreto, subindo um lance de escadas, cruzando uma galeria, descendo outro lance de escadas. O barulho dos nossos pés substituiu as palmas. Atrás ou acima de nós, vozes bradavam o hino nacional palestino. De algum modo, aos tropeços, conseguimos voltar ao palco. Arafat caminha até a frente e para. E, para o delírio da multidão, ele se joga nos braços dos seus combatentes.

O TÚNEL DE POMBOS

E, na minha imaginação, uma maravilhada Charlie o saúda aos gritos.

Oito meses depois, em 30 de agosto de 1982, logo após uma invasão israelense, Arafat e seu alto-comando foram expulsos do Líbano. Das docas de Beirute, disparando suas armas desafiadoramente para o alto, Arafat e seus combatentes embarcaram para o porto da Tunísia, onde o presidente Bourguiba e seu gabinete esperavam por eles. Um hotel luxuoso foi preparado às pressas como a nova sede do presidente.

Algumas semanas depois, fui visitá-lo.

Uma longa estrada conduzia à elegante construção branca entre as dunas. Dois jovens combatentes perguntaram o motivo da minha visita. Sem sorrisos ou os gestos costumeiros de cortesia árabe. Eu era americano? Mostrei meu passaporte britânico. Com um sarcasmo selvagem, um deles perguntou se eu tinha ouvido falar dos massacres em Sabra e Chatilla. Respondi que tinha visitado Chatilla dias antes e ainda estava profundamente perturbado com o que vira e ouvira por lá. Disse que estava lá para ver Abu Amar, uma expressão da minha familiaridade, e oferecer minhas condolências. Insisti que havíamos nos encontrado algumas vezes em Beirute e Sídon e que eu havia passado o Ano-Novo com ele na escola para os órfãos dos mártires. Um dos garotos pegou o telefone. Não ouvi meu nome, embora ele estivesse com meu passaporte nas mãos. Ele desligou, rosnou um "venha comigo", retirou a pistola do coldre, pressionou-a na minha têmpora e me empurrou por uma longa passagem até uma porta verde. Ele a destrancou, devolveu meu passaporte e me empurrou. À minha frente, um circuito equestre de areia. Yasser Arafat, usando seu *keffiyeh* branco, montava um belo cavalo árabe. Fiquei observando enquanto ele completava um circuito, depois outro, depois outro. Mas ele não me viu ou não quis me ver.

★

Enquanto isso, Salah Tamari, meu anfitrião e comandante das milícias palestinas no sul do Líbano, recebia o tratamento devido ao combatente palestino de mais alto escalão a cair em mãos israelenses. Ele estava em uma solitária na notória prisão de Ansar, em Israel, sujeito ao que, atualmente, chamamos agradavelmente de *técnicas avançadas de interrogatório*.

104

Intermitentemente, também formava um relacionamento próximo com um distinto jornalista israelense chamado Aharon Barnea, que levou à publicação de *Mine Enemy* [*Inimigo meu*] e reafirmou, entre outros pontos de mútua concordância, o comprometimento de Salah com a coexistência israelense-palestina no lugar da eterna e desesperançada luta militar.

14

Teatro do Real: Villa Brigitte

A prisão era um discreto agrupamento de cabanas militares verdes no deserto de Negev, cercada por arame farpado. Havia uma torre de vigia em cada canto. Para os membros da comunidade israelense do Serviço de Informação, era conhecida como Villa Brigitte; para o restante do mundo, não era conhecida de modo algum. Brigitte, como explicou em inglês um jovem coronel do Shin Bet, o serviço de segurança de Israel, enquanto conduzia nosso jipe pelas dunas, fora uma ativista alemã radicalizada que se associara a um grupo de terroristas palestinos. O plano era derrubar um avião da El Al enquanto ele se preparava para aterrissar no aeroporto Kenyatta, em Nairóbi. Para isso, haviam se armado com um lançador de foguetes, um telhado na rota de aproximação do avião e Brigitte.

Tudo o que Brigitte tinha de fazer, com sua aparência nórdica e seu cabelo loiro, era ficar em uma cabine telefônica dentro do aeroporto e, com um rádio de ondas curtas em uma orelha e um telefone na outra, relatar as instruções da torre de controle aos homens no telhado. Ela fazia isso quando foi interrompida por uma equipe de agentes israelenses, e esse foi o fim da sua contribuição para a operação. O avião da El Al, devidamente notificado, já havia aterrissado – vazio, à exceção dos seus captores – e retornou a Tel Aviv com Brigitte algemada ao piso. O destino dos homens no telhado permaneceu desconhecido. A situação tinha sido controlada, assegurou o coronel da Shin Bet, sem especificar como, e não achei adequado fazer mais perguntas a esse respeito. Fora me dado a entender que eu estava recebendo um grande privilégio,

TEATRO DO REAL: VILLA BRIGITTE

graças à intervenção do general Shlomo Gazit, até pouco tempo antes líder do Serviço de Informações militar israelense e um contato valioso.

Eu havia sido avisado de que Brigitte era prisioneira de Israel, mas o segredo da operação permanecia essencial. As autoridades quenianas colaboraram com os israelenses, mas não desejavam inflamar os sentimentos dos muçulmanos do próprio país. Os israelenses não desejavam comprometer suas fontes ou constranger valiosos aliados. Eu podia visitá-la, desde que não escrevesse sobre ela até obter permissão de Israel. E, como me disseram que até o momento não haviam admitido aos seus pais ou ao governo alemão que conheciam seu paradeiro, talvez eu tivesse de esperar por um tempo. Mas isso não me preocupava muito. Eu estava prestes a apresentar minha ficcional Charlie ao tipo de companhia que ela teria se conseguisse penetrar na célula terrorista palestina-alemã ocidental para a qual estava sendo treinada. Por intermédio de Brigitte, se eu tivesse sorte, Charlie teria suas primeiras lições na teoria e na prática do terrorismo.

– Brigitte vai falar? – perguntei ao jovem coronel.

– Talvez.

– Sobre seus motivos?

– Talvez.

Era melhor perguntar diretamente a ela. Ótimo. Eu achava que podia fazer isso. Tinha a intenção de estabelecer um relacionamento com Brigitte, por mais falso e breve que fosse. Embora tivesse partido da Alemanha seis anos antes do nascimento da Fração do Exército Vermelho de Ulrike Meinhof, não tinha problemas em entender suas origens ou mesmo simpatizar com alguns dos seus argumentos, embora discordasse dos seus métodos. Nisso, e apenas nisso, não sou diferente de amplas seções da classe média alemã, que secretamente fornece dinheiro e conforto ao grupo Baader-Meinhof. Também estou enojado com a presença de ex-nazistas de alta patente na política, no judiciário, na polícia, na indústria, no sistema bancário e nas igrejas; com a recusa de pais alemães em discutir a experiência nazista com os próprios filhos; e com a subserviência do governo da Alemanha Ocidental em relação à política americana da Guerra Fria e suas piores manifestações. E, se

Brigitte solicitasse provas adicionais das minhas credenciais, eu não havia visitado campos e hospitais palestinos, testemunhara sua miséria e ouvira seus gritos? Certamente, com tudo isso, eu conseguiria comprar algum tipo de bilhete de entrada, por mais breve que fosse, na mente de uma alemã radical de 20 e poucos anos?

Prisões são desagradáveis para mim. Não consigo me livrar da imagem do meu pai encarcerado. Na minha imaginação, eu o vi em mais prisões do que ele de fato frequentou, sempre o mesmo forte, poderoso e inquieto homem com sobrancelhas de Einstein, sacudindo as barras e proclamando sua inocência. Na minha vida anterior, sempre que era enviado para interrogar um homem na prisão, eu tinha de controlar o medo de ouvir as zombarias dos prisioneiros quando a porta de ferro se fechava atrás de mim.

Não havia pátio em Villa Brigitte, ou nenhum que eu consiga lembrar. Fomos parados no portão, interrogados e conduzidos ao interior. O jovem coronel me levou até uma escada externa e gritou uma saudação em hebraico. A major Kaufmann era a diretora da prisão. Não sei se ela realmente se chamava Kaufmann ou se esse foi o nome com que a batizei. Quando era um oficial do Serviço de Informações do Exército na Áustria, certo sargento Kaufmann era o administrador da prisão de Graz, onde detínhamos nossos suspeitos. O certo é que ela usava uma placa de identificação branca acima do bolso esquerdo do seu incomumente imaculado uniforme, era major do Exército, tinha uns 50 anos, era forte, mas não gorda, com olhos castanhos reluzentes e um sorriso aflito, mas gentil.

★

Conversamos em inglês, eu e a major Kaufmann. Eu estivera falando em inglês com o coronel e, como não falava hebraico, era natural que continuássemos naquela língua. Então você veio ver Brigitte, diz ela, e eu respondo que sim, é um privilégio, estou muito sensibilizado por isso, muito grato, e há algo que eu deva ou não deva discutir com ela? Explico o que não havia explicado ao coronel: que não sou jornalista, mas escritor, que estou ali para coletar informações mais consistentes e que prometi não escrever ou falar sobre o encontro de hoje sem o consentimento dos meus anfitriões. Ela ouve com um sorriso cortês e responde que é claro, se eu prefiro café ou chá, e eu respondo café.

– Brigitte não tem sido muito *fácil* recentemente – avisa ela no tom ponderado de uma médica discutindo a condição da sua paciente. – Quando chegou, ela *aceitava*. Agora, nessas últimas semanas, ela – um breve suspiro – *não* aceita.

Como não consigo entender como alguém aceitaria o aprisionamento, não digo nada.

– Talvez ela fale com você, talvez não. Não sei. Primeiro ela disse que não, depois que sim. Ela ainda não decidiu. Devo mandar chamá-la?

Ela manda buscar Brigitte, falando em hebraico no rádio. Esperamos e continuamos esperando. A major Kaufmann sorri para mim e eu sorrio para ela. Estou começando a me perguntar se Brigitte mudou de ideia novamente quando ouço os passos de várias pessoas se aproximando de uma porta interna e fico momentaneamente nauseado com a possibilidade de ver uma jovem ensandecida em algemas, com o cabelo desgrenhado, sendo levada até mim contra a vontade. A porta é destrancada pelo outro lado, e uma mulher alta e bela usando uma túnica da prisão, modelada por um cinto apertado, entra ladeada por duas diminutas carcereiras, cada uma segurando levemente um dos seus braços. Seu longo cabelo loiro está solto e penteado para trás. Até a túnica da prisão a favorece. Quando as carcereiras recuam, ela dá um passo à frente, faz uma mesura irônica e, como uma filha bem-educada, estende a mão na minha direção.

– A quem devo a honra? – pergunta ela em um alemão educado, e em resposta repito, também em alemão, o que tinha dito à major Kaufmann em inglês: sou escritor e estou ali em busca de informações. Ela não fala nada, mas olha para mim até que a major Kaufmann, da sua cadeira no canto da sala, diz solicitamente em um inglês excelente:

– Você pode se sentar agora, Brigitte.

Brigitte se senta empertigada, como a boa colegial alemã que ela evidentemente decidiu ser. Eu planejara algumas trivialidades iniciais para dizer, mas descubro que não me lembro de nenhuma. Assim, vou

O TÚNEL DE POMBOS

direto ao ponto, com duas perguntas desajeitadas como: "Você lamenta suas ações, Brigitte?" e "O que a levou ao radicalismo?". Ela não tem nada a dizer em resposta a ambas as perguntas, preferindo permanecer sentada, imóvel, com as mãos estendidas sobre a mesa, encarando-me com um misto de confusão e desafio.

A major Kaufmann vem em meu socorro:

– Talvez você pudesse contar a ele como se uniu ao grupo, Brigitte – sugere ela, falando como uma professora inglesa com sotaque estrangeiro.

Brigitte parece não ouvi-la. Ela me observa minuciosamente, talvez até com certa insolência. Quando termina seu exame, sua expressão diz tudo que preciso saber: eu sou apenas outro lacaio desinformado da burguesia repressora, um turista do terrorismo, meio homem, na melhor das hipóteses. Por que ela deveria se importar comigo? Mesmo assim, ela se importa. Ela fará uma breve descrição da sua missão, diz ela, não em meu benefício, mas para seu próprio. Intelectualmente, é provável que ela seja comunista, concede, analisando a si mesma de forma objetiva, mas não necessariamente comunista no sentido soviético. Ela prefere pensar em si mesma como não estando confinada a uma única doutrina. Sua missão é junto à burguesia adormecida, da qual seus pais são os melhores exemplos. Seu pai dá sinais de iluminação; a mãe, ainda não. A Alemanha Ocidental é um país nazista dirigido por fascistas burgueses da geração de Auschwitz. O proletariado meramente segue seu exemplo.

Ela retorna ao assunto dos pais. Ela espera convertê-los, especialmente o pai. Pensou muito em como vai destruir as barreiras subconscientes entre eles, criadas pelo nazismo. Eu me pergunto se essa é uma maneira codificada de dizer que ela sente falta dos pais. Ou mesmo que os ama. Que se preocupa com eles dia e noite. Como que para corrigir tais pensamentos sentimentalistas e burgueses, ela cita uma lista dos seus profetas: Habermas, Marcuse, Frantz Fanon e alguns outros, dos quais nunca ouvi falar. Em seguida, discorre sobre os males do capitalismo armado, a remilitarização da Alemanha Ocidental, o apoio do imperialismo americano a ditadores fascistas como o xá do Irã e outras

110

TEATRO DO REAL: VILLA BRIGITTE

questões com as quais eu poderia concordar se ela tivesse interesse nas minhas opiniões, o que ela não tem.

— E agora eu gostaria de retornar à minha cela, major Kaufmann, por favor.

Com outra mesura irônica e um aperto de mão, ela indica às carcereiras que está pronta para ir embora.

★

A major Kaufmann não se moveu do seu lugar no canto da sala, nem eu do meu, à mesa em frente à cadeira vazia de Brigitte. O silêncio entre nós é um pouco estranho. É como se acordássemos do mesmo sonho ruim.

— Você conseguiu o que veio buscar? – pergunta ela.

— Sim, obrigado. Foi muito interessante.

— Brigitte parece um pouco confusa hoje.

Respondo que sim e que, para ser honesto, também me sinto um pouco confuso. E é somente agora, na imersão que faço em mim mesmo, que percebo que estamos falando alemão e que a major Kaufmann não tem traços específicos, nem iídiches nem nenhum outro. Ela nota minha surpresa e responde à pergunta não formulada.

— Eu só falo inglês com ela – explica. – Jamais alemão. Nenhuma palavra. Quando ela fala em alemão, não posso confiar em mim mesma. – E, como se uma explicação adicional fosse necessária: – Eu estive em Dachau.

15

Teatro do Real: uma questão de culpa

Em uma noite quente de verão em Jerusalém, estou sentado na casa de Michael Elkins, o locutor americano, que trabalhara na CBS e então, durante dezessete anos, na BBC. Eu o havia procurado porque, como milhares da minha geração, crescera na companhia do seu retumbante rosnado nova-iorquino, enunciado em sentenças perfeitas, comumente de algum *front* de guerra inóspito; mas também, em outra parte da minha mente, porque estava atrás de dois oficiais fictícios do Serviço de Informações israelense que eu chamava, arbitrariamente, de Joseph e Kurtz. Joseph era o mais jovem; Kurtz, o mais velho.

Hoje, não consigo dizer com clareza o que, precisamente, eu esperava conseguir com Elkins, e acho que na época também não sabia. Ele tinha uns 70 anos. Será que eu estava em busca de um pedaço do meu Kurtz? Eu sabia que Elkins fizera sua parte *disso* e *daquilo*, embora ainda tivesse de descobrir quanto: ele havia trabalhado para a OSS e, ao mesmo tempo, fazia entregas clandestinas de armas em solo palestino, para a Haganah, antes da criação de Israel. Isso causara sua demissão da OSS e seu refúgio em um kibutz com a esposa, da qual, em seguida, se divorciara. Mas eu não tinha lido seu livro, como deveria ter feito: *Forged in Fury* [*Forjado em fúria*], publicado em 1971.

Eu também sabia que Elkins, como Kurtz, tinha vindo do Leste Europeu e crescera no Lower East Side de Nova York, onde seus pais imigrantes haviam trabalhado com comércio de roupas. Então, sim, talvez eu estivesse à procura de um pouco de Kurtz nele: não sua aparência ou seus maneirismos, porque eu tinha uma imagem física muito boa do meu

TEATRO DO REAL: UMA QUESTÃO DE CULPA

próprio Kurtz e não pretendia deixar que Elkins a roubasse, mas alguma pérola de sabedoria que ele pudesse revelar ao se lembrar de tempos perdidos. Em Viena, eu me sentara com Simon Wiesenthal, o celebrado e controverso caçador de nazistas, e, embora ele não tivesse me dito nada que eu já não soubesse, a lembrança da conversa jamais me abandonara.

Mas, principalmente, eu queria conhecê-lo porque ele era Mike Elkins, dono da mais dura e convincente voz que eu já ouvira no rádio. Suas frases vívidas e cuidadosamente estruturadas, enunciadas na fala arrastada do Bronx, faziam com que você se sentasse, ouvisse e acreditasse. Assim, quando ele ligou para meu hotel e disse que tinha ouvido falar que eu estava em Jerusalém, imediatamente agarrei a chance de me encontrar com ele.

★

A noite de Jerusalém está incomumente opressiva e eu estou suando, mas não acho que Mike Elkins já tenha suado na vida. Ele tem um corpo esbelto e forte e uma presença física tão poderosa quanto sua voz. Mike tem os olhos grandes, o rosto encovado e as pernas longas, e posso ver seu perfil à minha esquerda, copo de uísque na mão, a outra apoiada no braço da poltrona e uma grande lua atrás da sua cabeça. A voz perfeita do rádio é reconfortante como sempre foi, e as frases são cuidadosamente enunciadas, embora um pouco mais curtas. E, às vezes, ele se interrompe e fica em silêncio, como se estivesse longe, antes de tomar outro gole de uísque.

Mike não está falando diretamente comigo, mas a sua frente na escuridão, em um microfone que não está lá, e é claro que ainda se importa com a sintaxe e a cadência quando fala. Começamos a conversa dentro de casa, mas a noite estava tão bonita que ele levou nossos copos até a varanda. Não tenho certeza de quando ou como ele começou a falar sobre caçar nazistas. Talvez eu tenha mencionado minha visita a Wiesenthal. Mas Mike está falando disso agora. E não está falando da caçada, mas das mortes.

Às vezes, não tínhamos tempo de nos explicar, comenta ele. Simplesmente os matávamos e seguíamos adiante. Outras vezes, nós os

113

O TÚNEL DE POMBOS

levávamos para algum lugar e então explicávamos. Um campo, um depósito. Alguns choravam e confessavam. Outros se orgulhavam daquilo. Alguns imploravam. Outros não falavam muito. Se um homem tivesse uma garagem, talvez o levássemos para lá. Prendíamos uma corda no seu pescoço e amarrávamos na viga. Colocávamos o homem de pé sobre o carro e tirávamos o carro da garagem. Então voltávamos, para ter certeza de que estava morto.

Nós, estou ouvindo? Que tipo, exatamente, de *nós*? Está me dizendo, Mike, que você, pessoalmente, foi um desses vingadores? Ou é um tipo generalizado de *nós*, como em *nós judeus*, e você está apenas se incluindo entre eles?

Ele descreve outras formas de matar, ainda usando o *nós* que eu não compreendo inteiramente, até que seus pensamentos vagueiam pela justificativa moral de matar criminosos de guerra nazistas que, por terem alterado suas identidades e se escondido – na América do Sul, por exemplo –, não teriam enfrentado a justiça nesta vida. Daí, ele passa para a culpa em geral: já não mais a culpa dos homens que foram mortos, mas a culpa, se é que houve, dos homens que os mataram.

*

Tarde demais, desenterro o livro de Mike. Sua publicação causou sensação, particularmente entre os judeus. Seu tom e seu conteúdo são tão assustadores quanto o título sugere. Mike foi encorajado a escrevê-lo, diz ele, por um tal Malachi Wald, em um kibutz na Galileia. Ele descreve seu próprio despertar judeu, causado pelo antissemitismo americano na sua infância, e então tornado absoluto pelas monstruosidades do Holocausto e pela sua própria experiência como membro da OSS na Alemanha ocupada. O estilo da escrita é intensamente pessoal em um minuto e fulminantemente irônico no seguinte. Em detalhes meticulosos, ele descreve atos impensáveis de selvageria nazista perpetrados contra os judeus nos guetos e nos campos, e, tão vividamente quanto, o heroísmo dos mártires da resistência judaica.

No entanto, mais importante – e mais controverso –, ele revela a existência de uma organização judaica chamada DIN, a palavra hebraica

TEATRO DO REAL: UMA QUESTÃO DE CULPA

para julgamento, cujo fundador foi o mesmo Malachi Wald que, no kibutz da Galileia, o incentivou a escrever o livro.

Somente entre 1945 e 1946, diz ele, a DIN caçou e matou nada menos que mil criminosos de guerra nazistas. Seu trabalho, que continuou até os anos 1970, incluía um plano, misericordiosamente nunca levado a cabo, de envenenar o suprimento de água de 250 mil residências alemãs, com o objetivo de matar 1 milhão de homens, mulheres e crianças alemãs, como uma forma de compensação pelos 6 milhões de judeus assassinados. A DIN, diz Mike, contava com o apoio de judeus no mundo inteiro. Seus cinquenta membros originais vinham de todas as áreas: executivos, religiosos, poetas.

Mas também, acrescenta Mike sem mais comentários, jornalistas.

16

Teatro do Real: palavras de afeto

O hotel Commodore, naqueles dias tensos – e é difícil lembrar uma época em que Beirute não era tensa –, era o ponto de encontro favorito de todo correspondente de guerra, negociante de armas, traficante de drogas e membro de organização humanitária, real ou falso, de todo o hemisfério. Seus aficionados gostavam de compará-lo ao bar de Rick em *Casablanca*, mas eu jamais vi tal similaridade. Casablanca não era um campo de guerra urbano, mas apenas uma estação central, ao passo que as pessoas iam até Beirute em busca de dinheiro, problemas ou mesmo paz – mas não porque quisessem fugir.

O Commodore não era um lugar bonito. Ou não era até 1981, e atualmente sequer existe. Era um prédio tedioso e convencional, sem mérito arquitetônico, a menos que você incluísse o balcão de recepção de um metro e vinte de concreto reforçado no saguão de entrada, que, em tempos problemáticos, servia como plataforma de armas. Seu residente mais venerado era um velho papagaio chamado Coco, que governava o bar do subsolo com um cetro de ferro. Quando as técnicas de combate urbano se tornaram mais sofisticadas – de semiautomáticas para lançadores de foguetes, de leve para médio, ou qualquer que seja o vocabulário correto –, Coco atualizou seu repertório de sons de batalha, a ponto de o hóspede não iniciado bebendo no bar ter de se levantar correndo ao som de um míssil chegando e um grito: "Pro chão, seu idiota, arruma cobertura *agora*!" E nada agradava mais aos cansados comentaristas de guerra voltando de outro dia infernal no paraíso que a visão de algum pobre neófito desaparecendo debaixo de uma mesa, enquanto eles continuavam bebericando seu uísque dourado.

Coco também conhecia os primeiros versos da Marselhesa e o coro de abertura da Quinta de Beethoven. Sua partida está envolta em mistério: ele foi levado para um refúgio seguro onde canta o dia todo; foi morto pela milícia síria; finalmente sucumbiu ao consumo de álcool.

Fiz várias viagens a Beirute e ao sul do Líbano naquele ano, em parte por causa do meu romance, em parte por causa do filme que resultou dele. Nas minhas lembranças, eles formam uma única e inquebrável cadeia de experiências surreais. Para uma pessoa tímida, Beirute era sempre assustadora, estivesse eu jantando no Corniche ao som de tiros ou ouvindo cuidadosamente as palavras de um adolescente palestino que apontava uma Kalashnikov para minha cabeça e descrevia seu sonho de estudar relações internacionais em uma universidade em Havana, e será que eu poderia ajudar?

*

Como novato no Commodore, fui imediatamente atraído por Mo. Ele vira mais morte em uma tarde que eu durante toda a minha vida. Ele havia conhecido os piores poços de escuridão que o mundo tinha a oferecer. Era preciso apenas vislumbrá-lo ao fim de outro dia na frente de batalha, com uma velha bolsa cáqui no ombro, atravessando o saguão lotado a caminho da sala de imprensa, para reconhecer sua distinção. Mo era o mais experiente da cidade, diziam. Ele vira tudo e fizera de tudo, falando sério, e não havia melhor companhia em uma situação difícil, pergunte a qualquer um. Às vezes, ele era um pouquinho depressivo, outras vezes, divertido. E tinha a tendência de se trancar no quarto com uma garrafa por um dia ou dois, e por que não? E, de acordo com o folclore do Commodore, sua única companhia recente, um gato, havia se atirado de uma das janelas em sinal de desespero.

Assim, quando Mo casualmente sugeriu, no segundo ou no terceiro dia da minha primeira visita a Beirute, que eu o acompanhasse em uma pequena viagem que ele tinha em mente, agarrei a chance de imediato.

Eu estivera conversando com outros jornalistas, mas Mo se mantivera distante. Eu me sentia lisonjeado.

— Dar uma volta pelas dunas? Dizer olá a alguns malucos?

Eu disse que não poderia querer nada melhor.

— Você está procurando a essência local, não está?

Sim, eu estava procurando a essência local.

— O motorista é druso. Os drusos não se importam com ninguém além deles mesmos, certo?

Com certeza, Mo, obrigado.

— Outros caras, xiitas, sunitas, cristãos, se metem em encrenca. Mas os drusos, não.

Parecia realmente bom.

É uma viagem de barreiras. Odeio aeroportos, elevadores, crematórios, fronteiras nacionais e guardas de fronteira. Mas as barreiras são uma classe à parte. Não é seu passaporte que eles estão conferindo; são as suas mãos. Então seu rosto. Seu carisma ou sua falta dele. E, mesmo que uma dessas barreiras decida que você está OK, a última coisa que ela vai fazer é passar a informação para a seguinte, porque nenhuma barreira vai abrir mão das suas próprias suspeitas. Havíamos parado em uma barreira equilibrada entre dois latões de óleo. O garoto apontando a Kalashnikov para nós está usando botas de borracha amarelas e um velho jeans cortado nos joelhos, e tem um broche do Manchester United no bolso da camisa.

— Mo! – grita a aparição, deliciada. – Olá, senhor! Como o senhor se sente hoje? – pergunta ele, em um inglês cuidadosamente praticado.

— Eu estou bem, obrigado, Anwar, muito bem – responde Mo com sua fala arrastada. – Abdullah pode nos ver hoje? Quero apresentar meu bom amigo David.

— Seja muito bem-vindo, Sr. David.

Aguardamos enquanto ele fala alegremente em seu walkie-talkie russo. A barreira vermelha e branca é erguida. Tenho apenas uma vaga lembrança da nossa reunião com Abdullah. Seu quartel-general era uma pilha de tijolos e pedras, esburacada de tiros e repleta de slogans. Ele estava sentado atrás de uma gigantesca mesa de mogno. Seus colegas se

TEATRO DO REAL: PALAVRAS DE AFETO

espalhavam em torno dele, com o dedo no gatilho das suas semiautomáticas. Sobre sua cabeça, havia uma foto emoldurada de um Douglas DC-8 da Swissair explodindo na pista. Lembro que a pista se chamava Dawson's Field e que o DC-8 tinha sido sequestrado por combatentes palestinos com o auxílio do grupo Baader-Meinhof. Naqueles dias, eu voava um bocado pela Swissair. Lembro de me perguntar quem havia tido o trabalho de levar a foto até a loja e escolher a moldura. Mas, principalmente, lembro-me de agradecer ao meu criador o fato de nossa conversa estar sendo travada com o auxílio de um tradutor cuja compreensão do inglês era, no mínimo, inconstante e de rezar para que permanecesse inconstante por tempo suficiente para que nosso motorista druso, que não se metia em encrencas, nos levasse de volta à doce sanidade do hotel Commodore. E me lembro do sorriso feliz no rosto barbudo de Abdullah quando ele colocou a mão sobre o coração e, cordialmente, agradeceu a Mo e David a visita.

— Mo gosta de levar os caras ao limite — avisou-me uma pessoa gentil quando já era tarde demais. Mas o subtexto estava claro: no mundo de Mo, os turistas de guerra recebem o que merecem.

★

Será que a ligação do espaço sideral ocorreu naquela mesma noite? Se não foi assim, deveria ter sido. E certamente ocorreu no início da minha temporada em Beirute, porque somente um visitante de primeira viagem seria tolo o bastante para aceitar um *upgrade* gratuito para a suíte matrimonial, no misteriosamente vazio último andar do Commodore. A orquestra noturna de Beirute em 1981 ainda não havia atingido o nível de qualidade dos anos seguintes, mas estava chegando perto. Uma apresentação padrão começaria por volta das dez da noite e chegaria ao clímax durante a madrugada. Os hóspedes do último andar tinham direito ao espetáculo completo: as luzes que pareciam uma falsa aurora, o ruído dos fogos de artilharia do nosso lado e do deles — mas qual era qual? — e a barulheira das armas leves, seguido por um silêncio eloquente. E tudo isso, para o ouvido destreinado, ocorrendo no quarto ao lado.

119

O telefone estava tocando. Eu pensara em me deitar embaixo da cama, mas agora estava sentado nela, com o telefone na orelha.

– John?

John? Eu? Bem, algumas poucas pessoas, principalmente jornalistas que não me conhecem, às vezes me chamam de John. Então digo sim, quem é? – e, em resposta, recebo uma torrente de insultos. É uma mulher, americana, e está furiosa com algo.

– Que *merda* é essa de "quem está falando"? Não finge que não reconhece a porra da minha voz! Você é um inglês desgraçado, sabia? Você é um fraco, um traidor. Não me interrompe, porra! – diz ela, abafando minha voz. – Não usa essa porra desse tom *blasé* comigo, como se a gente estivesse tomando chá na merda do palácio de Buckingham. Eu *estava contando* com você, OK? Isso se chama confiança. Agora escuta. Só escuta. Eu fui à porra do cabeleireiro. Empacotei as minhas coisas em uma bela maleta. Fiquei parada na calçada, feito uma puta, por *duas horas, merda.* Eu quase morri do coração pensando que você devia estar morto em uma vala, e onde você está? Na merda da cama! – Ela baixa a voz, como se algo tivesse lhe ocorrido. – Você está fodendo alguma mulher aí? Porque, se estiver... *para!* Não usa a porra dessa voz comigo, seu inglês desgraçado!

Lentamente, muito lentamente, eu a convenço da verdade. Explico que ela está falando com o John errado; que, na verdade, eu não sou John, sou David – pausa para uma vívida troca de tiros – e que John, o John real, quem quer que seja, deve ter saído do hotel – tiros novamente –, porque eu recebi essa bela suíte mais cedo naquele mesmo dia. E sinto muito, eu digo, realmente *sinto muito*, por ela ter sofrido a humilhação de gritar com o homem errado. E *realmente* compreendo sua angústia – porque agora estou grato por estar falando com um ser humano, em vez de morrer sozinho debaixo da cama em uma suíte que recebi como uma cortesia. E quão desagradável ter esperado assim, continuo cavalheirescamente – porque, agora, seu problema é meu problema e realmente eu quero que sejamos amigos. E talvez o John real tenha uma justificativa perfeitamente razoável para não ter aparecido, sugiro, porque, afinal, nessa cidade qualquer coisa pode acontecer a qualquer momento, não é? – tiros novamente.

E ela concorda que pode, sim, David, e por que você tem dois nomes, aliás? Assim, também explico isso a ela, e pergunto de onde está ligando, e ela responde que é do bar no subsolo, e seu John é um escritor britânico também, e isso é realmente *estranho*, e *seu* nome é Jenny – ou talvez seja Ginny, ou Penny, porque não estou ouvindo muito racionalmente em meio aos tiros. E por que você não desce até o bar e tomamos um drinque juntos?

E, prevaricando, pergunto, e quanto ao John real?

E ela diz, ah, foda-se o John, ele está bem. Ele sempre está bem.

Qualquer coisa é melhor que deitar na cama ou debaixo dela e ser bombardeado. Porque sua voz, agora que ela está calma, é bastante agradável. Porque estou me sentindo solitário e com medo. E, depois disso, tenho apenas desculpas ruins para oferecer. Visto alguma coisa e me preparo para descer. E, como odeio elevadores, e como fico dividido quanto aos meus reais motivos, eu enrolo e uso a escada. Quando chego ao bar no subsolo, ele está vazio, à exceção de dois comerciantes de armas franceses bêbados, o barman e o velho papagaio que acho ser macho – quem sabe? –, trabalhando no seu repertório de efeitos balísticos.

★

De volta à Inglaterra, estou mais determinado que nunca a transformar *A garota do tambor* em filme. Minha irmã Charlotte vai interpretar o papel de Charlie, inspirado nela. A Warner Brothers compra os direitos e chama o diretor George Roy Hill, famoso por *Butch Cassidy*. Sugiro o nome de Charlotte. Hill expressa entusiasmo, se encontra com ela, gosta dela. Ele vai conversar com o estúdio. O papel vai para Diane Keaton, e talvez seja bom. Como disse mais tarde o próprio George, que não era homem de meias palavras:

– David, eu ferrei com o seu filme.

17

O cavaleiro soviético está morrendo dentro de sua armadura

Estive na Rússia apenas duas vezes: a primeira, em 1987, quando, graças a Mikhail Gorbatchev, a vida da União Soviética estava chegando ao fim, e todo mundo, à exceção da CIA, sabia disso; e a segunda, seis anos depois, em 1993, quando o capitalismo criminalizado invadira o Estado falido como uma febre e o transformara no Velho Oeste. Eu estava ansioso para dar uma olhada na nova Rússia. Assim, minhas duas viagens compreenderam a maior revolução social na história russa desde a Revolução Bolchevique. E, pela primeira vez – se deixarmos de lado um ou dois golpes, alguns milhares de vítimas de mortes encomendadas, brigas de gangues, assassinatos políticos, extorsão e tortura –, havia sido, pelos padrões russos, uma revolução sem derramamento de sangue.

Nos vinte e cinco anos anteriores à minha primeira visita, minhas relações com a Rússia foram menos que amigáveis. Desde *O espião que saiu do frio*, eu fora alvo de ataques literários russos, em um momento – como diziam meus críticos – por elevar o espião ao status de herói, como se eles mesmos não tivessem transformado em arte o ato de fazer exatamente isso, e, no seguinte, por ter percepções corretas sobre a Guerra Fria, mas chegar a conclusões equivocadas, uma acusação para a qual não há resposta lógica. Mas, nesse caso, quando não se fala de forma lógica, fala-se de propaganda. Das trincheiras da *Soviet Literary Gazette*, controlada pela KGB, e da revista *Encounter*, controlada pela CIA, nós, diligentemente, jogávamos bombas uns nos outros, conscientes de que, na estéril guerra ideológica de palavras, nenhum lado venceria. Dificilmente foi uma surpresa, portanto, quando, em 1987, ao fazer a

O CAVALEIRO SOVIÉTICO ESTÁ MORRENDO DENTRO DE SUA ARMADURA

ligação obrigatória ao adido cultural soviético em sua embaixada em Kensington Palace Gardens para garantir meu visto, ele observou, não muito educadamente, que, se eles me deixassem entrar, deixariam entrar qualquer um.

Tampouco fiquei surpreso quando, um mês depois, ao chegar ao aeroporto Cheremetievo, em Moscou, como convidado da União de Escritores Soviéticos – convite aparentemente combinado entre nosso embaixador e a esposa de Mikhail Gorbatchev, Raissa, ignorando os líderes da KGB –, o garoto de rosto impassível e listras de cor magenta no ombro da camisa, atrás da sua jaula de vidro, duvidou da autenticidade do meu passaporte, ou quando minha bagagem desapareceu misteriosamente durante quarenta e oito horas, somente para reaparecer, sem nenhuma explicação, no meu quarto do hotel, com meus ternos embolados. Tampouco quando meu quarto no triste hotel Minsk era ostensivamente revistado sempre que eu me ausentava por algumas horas – guarda-roupa bagunçado, papéis espalhados sobre a mesa – ou quando os mesmos dois vigias da KGB, ambos de meia-idade e acima do peso – eu os chamei de Muttski e Jeffski –, foram designados para me seguir a distância sempre que eu saía sozinho.

E agradeço a Deus eles estarem lá. Após uma noite agitada na casa do jornalista dissidente Arkadi Vaksberg, que desmaiou no chão da própria sala, eu me vejo parado, completamente sozinho, em uma rua desconhecida, sem nada além da noite escura ao meu redor, sem luar, sem sinal da aurora e nenhum vislumbre de luz vindo do centro da cidade para me dizer para qual lado caminhar. E sem falar russo, para que pudesse pedir auxílio a alguém, se houvesse alguém, o que não havia. Então, para meu alívio, identifiquei a silhueta dos meus leais vigias sentados lado a lado em um banco, onde imagino que cochilavam em turnos alternados.

– You speak English?

Niet.

– Français?

Niet.

– Deutsch?

Niet.

O TÚNEL DE POMBOS

– Eu estou *muito* bêbado. – Sorriso idiota, lenta rotação da mão direita sobre a orelha direita. – Hotel *Minsk*, OK? Você conhece o *Minsk*? Podemos ir juntos? – Estendo os braços, indicando fraternidade e passividade.

De braços dados, caminhamos lentamente por um bulevar ladeado por árvores, atravessando ruas desertas, até o horrível hotel Minsk. Como um homem que não precisa de nada além do conforto básico, eu havia tentado ficar em um dos poucos hotéis baratos de Moscou, mas meus anfitriões não permitiram. Eu devia ficar no Minsk, na suíte VIP no último andar, na qual microfones já antigos foram permanentemente instalados e uma *concierge* formidável guardava o corredor.

Mas vigias também são gente. E, com o passar do tempo, havia algo tão resignado, tão persistente, e eu quase diria comovente, sobre Muttski e Jeffski que, contrariando a convenção, eu gostaria de ter me aproximado deles, e não me afastado. Certa noite, jantei com meu irmão mais novo, Rupert, naqueles dias tórridos como editor-chefe do *Independent*, em um restaurante antes mantido por uma cooperativa e agora um negócio particular. Há uma diferença de anos entre mim e Rupert, mas, com pouca luz, somos vagamente parecidos, particularmente para alguém bêbado. Rupert convidara outros correspondentes em Moscou. Enquanto conversávamos e bebíamos juntos, meus dois vigias estavam sentados inconsoláveis a uma mesa de canto. Comovido pelo seu sofrimento, pedi ao garçom que levasse uma garrafa de vodca para eles, enquanto eu olhava para o outro lado. Quando virei a cabeça, a garrafa havia desaparecido, mas, ao sair, eles seguiram o irmão errado.

★

Tentar descrever a Rússia sem vodca naqueles dias é como tentar descrever uma corrida de cavalos sem cavalos. Na mesma semana, visito meu editor em Moscou. São onze da manhã. Seu escritório lotado está coberto de pastas empoeiradas à la Dickens, pilhas de caixas de papelão misteriosas e manuscritos amarelados amarrados com barbante. Ao me ver entrar, ele se levanta e, com um grito de deleite, me abraça.

– Temos *glasnost*! – grita ele. – Temos *perestroika*! A censura acabou, meu amigo! Vou publicar todos os seus livros para sempre: velhos, novos,

124

ruins, não ligo. Você escreve listas telefônicas? Eu publico! Vou publicar tudo, menos os livros que aqueles babacas do escritório de censura do Partido querem que eu publique!

Totalmente indiferente às recentes leis promulgadas por Gorbatchev sobre o consumo de álcool, ele retira uma garrafa de vodca de uma gaveta e arranca a tampa, que, para o meu desespero, joga alegremente no lixo.

★

Parecia-me totalmente lógico, no mundo do espelho em que havia entrado, que, enquanto eu era vigiado, seguido e observado com a mais alta suspeita, também fosse tratado como um honrado convidado do governo soviético. Minha foto tinha sido publicada no *Izvestia* com uma legenda simpática e eu era tratado como membro da realeza pelos meus anfitriões, a União de Escritores, cujas qualificações literárias eram majoritariamente obscuras e, em alguns casos, completamente míticas.

Havia esse grande poeta cuja obra consistia em um volume de poemas publicados trinta anos antes, embora os rumores dissessem que eram de autoria de outro poeta, que tinha sido morto a mando de Stalin por insurreição. Havia aquele homem muito, muito velho, com barba branca e olhos vermelhos e lacrimejantes, que passara meio século nos campos de trabalho do Gulag antes de ser reabilitado como parte da *glasnost*, ou abertura. De algum modo, ele havia escrito e publicado um diário relatando seus sofrimentos. Eu o tenho na minha biblioteca, em russo, língua que não leio. Havia os acrobatas literários, que durante anos caminharam pela corda bamba da censura oficial, com alegorias expressando mensagens codificadas para aqueles que sabiam interpretá--las. O que vão escrever, eu me perguntava, quando forem deixados livres? Serão os Tolstóis e os Lermontovs de amanhã? Ou será que eles pensaram em círculos durante tanto tempo que agora não conseguem escrever em linhas retas?

Em uma festa ao ar livre na colônia de escritores, no arborizado subúrbio de Peredelkino, aqueles que reconhecidamente se conformaram demais às linhas do Partido – graças ao advento da *perestroika*, a política de reforma econômica e política de Gorbatchev – já pareciam ligeiramente desanimados, em comparação àqueles que se tornaram famosos pela indisciplina. Um membro desse último grupo era Igor, um dramaturgo bêbado que insistia em manter o braço apoiado nos meus ombros enquanto murmurava, em tom conspiratório no meu ouvido.

Àquela altura, já havíamos discutido Puchkin, Tchekhov e Dostoievski. Ou melhor, Igor discutira e eu escutara. Havíamos admirado Jack London. Ou Igor admirara. Agora ele estava me dizendo que, se eu *realmente* quisesse saber quão fodida estava a Rússia comunista, devia tentar enviar uma geladeira usada da minha casa em Leningrado para minha avó em Novosibirsk e ver quão longe conseguiria chegar. Concordamos que essa era uma boa medida do estado de desintegração da União Soviética e rimos um bocado.

Na manhã seguinte, Igor ligou para o hotel Minsk.

– Não diga o meu nome. Você reconhece a minha voz, não?

Sim.

– Noite passada eu contei uma piada de merda sobre a minha avó, certo?

Certo.

– Você se lembra?

Lembro.

– Eu jamais contei aquela piada, ok?

Ok.

– Prometa.

Eu prometo.

O único artista que conheci que, indubitavelmente, sobreviveria a quaisquer restrições impostas a ele, e até gostaria delas, foi Ilia Kabakov, que, durante décadas, havia alternado entre cair nas graças e atrair a antipatia dos oficiais da União Soviética, a ponto de ser obrigado a assinar suas ilustrações com outro nome. Para chegar ao estúdio de Kabakov, era preciso ser confiável e conhecer alguém, e seu caminho tinha de ser iluminado por um garoto com uma lanterna ao longo de uma via de tábuas soltas apoiadas nas vigas de vários sótãos adjacentes.

Quando finalmente chegasse, lá estaria Kabakov, eremita exuberante e pintor extraordinário, com um séquito de mulheres e admiradores sorridentes. E, na tela, o maravilhoso mundo do seu autoaprisionamento: debochado, esquecido e tornado belo e universal pelo olhar amoroso do seu inconquistável criador.

Na Catedral de São Sérgio, em Zagorsk, com frequência chamada de Vaticano russo, vi mulheres idosas se prostrarem no chão de lajes e beijar a espessa e enevoada cobertura de vidro das tumbas contendo relíquias dos santos. Em um escritório moderno decorado com uma bela mobília escandinava, o elegantemente vestido representante do arquimandrita me explicou como o Deus cristão realizava suas maravilhas por meio da atuação do Estado.

– Estamos falando apenas do Estado *comunista*? – perguntei, quando ele terminou sua explicação. – Ou Ele opera por meio de *qualquer* Estado?

Como resposta, recebi o amplo e complacente sorriso de um torturador.

Para visitar o escritor Tchinguiz Aitmatov, de quem, para minha vergonha, eu nunca tinha ouvido falar, eu e meu intérprete inglês embarcamos em um voo da Aeroflot até a cidade militar de Frunze, agora Bichkek, no Quirguistão. Ficamos hospedados não no equivalente em Frunze ao hotel Minsk, mas na casa de veraneio do Comitê Central, equivalente a um hotel cinco estrelas.

Todo o perímetro é patrulhado por guardas armados da KGB conduzindo cães. Eles estão ali, nos dizem, para nos proteger dos ladrões das montanhas. Não há nenhum vestígio de tribos muçulmanas dissidentes. Somos os únicos hóspedes da casa de veraneio. No subsolo, há uma piscina e uma sauna belamente equipadas. Armários, toalhas e roupões têm animais fofinhos bordados. Escolho o alce. A piscina é aquecida. Em troca de alguns poucos dólares, o gerente nos oferece vários sabores de vodca proibida e damas da cidade. Aceitamos a vodca e recusamos as damas.

De volta a Moscou, o acesso à Praça Vermelha está misteriosamente interditado. Nossa peregrinação à tumba de Lênin é adiada. Levamos doze horas para descobrir o que o restante do mundo já sabe: um jovem aviador alemão chamado Mathias Rust, desafiando as defesas soviéticas em terra e no ar, pousou seu pequeno avião às portas do Kremlin e, por causa disso, forneceu a Gorbatchev a desculpa para demitir seu ministro da Defesa e um ninho de generais que se opunham às suas reformas. Não me lembro de nenhuma celebração barulhenta desse feito de aviação, de nenhuma gargalhada enquanto a notícia era transmitida aos literatos de Peredelkino; pelo contrário, houve certo retesamento e silêncio, enquanto ressurgia o medo familiar de que houvesse alguma consequência imprevisível e violenta. Seria um golpe político, um golpe militar ou – mesmo hoje – um expurgo de intelectuais indesejáveis que nos mataria?

Na cidade que ainda se chama Leningrado, sou apresentado aos mais distintos dissidentes russos dessa geração e a um dos seus maiores nomes: o físico e ganhador do Prêmio Nobel Andrei Sakharov, com sua esposa, Elena Bonner, recém-libertados por Gorbatchev no espírito da *glasnost*, após seis anos de exílio em Gorki, para ajudar com a *perestroika*.

Foi Sakharov, o físico, quem, por meio dos seus esforços, forneceu ao Kremlin sua primeira bomba de hidrogênio; e foi Sakharov, o dissidente, que acordou certa manhã e percebeu que dera sua bomba a um bando de gângsteres e teve a coragem de dizer isso em voz alta. Enquanto conversamos em torno de uma mesa redonda no único restaurante mantido por uma cooperativa da cidade, com Elena Bonner ao lado de Sakharov, uma trupe de jovens *apparatchiks* da KGB circula nossa mesa, disparando incessantemente o flash das suas câmeras dos anos 1930. O gesto é ainda mais surreal porque, tanto no restaurante quanto nas ruas, ninguém se vira para olhar para Andrei Sakharov, ninguém se aproxima sub-repticiamente para trocar um aperto de mão com o grande homem por um bom motivo: desde sua queda, seu rosto havia sido proibido. Nossos não fotógrafos estão registrando um não rosto.

Sakharov me pergunta se fui apresentado a Klaus Fuchs, o cientista atômico britânico e espião soviético, libertado de uma prisão britânica e, a essa altura, vivendo na Alemanha Oriental.

Não, não fui.

E você por acaso sabe como Fuchs foi capturado?

Eu sabia o nome do homem que o interrogara, respondo, mas não como ele tinha sido capturado. O pior inimigo de um espião é outro espião, sugiro, com um aceno na direção do nosso círculo de fotógrafos falsos. Talvez um dos *seus espiões* tenha falado com um dos *nossos espiões* a respeito de Klaus Fuchs. Ele sorri. Ao contrário de Bonner, ele sorri o tempo todo. Eu me pergunto se esse é um gesto natural ou se sorrir foi algo que Sakharov aprendeu sozinho para desarmar seus interrogadores. Mas por que ele quer saber sobre Fuchs?, eu me pergunto, mas não em voz alta. Talvez porque Fuchs, na relativamente aberta sociedade do Ocidente, tenha escolhido o caminho da traição em segredo, em vez de proclamar abertamente suas crenças. Ao passo que Sakharov, no Estado de policiamento que agora chegava ao fim, tinha sido torturado e preso em nome do direito de falar livremente.

*

Sakharov descreve como o guarda fardado da KGB que se postava diariamente do lado de fora das suas acomodações em Gorki fora proibido de travar contato visual com os prisioneiros e, agindo de acordo com suas ordens, entregava diariamente um exemplar do *Pravda* por sobre o ombro: pegue isso, mas não olhe nos meus olhos. Ele descreve como leu as obras de Shakespeare do começo ao fim. Bonner acrescenta que Andrei decorou trechos, mas ele não sabe como pronunciar as palavras porque, no exílio, raramente falava inglês. Ele descreve uma noite na qual, após seis anos de exílio, alguém deu uma batida retumbante à porta e Bonner disse "Não abra", mas ele abriu.

– Eu disse a Elena que não havia nada que eles pudessem fazer que já não tivessem feito – explica.

Assim, ele abriu a porta e viu dois homens, um usando uma farda de oficial da KGB, outro, um macacão.

– Viemos instalar um telefone – diz o oficial da KGB.

Sakharov se permite um dos seus sorrisos travessos. Ele não bebe, explica – na verdade, é totalmente abstêmio –, mas a oferta de um telefone em uma cidade isolada da Rússia é tão improvável quanto a oferta de vodca gelada no deserto do Saara.

— Não queremos um telefone, vá embora – diz Bonner ao oficial.

Mas, novamente, Sakharov a contradiz: deixe que instalem o telefone, o que temos a perder? Assim, eles instalam o telefone, para o desprazer de Bonner.

— Espere uma ligação ao meio-dia de amanhã – avisa o oficial da KGB antes de sair e bater a porta.

Sakharov fala cuidadosamente, como todos os cientistas fazem. A verdade está nos detalhes. O meio-dia chegou e passou, uma hora, duas horas. Eles estavam com fome. Haviam dormido mal e pulado o café da manhã. Ele disse à nuca do guarda à porta que pretendia descer para comprar pão. Quando já estava de saída, Bonner disse:

— É para você.

Ele voltou ao quarto e pegou o telefone. Após passar por uma sucessão de intermediários variadamente rudes, foi conectado a Mikhail Gorbatchev, secretário-geral do Partido Comunista Soviético. O passado é passado, diz Gorbatchev. O Comitê Central considerou seu caso e você está livre para retornar a Moscou. Seu antigo apartamento aguarda por você, você será imediatamente readmitido na Academia de Ciências, tudo está programado para que retome seu papel de direito como cidadão responsável da nova Rússia da *perestroika*.

As palavras "cidadão responsável" enfurecem Sakharov. Sua ideia de cidadão responsável, informa ele a Gorbatchev – imagino que com alguma paixão, embora Sakharov sorrisse com frequência –, é alguém que obedece à lei do seu país. Somente nessa cidade isolada, diz ele, há prisioneiros que jamais estiveram em um tribunal e alguns mal sabiam por que estavam confinados.

— Eu enviei cartas falando a esse respeito e não recebi sequer um murmúrio como resposta.

— Nós recebemos suas cartas – responde Gorbatchev de modo conciliador. – O Comitê Central as está analisando. Volte a Moscou. O passado acabou. Ajude na reconstrução.

Mas agora parece que Sakharov realmente está exaltado, porque ele lista para Gorbatchev todas as negligências do Comitê Central, do passado e do presente, que mencionou nas cartas, também sem efeito.

Mas, em algum momento no meio disso, conta ele, viu os olhos de Bonner. E percebeu que, se continuasse, Gorbatchev diria: "Bem, se é assim que se sente, camarada, você pode ficar onde está."

Assim, Sakharov desliga. Apenas desliga. Sem nem mesmo dizer: "Adeus, Mikhail Sergueievitch."

E então lhe ocorreu – o sorriso travesso é amplo agora, e mesmo Bonner tem um brilho de diversão no olhar:

– E então me ocorreu – repete ele, espantado – que, na minha primeira conversa telefônica em seis anos, eu havia desligado na cara do secretário-geral do Partido Comunista Soviético.

★

Alguns dias depois, há uma programação para eu falar durante uma assembleia de estudantes na Universidade Estatal de Moscou. No tablado, temos John Roberts, meu intrépido guia e intérprete britânico; Volodia, meu guia russo, fornecido pela PEN ou pela União de Escritores, nunca soube direito; e um professor pálido que me apresentou à plateia, com pouquíssima presteza, na minha opinião, como produto da nova *glasnost*. Tenho a impressão de que ele sente que a *glasnost* seria muito melhor sem mim. Agora, sem entusiasmo, ele convida a plateia a fazer perguntas.

As primeiras chegam em russo, mas o professor pálido as filtra tão ostensivamente que os estudantes, já agitados, decidem gritar suas perguntas em inglês. Falamos sobre escritores que admiro e outros que não. Falamos sobre a espionagem como produto da Guerra Fria. Debatemos – descaradamente – a moralidade ou a falta dela na delação de colegas. O professor pálido já ouviu o suficiente. Somente mais uma pergunta. Uma estudante ergue o braço. Sim, você.

Mulher estudante: "Senhor. Por favor. Sr. le Carré, o que o senhor acha de Marx e Lênin?"

Gargalhadas.

Eu: Eu adoro ambos.

Não é a minha melhor resposta, mas a plateia a recebe com aplausos demorados e gritos divertidos. O professor pálido encerra o debate e, rapidamente, sou cercado pelos estudantes, que me conduzem escada abaixo até uma espécie de sala comunal, onde me interrogam intensamente sobre um romance que, tenho certeza, passou os últimos vinte e cinco anos banido. Como diabos conseguiram lê-lo?, eu me pergunto.

– No nosso clube do livro particular, é claro – responde uma estudante, orgulhosamente, em um inglês macarrônico de Jane Austen, apontando para um grande monitor. – Nossa equipe digitou o texto do livro a partir de um exemplar ilegal que um compatriota nos deu. Lemos o livro em grupo, muitas vezes. Lemos muitos livros proibidos dessa forma.

– E se vocês fossem pegos? – pergunto.

Eles riem.

Ao fazer uma visita de despedida a Volodia, meu sempre prestativo guia, e sua esposa, Irena, no seu apartamento minúsculo, eu banco o Papai Noel, embora não estejamos perto do Natal. Eles são um casal de universitários talentosos, vivendo no limiar da pobreza. São pais de duas garotinhas espertas. Para Volodia, eu trouxe *scotch*, canetas esferográficas, uma gravata de seda e outros tesouros impossíveis de obter que comprei em uma *duty-free* em Heathrow; para Irena, barras de sabonete britânico, pasta de dentes, meias, lenços e outras coisas recomendadas pela minha esposa. E, para as duas garotinhas, chocolate e saias xadrez. Sua gratidão me constrange. Não quero ser essa pessoa. E eles não querem ser aquelas pessoas.

*

Pensando agora nos encontros daquelas duas breves semanas na Rússia em 1987, novamente sou tomado pela pena, pelo esforço e pela resistência das assim chamadas pessoas comuns, que de modo algum eram comuns, e pelas humilhações que eram obrigadas a partilhar, ficando em filas para obter produtos essenciais, oferecendo seus corpos e os dos seus filhos ou tomando o cuidado para não cometer um deslize fatal. Passeando pela Praça Vermelha com uma dama idosa e letrada após a chegada imprevista de Mathias Rust, tirei uma foto das sentinelas guardando a tumba de Lênin, somente para vê-la empalidecer e sussurrar para que eu guardasse a câmera.

O CAVALEIRO SOVIÉTICO ESTÁ MORRENDO DENTRO DE SUA ARMADURA

O que a psique coletiva russa mais teme é o caos; a maioria sonha com estabilidade e se aflige com o futuro desconhecido. E quem não temeria, em uma nação que entregou vinte milhões de almas aos executores de Stalin e outros trinta milhões a Hitler? A vida após o comunismo realmente seria melhor que aquela que conheciam? É verdade que artistas e intelectuais, quando se sentiam seguros ou eram ousados o suficiente, falavam fulgurosamente sobre as liberdades que, em breve – bate na madeira –, seriam deles. Mas, nas entrelinhas, eles tinham reservas. Que status eles teriam em qualquer nova sociedade que surgisse? Se tinham privilégios do Partido, o que os substituiria? Se eram escritores aprovados pelo Partido, quem os aprovaria em um mercado livre? E, se estavam atualmente em desgraça, seriam restaurados pelo novo sistema?

Em 1993, retornei à Rússia, esperando descobrir essas respostas.

18

O Leste selvagem: Moscou, 1993

O Muro de Berlim caiu. Mikhail Gorbatchev, após uma montanha-
-russa de eventos que o manteve em prisão domiciliar na Crimeia em
um minuto e o restaurou ao poder no Kremlin no minuto seguinte,
foi suplantado pelo seu inimigo de longa data, Boris Ieltsin. O Partido
Comunista Soviético está suspenso, e sua sede em Moscou está fechada.
Leningrado é novamente São Petersburgo. Stalingrado é Volgogrado.
O crime organizado se alastra. Não há justiça. Soldados sem salário que
retornaram da infeliz campanha soviética no Afeganistão vagam pelo
país e estão livres para ser contratados. A sociedade civil não existe, e
Ieltsin é incapaz ou não está disposto a impô-la. Eu sabia de tudo isso
antes de partir para Moscou no verão de 1993. Por isso, jamais saberei
o que me fez levar meu filho de 20 anos comigo. Mas ele foi comigo e,
felizmente, passamos por tudo isso sem problemas ou palavras ríspidas.

O propósito da nossa jornada estava claro para mim, ou é isso que
digo a mim mesmo agora. Eu queria sentir o sabor da nova ordem. Os
chefes do novo crime organizado eram os antigos usando uma nova
roupagem? A KGB realmente estava sendo desmantelada por Ieltsin ou,
como havia ocorrido com tanta frequência no passado, era meramente
reconstituída com outro nome? Em Hamburgo, nosso ponto de partida,
solenemente comecei a estocar os mesmos suprimentos essenciais que
havia levado para a Rússia em 1987: sabonetes, xampus, pasta de dentes,
biscoitos de chocolate Cadbury, *scotch*, brinquedos alemães. No entanto,
já no aeroporto Cheremetievo, por cujas barreiras passamos com um
mero aceno, havia um ar espalhafatoso de materialismo. Talvez o mais

improvável para meus olhos despreparados tenha sido o fato de que, por um depósito de 50 dólares, era possível alugar um celular no quiosque situado bem na saída.

Quanto ao hotel, esqueça o Minsk. Nosso hotel era um palácio de mármore brilhante com amplas escadas circulares, candelabros grandes o bastante para iluminar um teatro e uma trupe de garotas inteligentes e conspicuamente sozinhas no saguão. Nossos quartos cheiravam a tinta fresca, purificador de ar e encanamento. Uma olhada nas vitrines enquanto passeávamos pela cidade me disse tudo: o famoso empório GUM, dirigido pelo Estado, desaparecera e, em seu lugar, tínhamos Estée Lauder.

★

Dessa vez, meu editor russo não me abraçou. Não retirou alegremente uma garrafa de vodca da gaveta nem jogou a tampa no lixo. Primeiro, ele me observou através do olho mágico da porta, abriu uma série de trincos, me fez entrar e trancou a porta novamente. Em voz baixa, ele se desculpa por ser o único no escritório a me receber. Desde a visita da companhia de seguro, sua equipe se recusa a comparecer.

Companhia de seguro?

Homens de terno com maletas. Vendendo seguro contra incêndio, roubo e inundação; incêndio, na maioria dos casos. A vizinhança é considerada de alto risco depois de uma série de incêndios criminosos. Assim, as apólices também subiram, o que é natural. Um incêndio pode acontecer a qualquer momento. É melhor assinar a apólice imediatamente, e aqui está uma caneta. Porque, de outro modo, certas pessoas que eles conhecem vão incendiar o lugar, e o que vai acontecer com todos aqueles velhos documentos e manuscritos espalhados por toda parte?

E a polícia?, pergunta.

Aconselha a pagar e calar a boca. A polícia também está nesse esquema.

Então você vai pagar?

Talvez. Veremos. Ele não vai se entregar sem luta. Costumava conhecer pessoas importantes. Mas elas já não são mais importantes.

O TUNEL DE POMBOS

Pergunto a um amigo, ex-KGB, como posso conhecer algum chefe da máfia. Ele retorna a ligação. Esteja em tal clube à uma da manhã de quinta e Dima vai recebê-lo. Seu filho? Leve junto, ele vai ser bem-vindo, e, se ele tiver uma namorada, leve-a também. É o clube de Dima. Ele é o proprietário. Bons clientes, boa música. Muito seguro. Nosso indispensável guarda-costas é Pussia, o campeão de luta-livre de toda a Abecásia e conselheiro em todas as questões relacionadas à luta do seu povo pela libertação. Ele é tão alto e largo quanto o boneco da Michelin, polímata, linguista, erudito e, paradoxalmente, o homem mais pacífico que se poderia encontrar. Também está se transformando em uma celebridade nacional, o que é uma espécie de proteção por si só.

Jovens de porte atlético com submetralhadoras se alinham na entrada do clube. Enquanto Pussia observa com olhos amigáveis, eles nos revistam. Há bancos de veludo escarlate dispostos em torno de uma pista de dança circular. Casais dançam lentamente ao som de músicas dos anos 1960. O Sr. Dima estará aqui em breve, informa o gerente a Pussia enquanto nos conduz ao assento. Tendo nos trazido até aqui em seu carro, Pussia já nos forneceu um exemplo dos seus poderes de intervenção pacífica. A rua está bloqueada. Um carro pequeno e outro grande colidiram. Os motoristas estão prestes a brigar. Uma pequena multidão começa a tomar partido. Pussia abre a porta do carro e caminha até os sujeitos beligerantes, presumo que com a intenção de apartá-los ou acalmá-los. Em vez disso, ele segura o carro menor pelo para-choque traseiro, afasta-o do carro maior e, sob os aplausos furiosos da multidão, deposita-o delicadamente no acostamento.

Tomamos nossas bebidas sem álcool. O Sr. Dima pode se atrasar, avisa o gerente. O Sr. Dima pode ter *negócios* a resolver; *negócios*, a nova palavra-chave russa para transações impenetráveis. Sons no corredor nos alertam para a chegada real. A música se eleva em saudação e é abruptamente interrompida. Primeiro entram dois jovens de porte atlético com cabelo à escovinha e ternos italianos justos e escuros. Spetsnaz, murmura Pussia. Para os novos-ricos de Moscou, ex-soldados das Forças Especiais são os melhores guarda-costas. Com movimentos bruscos, eles varrem a sala com os olhos. Ao se depararem com Pussia, eles o encaram. Pussia

O LESTE SELVAGEM: MOSCOU, 1993

sorri de forma amigável em resposta. Eles recuam e se posicionam ao lado da entrada. Uma pausa e então entra – como se fosse por demanda popular – o Kojak do Departamento de Polícia de Nova York, também conhecido como Dima, seguido por um cortejo de garotas bonitas e outros jovens de porte atlético.

Se você assistiu à série de TV *Kojak*, a comparação é ridiculamente apropriada, incluindo os óculos Ray-Ban: careca reluzente, ombros muito largos, andar suave, terno de abotoadura simples, braços afastados do corpo como os de um macaco. Um rosto bulboso e recém-barbeado, congelado em uma expressão de desdém. Kojak é um grande sucesso na Rússia agora. Será que Dima o imita deliberadamente? Ele não seria o primeiro chefe do crime organizado a achar que é o astro do próprio filme.

A primeira fileira de cadeiras, evidentemente, pertence à família. Dima se acomoda bem no centro. Sua gente se senta à sua volta. À direita, uma garota extremamente bonita usando muitas joias; à esquerda, um homem de rosto impassível e marcado por cicatrizes de acne: pense *consigliere*. O gerente do clube se aproxima com uma bandeja de bebidas não alcoólicas. Dima não bebe, explica Pussia, ele próprio abstêmio.

– O Sr. Dima vai recebê-lo agora.

Pussia permanece sentado. Com meu intérprete russo, abro caminho até a pista de dança. Dima estende a mão; eu lhe dou um aperto de mão e percebo que ela é tão macia quanto a minha. Eu me ajoelho diante dele na pista de dança. Meu intérprete se ajoelha ao meu lado. Não é a melhor das posições, mas não há espaço para fazer mais nada. Dima e seus amigos nos olham por sobre a balaustrada. Eu fui avisado de que ele só fala russo. Eu não falo russo.

– O Sr. Dima quer saber o que você quer – grita meu intérprete à minha direita. A música está tão alta que não ouvi Dima falar, mas meu intérprete ouviu, e é isso que importa. Sua boca está a alguns centímetros da minha orelha. Nossa posição agachada parece pedir um momento de bravata e eu digo que gostaria que a música estivesse um pouco mais baixa e que Dima tirasse os óculos escuros, porque é difícil conversar com um par de lentes. Dima ordena que abaixem o volume e, com movimentos tensos, retira os óculos, deixando expostos seus olhos suínos. Ele está esperando para saber o que eu quero com ele. Pensando bem, eu também.

— Me parece que você é um gângster – eu digo. – Isso é verdade?

Não tenho como saber a tradução da pergunta, mas imagino que meu intérprete a suavizou, porque Dima parece notavelmente confortável com ela.

— O Sr. Dima diz que neste país todo mundo é gângster. Tudo é pobre, todos os homens de negócios são gângsteres e todos os negócios são parte do crime organizado.

— E eu posso saber com que linha de negócios o Sr. Dima está envolvido atualmente?

— O Sr. Dima está envolvido com importação e exportação – responde meu intérprete, e seu tom de voz implora para que eu deixe esse assunto de lado.

Mas não posso fazer isso.

— Por favor, pergunte a ele que tipo de importação e exportação. Apenas pergunte.

— Não é conveniente.

— Muito bem. Pergunte quanto ele vale. Pode-se dizer que ele vale uns cinco milhões de dólares?

Relutantemente, meu intérprete deve ter feito a pergunta, ou algo parecido com ela, porque os companheiros de Dima riem e ele dá de ombros desdenhosamente. Não importa. Acho que sei para onde estou indo agora.

— Muito bem. São cem milhões, duzentos milhões, não importa. É bem fácil ganhar dinheiro na Rússia agora. E, se as coisas permanecerem assim, podemos presumir que, em alguns anos, Dima será um homem muito rico. Ultrarrico. Diga isso a ele, por favor. É apenas uma observação.

E, presumivelmente, meu intérprete traduz, porque Dima faz uma espécie de careta de concordância.

— Ele tem filhos? – pergunto, de maneira temerária.

Sim.

– Netos?

Isso não importa.

Dima colocou os óculos escuros novamente, como que para dizer que a conversa terminou, mas não terminou para mim. Eu fui longe demais para parar agora.

– Eis o que quero dizer. Nos Estados Unidos, como Dima certamente sabe, os grandes barões do crime dos velhos tempos construíram suas fortunas por meio do que podemos chamar de métodos *informais*.

Fico grato em detectar um vislumbre de interesse por trás do Ray--Ban.

– Mas, à medida que esses barões envelheciam e olhavam para os filhos e os netos, eles se tornaram idealistas e decidiram que precisavam criar um mundo mais claro e mais gentil do que aquele que haviam destruído.

Os olhos por trás dos óculos permanecem fixos em mim enquanto o intérprete traduz.

– Assim, minha pergunta para Dima é a seguinte. Será que ele imagina, conforme envelhece... Daqui a, digamos, dez ou quinze anos, será que *Dima* consegue *se* imaginar construindo escolas, hospitais e museus? Como um ato de filantropia. Estou falando sério. Apenas pergunte. Como um meio de devolver algo ao povo russo, que ele, bem... roubou?

Existe uma piada padrão em velhas comédias em que as pessoas conversam umas com as outras com o auxílio de um intérprete. Uma pergunta é feita. É traduzida. A pessoa ouve a pergunta atentamente, ergue os braços e fala por dois longos minutos e, então, o intérprete, após uma pausa, diz "Não" ou "Sim". Ou "Talvez". Dima não ergue os braços. Ele fala comedidamente em russo. Seus companheiros dão risadinhas. As sentinelas de cabelo raspado à porta riem. Mas Dima continua a falar. Finalmente satisfeito, ele junta as mãos e espera a tradução.

– David, eu sinto muito por isso, mas o Sr. Dima mandou você à merda.

★

O TÚNEL DE POMBOS

Sentado sob o candelabro de cristal no saguão do nosso deslumbrante hotel em Moscou, um homem esbelto e tímido, de uns 30 anos, vestindo um terno cinza e usando óculos, beberica seu refrigerante de laranja enquanto explica o código de conduta da fraternidade de ladrões, ou *vori*, da qual é membro. Disseram-me que ele é um dos soldados de Dima. Talvez ele seja um dos homens de terno que tentaram vender o seguro contra incêndio ao meu editor. Mas sua escolha cuidadosa de palavras me faz pensar em um porta-voz do Ministério das Relações Exteriores.

— O *vori* mudou muito desde o colapso da União Soviética?

— Eu diria que o *vori* se *expandiu*. Por causa da maior liberdade de movimentação na era pós-comunista e do avanço nas comunicações, pode-se dizer que o *vori* estendeu sua influência em muitos países.

— E que países seriam esses?

É melhor, diz ele, falar de cidades em vez de países. Varsóvia, Madri, Berlim, Roma, Londres, Nápoles e Nova York são favoráveis às atividades do *vori*.

— E aqui na Rússia?

— Eu diria que o caos social na Rússia beneficiou muitas atividades do *vori*.

— Por exemplo?

— Como?

— Quais atividades?

— Eu diria que, aqui na Rússia, as drogas são lucrativas. E muitos novos negócios não poderiam funcionar sem extorsão. E também temos casas de apostas e muitos clubes.

— Bordéis?

— Bordéis não pertencem necessariamente ao *vori*. É melhor ser dono das mulheres e arranjar hotéis para elas. Às vezes, também somos donos dos hotéis.

— A etnia é um critério?

— Como?

— As fraternidades do *vori* se concentram em regiões específicas?

— Eu diria que, hoje, as fraternidades são compostas de muitos ladrões que não são etnicamente russos.

– Como quais?

– Abecásios, armênios, eslavos. E judeus.

– Tchetchenos?

– Com os tchetchenos, as coisas são diferentes.

– Existe discriminação racial dentro do *vori*?

– Se um *vor* é um bom ladrão e segue as regras, todos os *vori* são iguais.

– Vocês têm muitas regras?

– Não muitas, mas elas são severas.

– Por favor, cite um exemplo.

Ele parece feliz em fazê-lo. Um *vor* não deve trabalhar para as autoridades. O Estado é uma autoridade e, portanto, ele não deve trabalhar para o Estado, lutar pelo Estado ou servir ao Estado de qualquer maneira. Ele não deve pagar impostos ao Estado.

– Os *vori* adoram a Deus?

– Sim.

– Um *vor* pode se envolver com política?

– Se seu objetivo for estender a influência do *vori*, e não auxiliar as autoridades, sim, pode.

– E se ele se tornar politicamente proeminente? Ou mesmo popular. Bem-sucedido? Ele pode permanecer um *vor*?

– É possível.

– Um *vor* pode matar outro por infringir a lei do *vori*?

– Se a morte for ordenada pelo conselho, sim.

– Você mataria seu melhor amigo?

– Se fosse necessário.

– Você já matou muitas pessoas?

– É possível.

– Você já pensou em ser advogado?

– Não.

– Um *vor* pode se casar?

– Ele deve ser um homem acima das mulheres. Pode ter quantas quiser, mas não deve se submeter a elas, porque elas não são relevantes.

– Então é melhor não casar?

O TÚNEL DE POMBOS

– É uma regra que um *vor* não deve se casar.

– Mas alguns se casam?

– É uma regra.

– Um *vor* pode ter filhos?

– Não.

– Mas alguns têm?

– Eu diria que é possível. Mas não desejável. É melhor ajudar os outros ladrões e se submeter ao conselho *vori*.

– E quanto aos pais dos *vori*? Eles são aceitáveis?

– Pais não são desejáveis. É melhor abandoná-los.

– Porque eles são autoridades?

– Não é permitido demonstrar emoção e permanecer sob a lei dos ladrões.

– Mas alguns *vori* amam suas mães?

– É possível.

– Você abandonou seus pais?

– Um pouco. Talvez não o suficiente.

– Você já se apaixonou por alguma mulher?

– Não é apropriado.

– Não é apropriado perguntar ou não é apropriado se apaixonar?

– Não é apropriado – repete ele.

A essa altura, ele enrubesce e ri como um colegial. Meu intérprete começa a rir também. Então nós três rimos juntos. E eu me pergunto, como humilde leitor de Dostoievski, onde encontrar moralidade, orgulho e humanidade na alma criminosa russa contemporânea, porque eu tenho um personagem na cabeça que precisa saber.

Na verdade, tenho vários. Eles estão espalhados por dois romances não resolvidos que, em algum momento, escreverei sobre a nova Rússia imediatamente após a queda do comunismo, *Nosso jogo* e *Single & Single*. Ambos me levaram à Rússia, à Geórgia e ao Cáucaso ocidental. Ambos tentaram abordar a escala da corrupção criminosa na Rússia e as contínuas guerras em sua própria alma muçulmana. Uma década depois, em *Nosso fiel traidor*, escrevi um terceiro romance sobre o que era então o

142

O LESTE SELVAGEM: MOSCOU, 1993

maior produto de exportação russo, atrás apenas da energia: dinheiro sujo aos bilhões, roubado dos próprios cofres da Rússia.

*

E, sempre por perto, mas nunca perto demais, nosso campeão de luta-livre abecásio, Pussia. Apenas uma vez temi ter de recorrer aos seus serviços físicos.

Dessa vez, o clube fica em São Petersburgo. Como o de Dima, pertence a um homem de *negócios* em ascensão chamado Karl, que tem um advogado chamado Ilia, sempre ao seu lado. Fomos até lá em um micro-ônibus blindado com uma Land Rover também blindada como escolta. Na entrada, que fica ao fim de um caminho de pedras ladeado por lanternas de papel, encontramos o usual pelotão de homens armados que, além das submetralhadoras, portam granadas de mão penduradas em ganchos de latão polido nos seus cinturões de munição. Dentro do clube, garotas da casa dançam languidamente umas com as outras, ao som de um rock ensurdecedor, enquanto esperam pelos clientes.

Mas não há nenhum cliente e já passa das onze e meia.

– São Petersburgo acorda tarde – explica Karl com um sorriso inteligente, guiando-nos até uma mesa de jantar comprida que foi posta em nossa homenagem em meio às poltronas de veludo. Ele tem o nariz fino e é jovem e pedante. O pesadão Ilia ao seu lado parece rude demais para ele. A esposa loira de Ilia veste um casaco de zibelina, embora estejamos no meio do verão. Somos escoltados até a fileira superior de um anel de poltronas. A pista de dança, pouco abaixo, também pode ser usada como ringue de boxe, explica Ilia com orgulho, mas, hoje, não haverá luta. Pussia se senta à minha esquerda, e meu filho Nick, à minha direita. Ilia, ao lado do seu mestre, murmura ao celular, uma ligação após a outra, em um fluxo desprovido de emoção.

Ainda não há nenhum cliente. Com poltronas vazias por toda parte, o rock gritando por atenção e as garotas entediadas girando diligentemente na pista de dança, a conversa amena em torno da mesa começa a ficar tensa. É o trânsito, explica Karl, inclinando-se sobre Ilia. É a nova prosperidade. Como todo mundo agora tem carro, o trânsito noturno de São Petersburgo está ficando infernal.

Outra hora se passa.

É porque é quinta-feira, explica Karl. Às quintas, os *glitterati* de São Petersburgo vão jantar primeiro, e aos clubes, depois. Eu não acredito e acho que Pussia também não e trocamos um olhar preocupado. Muitos cenários ruins passam pela minha cabeça e, presumo, também pela de Pussia. Os *glitterati* de São Petersburgo sabem de algo que não sabemos? Karl está sendo emboscado por algum rival e estamos sentados aqui esperando ser explodidos ou baleados? Ou – sombras daquelas granadas penduradas nos seus ganchos de latão – já somos reféns, enquanto Ilia sussurra algumas negociações no seu celular?

Colocando um dedo sobre os lábios, Pussia se dirige ao banheiro e desaparece na escuridão. Alguns minutos depois, ele está de volta, sorrindo mais amigavelmente que nunca. Nosso anfitrião, Karl, economizou onde não devia, explica ele baixinho. Os guarda-costas com granadas nos cintos são tchetchenos. Na sociedade de São Petersburgo, ter guarda-costas tchetchenos é um pouco demais. Ninguém importante, diz Pussia, quer ser visto em um clube protegido por tchetchenos.

★

E Dima? Levou um ano, mas, incomumente para a época, ele foi capturado pela polícia de Moscou, por ordem de algum rival ou – se não estivesse pagando o suborno adequado – do Kremlin. A última notícia que tive é de que ele estava na prisão, tentando explicar por que tinha dois colegas executivos muito feridos, algemados a uma parede no seu sótão. No meu romance *Nosso fiel traidor*, tive meu próprio Dima, mas somente no nome. Ele era um gângster endurecido pela vida que, ao contrário do original, realmente poderia ter construído escolas, hospitais e museus.

19

Sangue e tesouro

Nos anos recentes, contraí certa aversão infantil por qualquer coisa escrita ao meu respeito na mídia, boa, neutra ou má. Mas há ocasiões em que algo passa pelas minhas defesas, como aconteceu certa manhã no outono de 1991, quando abri o *Times* e fui saudado pelo meu próprio rosto franzindo o cenho para mim. Pela minha expressão sombria na fotografia, eu sabia que o texto que a acompanhava não seria amigável. Editores de fotografia sabem o que fazem. Li que um teatro em Varsóvia que lutava para sobreviver celebrava a liberdade pós-comunismo com uma versão para o palco de *O espião que saiu do frio*. Mas o ganancioso le Carré [ver fotografia] exigira a imensa quantia de 150 libras por apresentação: "O preço da liberdade, supomos."

Olhei novamente para a foto e vi exatamente o tipo de homem que acossaria teatros poloneses falidos em busca de dinheiro. Ávido. Com um apetite insaciável. Dê uma olhada naquelas sobrancelhas. Subitamente, deixei de apreciar meu café da manhã.

Mantenha a calma e ligue para seu agente. Falhei na primeira tentativa, mas obtive sucesso na segunda. Meu agente literário se chama Rainer. No que os escritores costumam chamar de voz trêmula, li o artigo para ele. Será que ele, sugeri delicadamente – será que possivelmente, apenas dessa vez, concebivelmente –, poderia ter sido ligeiramente ultrazeloso em meu benefício?

Rainer responde com simpatia. Mas foi exatamente o contrário. Como os poloneses ainda estão se recuperando após o colapso do comunismo, ele foi muito brando. Para provar, cita os termos negociados com o teatro polonês. Não estamos cobrando 150 libras por apresentação, assegura ele, mas apenas 26, a menor taxa padrão, ou será que eu esqueci? Bem, na verdade, sim, esqueci. Além disso, abrimos mão dos direitos autorais. Em resumo, foi um acordo benevolente, David, uma ajuda deliberada ao teatro polonês em uma época de necessidade. Ótimo, respondo, confuso e, internamente, ainda fervendo de raiva.

Mantenha a calma e envie um fax ao editor do *Times*. Ele é um homem cuja biografia e escrita aprendi a admirar enormemente, mas em 1991 eu estava menos consciente das suas virtudes. Sua resposta não é reconfortante. É altiva. Para dizer a verdade, é exasperante. Ele sugere que um homem na minha afortunada posição precisa aceitar as críticas juntamente com os elogios. Não é um conselho que estou disposto a aceitar. Mas a quem recorrer?

Ao dono do jornal, é claro: Rupert Murdoch, meu velho camarada!

★

Bem, não exatamente camarada. Eu havia encontrado Murdoch socialmente em umas duas ocasiões, embora fosse pouco provável que ele se lembrasse. A primeira fora no restaurante Boulestin, em meados dos anos 1980. Eu almoçava com meu agente literário da época quando Murdoch entrou. O agente nos apresentou, e Murdoch se sentou conosco para um dry martini. Ele tinha exatamente a minha idade. Sua batalha mortal com os sindicatos de impressores da Fleet Street estava esquentando. Nós discutimos essa situação por um momento e, então, eu perguntei casualmente – talvez fosse o martíni falando – por que ele havia rompido com a tradição. Nos velhos tempos, digo com leveza, ingleses necessitados iam para a Austrália em busca de fortuna. Agora um australiano que não era necessitado viera até a Inglaterra buscar a sua. O que tinha dado errado? Era uma pergunta estúpida na melhor das hipóteses, mas Murdoch respondeu imediatamente.

– *Vou* dizer o que deu errado – redarguiu ele. – É porque vocês estão cheios de merda *daqui para cima*!

E fez um gesto atravessando a garganta para me mostrar onde a merda começava.

No nosso segundo encontro, que aconteceu em uma residência particular, ele relatara à mesa, em termos muito francos, suas opiniões negativas sobre o colapso da União Soviética. No fim da noite, Murdoch generosamente me entregara seu cartão: telefone, fax, endereço particular. A qualquer momento, o telefone tocaria na sua mesa.

Mantenha a calma e envie um fax para Murdoch. Eu tenho três condições, digo: primeira, um abundante pedido de desculpas impresso em um lugar de destaque no *Times*; segunda, uma grande doação para o esforçado teatro polonês. E terceira – seria o martíni falando? –, almoço. Na manhã seguinte, sua resposta jazia no chão em frente à máquina de fax: "Aceito seus termos. Rupert."

★

Naquela época, o Savoy Grill tinha um andar superior para os magnatas, com sofás de veludo vermelho em forma de ferradura nos quais, em dias mais animados, cavalheiros endinheirados poderiam ter distraído suas damas. Sussurro o nome Murdoch para o *maître* e sou levado até um dos reservados. Cheguei cedo. Murdoch chega na hora.

Ele é menor do que me lembro, porém mais belicoso, e adquiriu o bamboleio apressado e o ligeiro movimento da pélvis com que os grandes homens saúdam uns aos outros, com a mão estendida, para as câmeras. A inclinação da cabeça em relação ao corpo é mais pronunciada do que me lembro e, quando estreita os olhos para me dar um grande sorriso, tenho a estranha sensação de que ele está mirando em mim.

Nós nos sentamos, de frente um para o outro. Noto – como não? – a perturbadora coleção de anéis na sua mão esquerda. Pedimos a comida e trocamos algumas banalidades. Rupert diz que sente muito pelas coisas que escreveram a meu respeito. Ingleses, diz ele, são grandes jornalistas, mas nem sempre entendem as coisas direito. Eu digo que não foi nada e lhe agradeço a bem-humorada resposta. Mas basta de banalidades. Ele me olha diretamente nos olhos e o sorriso desaparece.

– Quem matou Bob Maxwell? – pergunta ele.

Robert Maxwell, para aqueles que têm a sorte de não se lembrar, foi um barão da mídia nascido na Tchecoeslováquia, parlamentar britânico e suposto espião de várias nações, incluindo Israel, União Soviética e Grã-Bretanha. Como jovem combatente tcheco, ele participara do desembarque na Normandia e, mais tarde, conseguira um posto no Exército britânico e uma medalha por bravura. Após a guerra, trabalhara para o Ministério das Relações Exteriores em Berlim. Também era um mentiroso extravagante e um canalha de enormes proporção e apetite, que roubou o fundo de pensão das suas próprias empresas, no valor de 440 milhões de libras, acumulou dívidas no valor de 4 bilhões de libras, que não tinha como pagar, e, em novembro de 1991, foi encontrado morto no mar de Tenerife, aparentemente depois de ter caído do deque do luxuoso iate nomeado em homenagem a sua filha.

Havia uma abundância de teorias da conspiração. Para alguns, fora claramente o suicídio de um homem flagrado cometendo crimes; para outros, tinha sido um assassinato cometido por alguma das várias agências do serviço de informação para as quais supostamente trabalhava. Mas qual delas? Não faço ideia de por que Murdoch achou que eu saberia a resposta, mas fiz meu melhor para oferecer uma. Bem, Rupert, se realmente estamos dizendo que não foi um suicídio, então é provável que tenham sido os israelenses, sugiro.

– Por quê?

Eu li todos os rumores, como todo mundo. E os regurgito: Maxwell, agente do Serviço Secreto israelense, chantageando seus empregadores; Maxwell, que tinha negociado com o Sendero Luminoso no Peru, oferecendo armas israelenses em troca do estratégico cobalto; Maxwell, ameaçando ir a público a menos que os israelenses pagassem.

Mas Rupert Murdoch já está de pé, me dando um aperto de mão e dizendo que foi ótimo me reencontrar. E talvez ele esteja tão constrangido quanto eu, ou entediado, porque já está saindo da sala, e grandes homens não pagam suas contas; eles deixam isso para seus funcionários. Duração aproximada do almoço: 25 minutos.

Mas, hoje, desejo que tivéssemos almoçado alguns meses depois, porque então eu teria uma teoria muito mais interessante sobre a morte de Bob Maxwell.

★

SANGUE E TESOURO

Estou em Londres, escrevendo sobre a nova Rússia, e quero conhecer oportunistas ocidentais que se juntaram à corrida pelo ouro. Alguém me disse que Barry é o homem que procuro e alguém está certo. Mais cedo ou mais tarde, há sempre um Barry e, quando você o encontra, é melhor se grudar a ele como cola. O amigo A o apresenta ao amigo B. O amigo B lamenta não poder ajudar, mas talvez o amigo C possa. E C não pode, mas D está na cidade e por que você não liga para ele, dizendo que é amigo de C? Aqui está o número de D. E, subitamente, você está na sala com o homem certo.

Barry é um daqueles caras nascidos no East End mas que se deu bem no West End: não tem classe, fala muito, gosta da ideia de conhecer um escritor, mas não lê a menos que seja obrigado, tem a reputação de ganhar dinheiro rápido e possui um interesse mais que acadêmico na possibilidade de fazer fortuna na esfacelada União Soviética. Tudo isso, diz Barry, explica por que Bob Maxwell ligou para ele um dia e disse, como somente Bob podia fazer, para arrastar sua carcaça até seu escritório *imediatamente* e aconselhá-lo sobre a melhor maneira de ganhar uma fortuna na Rússia em uma semana, ou Bob estaria perdido.

E, sim, Barry está livre para almoçar hoje, David, então Julia, meu bem, por favor, cancele meus compromissos da tarde, se puder, porque eu e David vamos até o Silver Grill, e então ligue para Martha e diga que queremos uma mesa para dois, em um canto discreto.

E o que é realmente importante lembrar, David, diz Barry severamente, primeiro no táxi e então enquanto saboreamos um belo filé preparado do jeito que ele gosta, é a *data* em que Bob Maxwell fez aquela ligação. Foi em julho de 1991, quatro meses antes do seu corpo ser encontrado boiando no mar. Entendeu? Porque, se você não entendeu isso, não vai entender o restante. Muito bem. Vou começar.

★

– Eu tenho Mikhail Gorbatchev *na minha mão* – anuncia Robert Maxwell assim que eles estão sentados frente a frente no grandioso escritório na cobertura. – E quero que você pegue o iate, Barry – o *Lady Ghislaine*, do qual mais tarde Maxwell cairia para a morte, se é que já não estava morto –, e fique lá por, no máximo, três dias, então volte aqui com uma *proposta*. Agora dê o fora.

E, é claro, há uma bela comissão para Barry, ou ele não estaria lá, não é? – uma taxa pelas suas ideias e uma porcentagem dos ganhos reais. Ele não fica no iate porque não gosta deles, mas há um lugar no campo aonde ele vai para pensar e, vinte e quatro horas depois, e não três dias, ele está de volta à suíte na cobertura com sua *proposta*. Ou, na verdade, David, três propostas. E todas as três são garantidas, com grandes retornos, embora não necessariamente na mesma proporção.

Primeiro, Bob, diz ele a Maxwell, há o petróleo, o que é óbvio. Se Gorbi conseguisse uma daquelas concessões estatais que vão ser liberadas no Cáucaso, você poderia leiloá-la para os grandes caras do petróleo ou fazer um *leasing* dos direitos para a realeza. De qualquer modo, você ganharia muito dinheiro, Bob, e...

Qual é a desvantagem?, interrompe Maxwell. Qual é a merda da desvantagem?

A desvantagem, Bob, é o *tempo*, que, segundo você, é o maior problema. Uma negociação de petróleo desse tamanho não acontece da noite para o dia, nem mesmo com seu parceiro no Kremlin mexendo os pauzinhos, e, se você não tem nada para leiloar...

Não estou interessado. Qual é a outra proposta?

A outra proposta, Bob, é metal. Não estou sugerindo que você empurre um carrinho de mão pela Cable Street gritando que quer comprar ferro-velho. Estou falando do metal de melhor qualidade já produzido, montanhas dele, produzido sem consideração pelo custo por uma economia controlada que enlouqueceu: parques cheios de tanques enferrujados, armas descartadas, fábricas fechadas, usinas de eletricidade desativadas e todo o restante do lixo dos planos de cinco anos, sete anos e não sei quantos anos. Mas, no mercado mundial, Bob, todo esse metal bruto está apenas esperando por alguém como você. E ninguém precisa saber disso, além de você. Você estará prestando um grande favor à Rússia, limpando tudo. Uma bela carta do seu colega no Kremlin agradecendo pelos serviços e algumas ligações para os barões do metal que conheço e você estará feito.

Exceto *que*...

A desvantagem é o custo da coleta, Bob. É a alta visibilidade que isso vai dar a você a essa altura da vida, os olhos do mundo voltados para você, por assim dizer. Mais cedo ou mais tarde, alguém vai perguntar por que Bob Maxwell é quem está recolhendo o lixo, e não alguém agradável e russo.

Assim, Maxwell pergunta impacientemente qual é a terceira proposta. E Barry diz: Seu sangue, Bob.

★

– Seu sangue, Bob – diz Barry a Robert Maxwell –, é uma *commodity* muito valiosa em qualquer mercado. Mas seu sangue *russo*, adequadamente extraído e comercializado, é uma mina de ouro. Os russos são patrióticos. Quando eles ouvem no rádio ou na TV ou leem no jornal que houve uma tragédia nacional, seja uma guerra, um acidente de trem, a queda de um avião, um terremoto, a explosão de um gasoduto ou um ataque terrorista, eles não ficam sentados sem fazer nada. Eles vão até o hospital mais próximo e doam sangue. *Doam*, Bob. De graça. Como bons cidadãos que são. Milhões de litros de sangue. Eles fazem fila, esperam pacientemente, o que estão acostumados a fazer, e doam sangue. É isso que fazem, por causa dos seus bons corações russos. De graça.

Barry faz uma pausa enquanto corta o filé, para o caso de eu ter alguma pergunta, mas não me ocorre nenhuma, talvez porque eu tenha a leve sensação de que já não é para Robert Maxwell que ele está tentando vender sua ideia, mas para mim.

– Assim, dado o suprimento ilimitado de sangue russo, entregue de graça – resume Barry em sua lógica particular –, do que mais você precisa? Trata-se da Rússia, então a organização deve ser sua primeira preocupação. O serviço de transfusão já existe, então já conta com um sistema de coleta, mas ele precisa ser aprimorado. Então tem a distribuição. Há estocagem a frio em todas as cidades russas, e tudo o que você precisa fazer é aumentar esses números. Estocagem maior e melhor. Quem vai financiar sua operação? O Estado soviético, ou o que ainda resta dele. O Estado soviético, por amor aos seus cidadãos, melhora e moderniza o serviço em nível nacional, o que deveria ter sido feito há muito tempo, e Gorbi se congratula por isso. O Tesouro russo financia a operação de modo *centralizado*, cada república envia uma porcentagem combinada para um banco de sangue *central*, em Moscou, perto de um dos aeroportos, como *quid pro quo* pelo financiamento. Para o que o banco central em Moscou usa o sangue oficialmente? Grandes emergências nacionais, não especificadas. E para que você o usa? Você tem vários 747 refrigerados voando entre os aeroportos Kennedy e Cheremetievo. Você não precisa comprar os aviões. Faça um *leasing* com a minha mediação. Envie o sangue para Nova York, faça com que os químicos testem para HIV e eu conheço o pessoal certo. Você tem ideia do que o mercado está pagando por um litro de sangue caucasiano e livre de aids? Eu vou dizer...

E a desvantagem, Barry? Dessa vez, sou eu perguntando, e não Maxwell, e Barry já está negando com a cabeça.

– David, *não* há desvantagens. O sangue teria chegado regularmente como um relógio. Eu ficaria muito surpreso se alguém não o estivesse recebendo neste exato momento.

E por que não funcionou para o Bob?

– Por causa da data, David.

Barry retornou à importante data sobre a qual falara no início da história.

– Verão de 1991, lembra? Gorbi está prestes a perder o poder. O Partido está desmoronando e Ieltsin está atrás dele. No outono, as repúblicas vão começar a exigir independência e ninguém estará pensando em enviar sangue para Moscou. É mais provável que eles queiram que Moscou envie alguma coisa, para variar.

E seu amigo Bob?, pergunto.

– Bob Maxwell não era cego nem idiota, David. Quando descobriu que Gorbi estava acabado, soube que o sangue estava fora da jogada, e sua última chance estava perdida. Se ele tivesse resistido por mais um mês, teria visto a União Soviética afundar para sempre, juntamente com Gorbi. Bob sabia que o jogo estava acabado e não resistiu.

No romance que escrevi, usei a ideia de Barry sobre capitalizar o sangue russo, mas ela não teve o impacto que eu pretendia, talvez porque ninguém tenha morrido em função dela.

★

Mas eis um adendo àquele almoço de vinte e cinco minutos com Rupert Murdoch no Savoy Grill. Um dos ex-assessores de Murdoch, ao escrever sobre o desempenho do seu antigo empregador perante o comitê parlamentar britânico que investigava as irregularidades telefônicas cometidas por um dos seus jornais, descreveu como seus conselheiros o haviam urgido a remover os anéis da mão esquerda antes que ele informasse à plateia, com a voz embargada, que aquele havia sido o dia mais modesto da sua vida.

20

Os maiores ursos no jardim

Conheci dois ex-líderes da KGB durante a minha vida e gostei de ambos. O último a ocupar o cargo antes de a KGB mudar de nome, embora não de hábitos, foi Vadim Bakatin. Os serviços de informação, disse alguém esperto, são como a fiação elétrica de uma casa: o novo dono se muda, aperta o interruptor e as mesmas velhas luzes iluminam o ambiente.

Estamos em 1993. Vadim Bakatin, aposentado como chefe da extinta KGB, desenha flechas partidas em um bloco. Elas possuem belas penas e corpos esguios. Mas, perto da metade, formam um ângulo reto e se tornam flechas-bumerangue, com cada extremidade apontando para uma direção diferente e sempre fora da página. Ele as desenha na longa mesa da sala de conferências da minha editora na Russia com suas costas de centurião arqueadas e a cabeça encolhida sobre os ombros, como se esperasse uma inspeção cerimonial. *Reforma Fund*, diz o lado inglês do seu cartão de visita mal impresso. *Fundo Internacional para Reformas Sociais & Econômicas*.

Ele é um homem grandalhão, meio ruivo, de aparência nórdica, com um sorriso triste e mãos manchadas e hábeis. Nascido e criado em Novosibirsk, ele é engenheiro, ex-diretor estatal de construção, ex-membro do Comitê Central do Partido Comunista, ex-ministro do Interior. Em 1991, para sua surpresa e desprazer, Mikhail Gorbatchev lhe entregou o cálice envenenado: assuma a KGB e a limpe de dentro para fora. Ouvindo-o agora, posso imaginar o que levou Mikhail a oferecer o cargo: a clara decência de Bakatin, de um tipo profundo e teimoso, feita de estranhos silêncios enquanto ele pondera cuidadosamente as perguntas, antes de responder a elas.

– Minhas recomendações não eram populares na KGB – observa ele, desenhando outra flecha. E, como se tivesse acabado de lhe ocorrer: – Não foi uma tarefa fácil.

Ele quer dizer que não foi uma tarefa fácil ventilar a sede da KGB na praça Dzerjinski em certa manhã de verão, expurgá-la em um único golpe das suas tendências autocráticas e criar um serviço de espionagem novo, saneado e socialmente comprometido, com o objetivo de reconstruir a Rússia democrática com a qual Gorbatchev sonhava. Bakatin soube desde o início que seria difícil. Mas o *quanto* sabia ninguém é capaz de determinar. Será que ele estava ciente do fato de que a KGB era uma cleptocracia aerodinâmica que já embolsara uma grande parte do estoque nacional de moeda forte e reservas de ouro, enviando-o para o exterior? Que seus chefes andavam de mãos dadas com o crime organizado do país? Que muitos eram stalinistas da velha guarda que viam Gorbatchev como o Grande Destruidor?

Soubesse ou não, ele realizou um ato de tal *glasnost* que permanece único nos anais dos serviços de informação em todo o mundo. Semanas após assumir o cargo, ele entregou a Robert Strauss, embaixador americano na Rússia, uma tabela, com um manual de instruções, dos microfones instalados pela equipe de áudio da KGB na estrutura do novo edifício designado para substituir a embaixada americana. De acordo com Strauss, ele fez esse gesto "incondicionalmente, em nome da cooperação e da boa vontade". De acordo com muitas testemunhas em Moscou, quando os rastreadores americanos retiraram todos os aparelhos da KGB, o edifício estava prestes a desmoronar.

– Com esse pessoal técnico, nunca dá para ter certeza – confidencia Bakatin. – Eu disse a Strauss que aquilo tinha sido o melhor que eu havia conseguido fazer.

Como recompensa por esse corajoso ato de abertura, ele foi alvo da fúria da organização que comandava. Gritos de traição foram ouvidos, seu cargo foi extinto e, por um breve período, sob a liderança de Boris Ieltsin, a KGB foi dividida em outros departamentos, somente para ressuscitar prontamente, com poderes ainda maiores e um novo nome, sob o comando pessoal de Vladimir Putin, ele mesmo uma cria da velha KGB.

De volta a suas flechas quebradas, Vadim Bakatin está falando sobre espionagem. Quem faz isso para viver é obcecado, não tem ligação com a vida real, diz ele. Bakatin entrou e saiu do negócio da espionagem como novato.

— Você sabe muito mais a esse respeito do que eu – acrescenta ele subitamente, olhando para mim.

— Isso não é verdade – protesto. – Eu também sou um novato. Fiz o meu trabalho quando mais novo e caí fora há trinta anos. Vivo por conta própria desde então.

Ele desenha uma flecha.

— Então é um jogo – comenta ele.

Ele quer dizer que *eu* sou um jogo? Ou que a indústria da espionagem é um jogo? Ele meneia a cabeça, como que para dizer que não importa, de um jeito ou de outro. Subitamente, suas perguntas se tornam o confuso protesto de um homem privado das suas convicções. Para onde o mundo está caminhando? Para onde a Rússia está indo? Onde está o caminho do meio, o caminho humanitário, entre os excessos capitalistas e socialistas? Ele é socialista, diz. Cresceu como socialista.

— Fui criado, desde a infância, para acreditar que o comunismo era o único caminho para a humanidade. OK, as coisas deram errado. O poder foi para as mãos erradas, o Partido cometeu alguns erros. Mas ainda acredito que éramos uma força moral para o bem do mundo. O que somos agora? Onde está essa força moral?

★

Seria difícil encontrar contraste maior entre dois homens: o introspectivo Bakatin, engenheiro e defensor do Partido de Novosibirsk, e Ievgueni Primakov, criado na Geórgia, meio judeu, filho de uma médica e de um pai que sofreu perseguição política, erudito, arabista, estadista, acadêmico e – durante meio século de serviço em um sistema que não era famoso pela sua benevolência em relação aos seus opositores – mestre de sobrevivência.

OS MAIORES URSOS NO JARDIM

Ao contrário de Bakatin, Ievgueni Primakov estava eminentemente qualificado para assumir a KGB ou qualquer outro grande serviço de informação. Como jovem agente de campo soviético, cujo codinome era MAKSIM, ele havia trabalhado como espião no Oriente Médio e nos Estados Unidos, como correspondente de uma rádio de Moscou ou como jornalista do *Pravda*. Mas, mesmo enquanto estava no campo, sua ascensão pelas fileiras científicas e políticas do poder soviético continuou. E, quando o poder soviético chegou ao fim, Primakov continuou a prevalecer, de modo que ninguém ficou surpreso quando, após cinco anos como chefe do Serviço de Informação Estrangeira, ele foi promovido a ministro das Relações Exteriores, e nesse cargo um dia foi a Londres para discutir questões da OTAN com o ministro das Relações Exteriores britânico, Malcolm Rifkind.

E foi nesse mesmo dia que eu e minha esposa fomos convocados, inesperadamente, para jantar com Primakov e sua esposa na embaixada russa em Kensington Palace Gardens. Pela manhã, meu agente literário havia recebido uma ligação ofegante do escritório particular de Rifkind: o ministro das Relações Exteriores requeria um livro autografado para presentear sua contraparte russa, Ievgueni Primakov.

– Um livro em particular ou qualquer um? – perguntou meu agente.

– *A vingança de Smiley*. E precisamos dele com urgência.

Não mantenho exemplares dos meus livros, mas consegui uma edição de capa dura de *A vingança de Smiley* em um estado de conservação razoável. Sem dúvida por alguma questão da economia nacional, o escritório de Rifkind não mencionou nada sobre um mensageiro, então liguei para um, embalei o livro, endereçei-o aos cuidados de Rifkind no Ministério das Relações Exteriores, sw1, e o despachei.

Algumas horas depois, o escritório particular ligou novamente. O livro não havia chegado, o que estava acontecendo? Ansiosos telefonemas da minha esposa para o serviço de mensageiros. O pacote tinha sido entregue no Ministério das Relações Exteriores, tal e tal hora, e fulano assinara o recibo. Repassamos as informações para o escritório particular. Ah, droga, então ele deve estar retido na segurança, vamos verificar. Eles verificam. O livro, tendo sido presumivelmente cheirado,

157

sacudido e radiografado, é retirado das garras do maldito serviço de segurança e talvez Rifkind acrescente seu nome ao meu, juntamente com uma linha ou duas, de um ministro das Relações Exteriores para outro. Jamais saberemos, porque nem meu agente nem eu mesmo jamais recebemos notícias de Rifkind ou do seu escritório particular.

★

Está na hora de me vestir e chamar um táxi. Minha esposa investiu em um vaso de orquídeas brancas para nossa anfitriã, a esposa do embaixador russo. Montei uma bolsa com livros e vídeos para Primakov. Nosso táxi nos conduz à embaixada russa. Nenhuma luz acesa. Sou obcecado por pontualidade e estamos quinze minutos adiantados. Mas é uma noite cálida e há uma viatura vermelha da polícia diplomática parada a alguns metros.

— Boa noite, oficiais.

— Boa noite, senhor, senhora.

— Temos um pequeno problema, oficiais. Viemos para um jantar na embaixada russa, mas estamos adiantados, e trouxemos esses presentes para nossos anfitriões. Podemos deixá-los com os senhores enquanto caminhamos por Kensington Palace Gardens?

— É claro, senhor, mas não no carro, infelizmente. Coloque-os na calçada e cuidaremos deles para o senhor.

Colocamos os pacotes na calçada, passeamos, retornamos, coletamos nossos pacotes, que, até então, não haviam explodido. Subimos os degraus da embaixada. Há um súbito clarão e a porta se abre. Homens enormes de terno franzem o cenho para nossos pacotes. Um deles pega as orquídeas; outro, minha bolsa. Eles acenam e entramos na esplêndida sala de visitas. Ela está vazia. Sou assaltado por memórias inadequadas. Aos 20 e tantos anos, como aspirante a espião do governo britânico, compareci a uma série de horrorosos encontros de amizade anglo-soviética nessa mesma sala, antes de ser levado ao andar de cima pelos caçadores de talentos da KGB, a fim de assistir a *O encouraçado Potemkin*, de Eisenstein, pela enésima vez e me submeter a mais uma cortês inquisição sobre minha vida, origens, namoradas, inclinação política e aspirações, tudo na vã esperança de que pudesse me tornar alvo do Serviço de Informação soviético e, assim, adquirir, aos olhos dos meus mestres britânicos, o cobiçado status de agente duplo. Isso jamais aconteceu, o que – dada a escala da penetração soviética nos nossos serviços de informação naqueles dias – não deveria surpreender ninguém. Ou talvez houvesse algo suspeito ao meu respeito, o que tampouco me surpreenderia.

Naquela época, também havia um minúsculo bar no canto da bela sala. Ele oferecia vinho branco morno para qualquer camarada audacioso o bastante para abrir caminho pela multidão. Ainda está lá e, hoje, é servido por uma *babuchka* de uns 70 anos.

– Você quer bebida?

– Sim, quero muito.

– O que você quer beber?

– *Scotch*, por favor. Dois.

– Uísque?

– Sim, uísque.

– Você quer dois? Para ela também?

– Sim, por favor. Com *club soda*, sem gelo.

– Água?

– Sim, pode ser água.

Mas mal tomamos nosso primeiro gole quando as portas duplas se abrem e entram Primakov, acompanhado pela sua esposa e pela esposa do embaixador russo, o próprio embaixador russo e um grupo de cavalheiros bronzeados usando ternos leves. Parando à nossa frente, Primakov dá um sorriso engraçado e aponta um dedo acusador para meu copo.

– O que você está bebendo?

– *Scotch*.

– Você está na Rússia agora. Beba vodca.

Devolvemos nossos uísques intocados à *babuchka*, nos unimos ao grupo e, com velocidade de infantaria ligeira, entramos no elegante salão de jantar pré-revolucionário. Uma mesa comprida, luz de velas. Sento-me no local indicado, de frente para Primakov. Minha esposa está sentada duas cadeiras depois, no mesmo lado da mesa, parecendo muito mais calma que eu. Garçons de ombros largos enchem os copos de vodca até a borda. Primakov, suspeito, já tomou alguns drinques. Ele está bastante alegre, até mesmo esfuziante. Sua esposa está sentada ao seu lado. Ela é loira, uma bela médica estoniana com ar maternal. Do seu outro lado, senta-se seu intérprete, mas Primakov prefere seu próprio e vigoroso inglês, com alguma eventual interrupção para tradução.

Os cavalheiros em ternos leves, dizem-me, são embaixadores russos no Oriente Médio, chamados a Londres para uma conferência. Eu e minha esposa somos os únicos não russos à mesa.

– Você vai me chamar de Ievgueni e eu vou chamá-lo de David – informa Primakov.

O jantar começa. Quando Primakov fala, todos se calam. Ele fala subitamente, após pensar muito, consultando o intérprete apenas quando tem dificuldades com uma palavra. Como a maioria dos intelectuais russos que conheci, ele não perde tempo com banalidades. Seus assuntos esta noite são, nesta ordem: Saddam Hussein, o presidente George Bush Pai, a primeira-ministra Margaret Thatcher e seus próprios e fracassados esforços para impedir a Guerra do Golfo. Ele é um comunicador ágil e vívido, com grande charme. Seus olhos não o deixam desviar a atenção, não sem esforço. De tempos em tempos, ele se interrompe, sorri, ergue o copo e propõe um brinde. Eu ergo meu copo, retribuo o sorriso e respondo. Deve haver um garçom com uma garrafa de vodca para cada convidado. Certamente há um para mim. Quando for pego em uma maratona de vodca, um amigo britânico me avisou na primeira vez em que fui à Rússia, beba apenas vodca e, pelo amor de Deus, não recorra ao letal *Sekt* (champanhe) da Crimeia. Jamais me senti tão grato por um conselho.

– Você foi informado sobre a Tempestade no Deserto, David? – pergunta Primakov.

Sim, Ievgueni.

– Saddam era meu *amigo*. Você sabe o que eu quero dizer com *amigo*, David?

Sim, Ievgueni, acho que, nesse contexto, eu sei o que você quer dizer com amigo.

160

— Saddam, ele me *ligou*. — Primakov está cada vez mais indignado. — "Ievgueni, salve a minha honra. Me ajude a sair do *Kuwait*."

Primakov me dá um tempo para compreender o significado do que ele disse. Aos poucos, compreendo. Ele está me dizendo que Saddam Hussein pediu a ele que convencesse George Bush a permitir que retirasse suas forças do Kuwait com dignidade — salvar sua honra —, caso em que não haveria necessidade de guerra entre os Estados Unidos e o Iraque.

— Eu fui até *Bush* — continua ele, pronunciando o nome com raiva. — Esse homem é...

Segue-se uma tensa discussão com o intérprete. Primakov parece prestes a usar palavras rudes para descrever George Bush, mas se contém.

— Bush não é *cooperativo* — conclui com relutância, e se permite uma breve expressão de indignação. — Assim, eu fui para a *Inglaterra* — retoma ele. — Para a *Grã-Bretanha*. Fui falar com a sua *Thatcher*. Eu fui até... — Outra consulta apressada com o intérprete e ouço a palavra *dacha*, que é praticamente a única que conheço.

— *Chequers* — diz o intérprete.

— Fui até *Chequers*. — Uma mão se ergue, exigindo silêncio, mas a mesa já está mortalmente silenciosa. — Durante *uma hora*, aquela mulher me *dá um sermão*. Eles *querem* a guerra!

★

Passa da meia-noite quando eu e minha esposa descemos os degraus da embaixada russa, de volta à Inglaterra. Primakov me fez uma única pergunta pessoal ou política durante aquela noite? Conversamos sobre literatura, espionagem ou a vida? Se o fizemos, não me lembro. Lembro apenas que ele parecia querer que eu partilhasse sua frustração; que soubesse que, como pacifista e ser humano razoável, ele fizera seu melhor para impedir a guerra, e seus esforços foram inúteis contra o que ele via como dois líderes ocidentais estupidamente teimosos.

Há um epílogo irônico para essa história, que só recentemente percebi. Ocorreu uma década depois. Com o jovem Bush no poder e a invasão do Iraque novamente iminente, Primakov voa até Bagdá e conclama seu amigo Saddam a entregar às Nações Unidas quaisquer armas de destruição em massa que ele possa ter. Dessa vez, não é Bush Júnior, mas o próprio Saddam, que o ignora, afirmando que os americanos jamais ousariam enfrentá-lo: eles tinham muitos segredos em comum.

Não vi nem falei com Primakov desde aquele jantar. Não trocamos nenhuma carta ou e-mail. De vez em quando, eu recebia convites por algum intermediário: diga a David que, se ele vier a Moscou etc. etc. Mas a Rússia de Putin não me atrai e não telefono para ele. Então, na primavera de 2015, recebi a mensagem de que ele estava doente e gostaria de receber outros livros meus. Como ninguém disse quais livros, eu e minha esposa arrumamos uma grande caixa com todos eles. Autografo um a um, acrescento uma dedicatória e enviamos a caixa pelo correio, para o endereço que nos foi informado. A alfândega russa recusou a caixa, afirmando haver livros demais. Dividimos os livros em pacotes menores e, presumivelmente, eles passaram pela alfândega, embora não tenhamos recebido nenhuma resposta.

E agora jamais receberemos, porque Ievgueni Primakov morreu antes de poder ler qualquer um deles. Disseram-me que, na sua biografia, ele escreveu amavelmente a meu respeito, o que muito me agrada. Estou tentando pôr as mãos no texto. Mas estamos falando da Rússia.*

---

* A referência subsequentemente veio à luz, e em seu *Vstrechi na perekrestkach* [*Encontros em encruzilhadas*], disponível em https://www.litres.ru/evgeniy-primakov/vstrechi-na-perekrestkah-2/chitat-onlayn/, Primakov diz o seguinte: "Outra 'surpresa' que me aguardava em Londres durante minha visita à capital inglesa em março de 1997 como ministro das Relações Exteriores foi conhecer um dos melhores – ao menos na minha opinião – autores de thrillers políticos, John le Carré. A meu pedido, nosso embaixador Adamichin o convidou para jantar, com a esposa. O encontro foi totalmente relaxado. Eu e minha esposa gostamos da conversa com esse homem tão interessante. Como admiradores do ex-espião David Cornwell, que ganhou fama mundial sob o nome le Carré, ficamos particularmente felizes em receber o recém-publicado *A vingança de Smiley* com uma dedicatória do autor: 'Para Ievgueni Maksimovitch Primakov, meus melhores votos e a esperança de que vivamos em um mundo melhor do que o que é descrito aqui.'"

Como vejo aquela noite, em retrospectiva? Descobri há muito que, nas raras ocasiões em que me vejo face a face com pessoas no poder, minhas faculdades críticas desaparecem e tudo o que eu quero é estar lá, ouvindo e observando. Para Primakov, eu era uma curiosidade, uma distração por uma noite, mas também, como gosto de pensar, uma chance de falar livremente com um autor cuja obra ressoara nele.

Vadim Bakatin só concordou em conversar comigo como favor a um amigo, mas, novamente, gosto de pensar que proporcionei a ele a oportunidade de falar livremente. Pessoas no epicentro, na minha limitada experiência com elas, não fazem ideia do que acontece em torno delas. O fato de que elas mesmas são o epicentro torna tudo mais difícil. Foi preciso que um visitante americano em Moscou perguntasse a Primakov com qual personagem dos meus livros ele mais se identificava:

– Com *George Smiley*, é claro!

*

Oldřich Černý não deveria, de modo algum, ser comparado a Bakatin ou Primakov, ambos comunistas declarados. Em 1993, quatro anos depois da queda do Muro de Berlim, Oldřich Černý – Olda, para os íntimos – assumiu o serviço tcheco de informação estrangeira e, a pedido do seu velho amigo e colega dissidente Václav Havel, começou a transformá-lo em um lugar adequado para a comunidade ocidental de espionagem. Durante os cinco anos em que comandou o serviço, ele ensaiou um relacionamento próximo com o MI6 britânico, notavelmente com Richard Dearlove, que mais tarde se tornou chefe do Serviço Secreto, sob Tony Blair. Logo depois que Černý se aposentou, eu o visitei em Praga e passamos alguns dias juntos, às vezes no seu minúsculo apartamento com Helena, sua companheira de muitos anos, outras vezes em um dos muitos bares da cidade, bebendo *scotch* em mesas de pinho.

Antes de aceitar o cargo, Černý, como Vadim Bakatin, não sabia nada sobre o trabalho no serviço de informação. Segundo Havel, foi exatamente por isso que ele o escolheu. Quando assumiu, Černý não conseguia acreditar no que encontrou.

O TÚNEL DE POMBOS

– Os desgraçados não sabiam que a Guerra Fria tinha acabado – exclamou ele, rindo.

Poucos estrangeiros conseguem xingar de forma convincente em inglês, mas Černý era uma exceção. Ele havia estudado em Newcastle, graças a uma bolsa, durante a Primavera de Praga, e talvez tenha aprendido essa arte por lá. Quando retornou ao seu país, novamente sob controle russo, ele traduzia livros infantis durante o dia e escrevia tratados dissidentes anônimos durante a noite.

– Tínhamos caras espionando a *Alemanha*! – continuou ele, incrédulo. – Em 1993! Tínhamos caras nas ruas com cassetetes, em busca de padres e elementos que se opusessem ao Partido para espancar! Eu disse a eles: "Olhem aqui, parem com isso. Nós somos a porra de uma *democracia*!"

Se Černý falava com a exuberância de um homem libertado, ele conquistara o direito de fazê-lo. Era anticomunista por natureza e de nascença. Seu pai, um combatente da resistência tcheca durante a guerra, fora preso em Buchenwald pelos nazistas e condenado a vinte anos de prisão por traição pelos comunistas. Uma das suas primeiras lembranças era a do caixão do pai sendo atirado à porta da casa da família pelos brutamontes da prisão.

Não surpreende, portanto, que Černý, escritor, dramaturgo, tradutor e bacharel em literatura inglesa, tenha lutado durante toda a vida contra a tirania política ou que tenha sido repetidamente levado a interrogatório pela KGB e pelo Serviço Secreto tcheco, que, tendo falhado em recrutá--lo, decidira persegui-lo.

E é interessante que, a despeito de todas as suas declarações sobre ser incapaz de assumir o controle dos espiões do seu país após a divisão com a Eslováquia, ele tenha mantido o cargo durante cinco anos, aposentando-se com louvor. Depois, partiu para comandar para uma fundação em prol dos direitos humanos criada pelo seu amigo Havel. Lá, ele criou a própria equipe de Estudos sobre Segurança que, quinze anos depois e três anos após a sua morte, continua florescendo.

★

164

Em Londres, pouco antes da morte de Černý, encontrei o idoso Václav Havel durante um almoço particular oferecido pelo embaixador tcheco. Cansado e visivelmente doente, ele se sentou sozinho e em silêncio durante a maior parte do tempo. Aqueles que o conheciam bem sabiam que era melhor deixá-lo em paz. Timidamente, eu me aproximei e mencionei o nome de Černý. Disse que havia passado momentos agradáveis com ele em Praga. Subitamente, Václav se animou:

– Então você teve sorte – disse, e sorriu por alguns instantes.

21

Entre os inguches

Eu já ouvira falar de Issa Kostoev, mas, se você tem menos de 50 anos, provavelmente não o conhece. Ele foi o policial russo encarregado dos Crimes de Importância Especial que, em 1990, habilmente conseguiu uma confissão do assassino em série Andrei Tchikatilo, um engenheiro ucraniano que havia matado cinquenta e três pessoas. Hoje, Kostoev é um membro sincero e incansável do parlamento russo, pedindo mais respeito pelos direitos civis do povo da Ciscaucásia e particularmente para seu próprio povo, os inguches, cujo destino permanece desconhecido para o mundo em geral.

Ele mal havia nascido quando Stalin declarou que todos os tchetchenos e inguches eram criminosos por colaborar com o invasor alemão – algo que decididamente não tinham feito. A nação inguche – incluindo sua mãe – fora deportada à força para os campos de trabalho escravo no Cazaquistão. Uma das suas primeiras lembranças da infância é ver guardas russos montados chicoteando sua mãe por roubar milho. Mesmo quando Stalin morreu e eles receberam permissão para voltar às suas terras, descobriram que suas casas haviam sido dadas aos ossetas, uma tribo de usurpadores cristianizados do sul das montanhas e ex-capangas de Stalin. Mas o que mais o angustia é a discriminação racial do russo comum contra seu povo.

– Eu sou um russo *preto* – insiste ele, puxando furiosamente o nariz e as orelhas asiáticas. – Posso ser preso nas ruas de Moscou a qualquer momento, simplesmente por causa *desses traços*.

Então, sem hesitar, muda de metáfora, afirmando que os inguches são os russo-palestinos:

— Primeiro, eles nos chutam para fora das nossas cidades e vilarejos, em seguida nos odeiam por sobrevivermos.

Ele me diz que vai reunir um grupo de homens e me levar até Inguchétia, por que não? É um convite espontâneo e, como rapidamente percebo, genuíno. Exploraremos as glórias da paisagem, conheceremos o povo da Inguchétia e eu vou poder julgar por mim mesmo. E, com a cabeça ainda girando, respondo que estou honrado e que nada me deixaria mais satisfeito. Trocamos um aperto de mão imediatamente. Estamos em 1993.

★

Os melhores interrogadores têm um certo jeito, certas características que aprenderam a transformar em armas de persuasão. Alguns se apresentam como a alma da razão, outros tentam amedrontar e desestabilizar, outros ainda são incrivelmente sinceros e charmosos. Mas o grande, forte e inconsolável Issa Kostoev instila em você o profundo desejo de lhe agradar. Parece que nada que você possa dizer ou fazer será capaz de transformar o ar de eterna tristeza que acompanha seu bondoso e sábio sorriso.

— E Tchikatilo? — pergunto. — Como foi que você o quebrou?

Ele fecha os olhos e suspira.

— O fedor no hálito dele — responde, após uma longa tragada do cigarro. — Tchikatilo comia as partes privadas das vítimas. Com o tempo, isso afetou sua digestão.

Um rádio comunicador estala. Estamos sentados lado a lado no permanente crepúsculo do último andar de um velho e decrépito edifício em Moscou, com as cortinas fechadas. Homens armados batem à porta, entram, trocam uma palavra, saem novamente. São policiais? Patriotas inguches? Estamos em um escritório ou em um refúgio? E, sim, ele está certo: estou entre exilados. A jovem austera que me é apresentada somente como "a promotora" poderia muito bem ser uma das combatentes de Salah Tamari em Sídon ou Beirute. A arquejante copiadora, a velha máquina de escrever, os sanduíches pela metade, os cinzeiros lotados e as latas de Coca-Cola quente são a mobília obrigatória da existência tênue de um combatente palestino. Assim como a pistola enorme que Kostoev mantém enfiada na parte de trás da calça, exceto quando a coloca na parte da frente, buscando mais conforto.

Eu estava interessado nos inguches em parte porque, como Kostoev tinha dito corretamente, ninguém no mundo ocidental parecia ter ouvido falar deles: meu agente americano chegara a perguntar se eu os havia inventado. Mas meu maior interesse se devia ao fato de que, durante minhas viagens, eu tinha sido atraído pelo destino das nações vassalas após o fim da Guerra Fria. Era a mesma curiosidade que me levara, em épocas distintas, ao Quênia, ao Congo, a Hong Kong e ao Panamá. No início da década de 1990, o futuro das repúblicas muçulmanas do norte do Cáucaso ainda estava na balança. As "esferas de interesse" da Guerra Fria perdurariam? Com os russos livres das amarras do bolchevismo, seus dependentes do sul manifestariam o desejo de se ver livres da Rússia? E, se o fizessem, suas antigas guerras contra o Urso seriam retomadas?

A resposta mais curta, como sabemos agora, é que sim, elas de fato seriam retomadas, e a um custo assustador. Mas, na época da minha conversa com Kostoev, o grito por independência das repúblicas asiáticas era ensurdecedor, e ninguém parecia prever – ou se importar – que o preço da repressão poderia ser a radicalização de milhões de muçulmanos moderados.

Eu planejara situar meu romance na Tchetchênia, mas, depois de conhecer Kostoev, escolhi a causa dos inguches, cujo pequeno país fora invadido durante sua ausência. De volta à Cornualha, comecei a preparar a viagem. Solicitei um visto e, com o apoio de Kostoev, consegui um. Na loja de artigos esportivos em Penzance, comprei uma mochila e, surpreendentemente, um porta-dólar. Tentei entrar em forma, para não passar vergonha nas montanhas mais altas da Europa. Entrei em contato com acadêmicos britânicos especializados nas comunidades muçulmanas russas e descobri, como sempre parece acontecer, que havia uma comunidade internacional de acadêmicos apaixonados pelo norte do Cáucaso. Eu me tornei membro júnior temporário. Plantei tchetchenos e inguches expatriados pela Europa e colhi seus cérebros.

Por razões que não tentei descobrir, mas conseguia entender, Kostoev preferia se comunicar por meio de intermediários não caucasianos. Ele disse que eu deveria me abastecer com muitos cigarros americanos e algumas bugigangas. Recomendou um relógio barato, dourado, um ou dois Zippos e algumas canetas esferográficas em caixas de metal. Isso no caso de nosso trem para o sul ser parado por bandidos. Eles eram bandidos decentes, insistiu Kostoev, e não queriam matar ninguém. Mas sentiam que tinham o direito de cobrar uma taxa de qualquer um que passasse pelo seu território.

Ele reduzira nossos guarda-costas a seis. Seis seriam suficientes. Comprei as bugigangas e os isqueiros e os guardei na minha mochila. Quarenta e oito horas antes da minha partida para Moscou e de lá para Nazran, nosso intermediário ligou dizendo que a viagem fora cancelada. As "autoridades pertinentes" não podiam se responsabilizar pela minha segurança e desejavam que eu esperasse até que as coisas fossem resolvidas. Eu nunca soube que autoridades eram aquelas, mas, quando assisti ao noticiário noturno alguns dias depois, eu me senti grato pela sua intervenção. O Exército Vermelho iniciara um grande ataque terrestre e aéreo na Tchetchênia, e era provável que a vizinha Inguchétia fosse arrastada para a guerra.

★

Quinze anos depois, quando escrevi *O homem mais procurado*, escolhi um tchetcheno como meu inocente jovem muçulmano russo preso nas teias da assim chamada guerra ao terror. E eu o chamei de Issa, em homenagem a Issa Kostoev.

22

O prêmio de Joseph Brodsky

Outono de 1987, um dia ensolarado. Eu e minha esposa estamos almoçando em um restaurante chinês em Hampstead. Nosso convidado é Joseph Brodsky: exilado russo, ex-prisioneiro político soviético, poeta e, para seus muitos admiradores, a alma da Rússia. Conhecemos Joseph há alguns anos, mas, honestamente, não sabemos por que fomos recrutados para entretê-lo hoje.

– Não deixe que ele beba ou fume, em nenhuma hipótese – avisara sua anfitriã em Londres, uma dama com vastas conexões culturais. A despeito dos seus recorrentes problemas coronários, ele era propenso a ambos os hábitos. Prometi fazer meu melhor, mas, pelo pouco que sabia de Joseph, ele faria o que quisesse.

Joseph nem sempre era uma companhia fácil, mas, durante o almoço, foi incomumente agradável, graças a várias doses de Black Label, consumidas apesar dos gentis protestos da minha esposa, e muitos cigarros, com pequenos goles do noodle com frango.

Segundo minha experiência, pessoas do mundo literário raramente têm o que dizer umas às outras, para além de reclamar de agentes, editores e leitores – ou, ao menos, raramente têm o que dizer a mim –, e é difícil, em retrospecto, imaginar sobre o que conversamos, uma vez que a distância entre nós dificilmente poderia ser maior. Eu havia lido seus poemas, mas sentira que precisava de um manual para entendê-los. Adorara seus ensaios – particularmente aquele sobre Leningrado, onde ele fora preso – e tinha ficado comovido com sua adoração por Akhmatova. Mas, se tivesse de adivinhar, diria que ele não lera uma única palavra do que eu havia escrito e não sentia a obrigação de fazê-lo.

Mas, de alguma forma, estávamos nos divertindo até que a anfitriã de Joseph, uma mulher alta e elegante, apareceu à porta com uma expressão severa. A primeira coisa que pensei foi que, ao ver as garrafas na nossa mesa e a nuvem de fumaça de cigarro, ela estava prestes a nos censurar por permitir que Joseph violasse as regras. Rapidamente, percebi que ela estava tentando conter o entusiasmo.

– Joseph – disse ela, ofegante –, você ganhou o *prêmio*.

Segue-se um longo silêncio, durante o qual Joseph dá uma tragada profunda e franze o cenho para a fumaça.

– Que prêmio? – rosna ele.

– Joseph, você ganhou o Prêmio Nobel de Literatura.

Joseph coloca a mão sobre a boca, como se quisesse suprimir algo chocante que estava prestes a dizer. Ele me olha como se pedisse ajuda, mas nem eu nem minha esposa tínhamos ideia de que ele era candidato ao prêmio, muito menos de que hoje era o dia do anúncio.

Faço a sua anfitriã a pergunta óbvia:

– Como você sabe?

– Porque há jornalistas escandinavos a minha porta, Joseph, e eles querem *entrevistá-lo* e *parabenizá-lo*. Joseph!

Os olhos aflitos de Joseph ainda estão me pedindo socorro. Faça algo, dizem eles. Tire-me dessa. Eu me viro para sua anfitriã.

– Talvez os jornalistas estejam entrevistando todos da lista. Não apenas o vencedor, todos eles.

Há um telefone público no corredor. A anfitriã sabe que o editor americano de Joseph, Roger Straus, foi para Londres para estar disponível nesse momento. Mulher decidida, ela prontamente liga para o hotel e pergunta por ele. Quando desliga, está sorrindo.

– Você deve vir comigo agora, Joseph – avisa ela gentilmente, tocando seu braço.

Joseph bebe um último gole de uísque e, com uma dolorosa lentidão, se levanta. Ele abraça sua anfitriã e recebe suas congratulações. Eu e minha esposa fazemos o mesmo. Ficamos os quatro em pé na calçada ensolarada. Joseph e eu estamos frente a frente. Por um momento, eu sou o amigo de um prisioneiro antes de ele ser levado para as celas em Leningrado. Com a impetuosidade russa, ele me abraça e, ainda com as mãos no meu ombro, se afasta e me deixa ver as lágrimas se acumulando em seus olhos.

— Vamos lá, para um ano de frivolidades — declara ele, e obedientemente se afasta a fim de enfrentar seus interrogadores.

23

A fonte errada

Imagino que, se você estivesse buscando conhecer os bastidores de um Grand Prix, não escolheria como fonte um mecânico júnior com uma imaginação fértil e nenhuma experiência em corridas. Essa é uma boa analogia para a forma como me senti ao ser indicado, subitamente e somente pelos méritos da minha ficção, como guru de todos os assuntos relacionados ao serviço secreto.

Quando o manto foi jogado nos meus ombros pela primeira vez, resisti por causa da muito concreta razão de ser proibido, pela Lei de Segredos Oficiais, admitir que eu sequer havia sentido o cheiro do trabalho do serviço de informações. O medo de que meu antigo serviço, que já lamentava ter permitido a publicação dos meus livros, pudesse, em sua decepção, me transformar em um exemplo nunca estava muito distante, embora Deus fosse testemunha de que eu sabia pouquíssimo para ter o que revelar. No entanto, mais importante para mim, mesmo que não admitisse, era meu amor-próprio como escritor. Eu queria que minhas histórias fossem lidas não como as revelações disfarçadas de um desertor literário, mas como obras da imaginação que deviam muito pouco à realidade que as havia gerado.

Enquanto isso, minhas alegações de jamais ter colocado os pés no mundo do serviço secreto pareciam cada vez mais frívolas, graças, aliás, aos meus antigos colegas, que não hesitavam em destruir meu disfarce. E, quando fui sobrepujado pela verdade e debilmente protestei dizendo ser um escritor que, certa vez, fora espião, e não um espião que havia se tornado escritor, a resposta que recebi foi para esquecer isso: uma vez espião, sempre um espião, e, se *eu* não acreditava na minha ficção, outras pessoas acreditavam, então se acostume com isso.

E eu me acostumei, gostando ou não. Durante anos sem-fim, como agora me parece – durante meus anos dourados, se preferir –, não se passava uma semana sequer sem que um leitor escrevesse perguntando como ele ou ela poderia se tornar espião, a que minha empertigada resposta era: escreva ao seu representante parlamentar, ao Ministério das Relações Exteriores ou, se ainda for estudante, ao seu orientador de carreira.

Mas a verdade era que, naquela época, *não era possível* se candidatar e não se devia fazê-lo. Não era possível pesquisar no Google sobre o MI5, O MI6 OU O GCHQ, a outrora agência de decodificação britânica supersecreta, como é possível agora. Não havia anúncios na primeira página do *Guardian* dizendo que, se você era capaz de convencer três pessoas em uma sala a fazer o que você queria que elas fizessem, talvez espionagem fosse seu negócio. Você tinha de ser *descoberto*. Caso você se candidatasse, podia ser um inimigo, ao passo que, se fosse descoberto, certamente não seria. E todos nós sabemos quão bem isso funcionou.

E, para ser descoberto, você tinha de ter nascido com sorte. Tinha de ter frequentado uma boa escola, preferencialmente particular, e uma universidade, preferencialmente Oxbridge. Idealmente, já haveria espiões em sua família ou ao menos um ou dois soldados. Além disso, em algum momento desconhecido, você teria de ter capturado a atenção de um coordenador, tutor ou decano que, tendo-o julgado um candidato adequado para recrutamento, o convocaria até sua sala, fecharia a porta e ofereceria uma taça de xerez e a oportunidade de conhecer amigos interessantes em Londres.

E, se dissesse que sim, que gostaria de conhecer esses amigos interessantes, uma carta poderia chegar em um envelope azul-claro com lacre duplo e insígnia oficial em alto-relevo, convidando-o a se apresentar em Algum Lugar em Whitehall, e sua vida como espião poderia ou não ter começado. Para mim, o convite incluiu um almoço no cavernoso clube Pall Mall com um almirante intimidador que perguntou se eu preferia

A FONTE ERRADA

estar entre quatro paredes ou ao ar livre. Até hoje estou pensando na resposta.

★

Se a maior parte da correspondência que eu recebia dos meus fãs naquela época vinha de aspirantes a espiões, as pessoas perseguidas por forças secretas estavam bem perto no segundo lugar. Os apelos desesperados apresentavam certa uniformidade. Meus correspondentes estavam sendo seguidos, seus telefones foram grampeados, seus carros e suas casas continham microfones escondidos e seus vizinhos foram subornados. Suas cartas estavam chegando com um dia de atraso, maridos, esposas e amantes os estavam delatando, e eles não conseguiam estacionar o carro sem receber uma multa. O coletor de impostos estava atrás deles, e havia homens que não se pareciam de modo algum com operários fazendo alguma coisa nos esgotos em frente a suas casas, passando a semana inteira sem realizar nada. Não teria servido a nenhum objetivo útil dizer a esses meus correspondentes que eles possivelmente estavam corretos em todas as suas suspeitas.

Mas havia outras ocasiões em que minha espúria identidade como mestre espião me atingia com força, como quando, em 1982, um bando de jovens dissidentes poloneses descritos como "membros de um exército insurgente polonês" tomou a embaixada do seu país em Berna, onde eu havia estudado, dando início a um cerco de três dias.

Era madrugada quando meu telefone tocou em Londres. Tratava-se de um ilustre cavalheiro da hierarquia política suíça que eu havia conhecido por acaso. Ele precisava dos meus conselhos, estritamente confidenciais. Assim como seus colegas. Ele me soou incomumente enfático, mas talvez eu estivesse meio lento. Ele não nutria nenhum respeito pelos comunistas. De fato, detestava todos eles. E acreditava que eu sentia o mesmo. Ainda assim, o governo polonês, comunista ou não, era legítimo, e sua embaixada em Berna tinha direito à total proteção do país anfitrião.

Eu estava conseguindo acompanhar? Sim. Bom. Porque um grupo de jovens poloneses tinha tomado a embaixada polonesa em Berna apontando armas, misericordiosamente sem disparar nenhum tiro até então. Eu estava ouvindo? Sim. E esses jovens eram *anti*comunistas e, em qualquer outra circunstância, deviam ser congratulados. Mas aquele não era o momento de ceder a preferências pessoais, era, David?

Não, não era.

Os garotos tinham de ser desarmados, não tinham? Eles tinham de sair da embaixada e do país o mais rápida e discretamente possível. E, como eu sabia tudo acerca dessas coisas, será que eu poderia, por favor, ir até lá e resolver o assunto?

Em uma voz que deve ter soado quase histérica, eu jurei que não tinha nenhuma experiência nesses assuntos, que não falava uma palavra de polonês e que não sabia nada sobre os movimentos de resistência poloneses e menos ainda sobre a arte de negociar com sequestradores, fossem poloneses, comunistas, não comunistas ou outros. Tendo defendido minha inabilidade da melhor maneira que podia, pensei em sugerir que ele e seus colegas procurassem um padre que falasse polonês. Se isso falhasse, eles tinham de tirar o embaixador britânico em Berna da cama e solicitar formalmente a assistência das nossas Forças Especiais.

Se ele e os colegas seguiram meu conselho, jamais saberei. Meu ilustre amigo jamais me contou o fim da história, embora os relatos na imprensa afirmassem que a polícia suíça havia invadido a embaixada, prendido os quatro rebeldes e libertado os reféns. Quando o encontrei, seis meses depois, em uma pista de esqui e o interroguei sobre o assunto, ele disse distraidamente que tudo havia sido uma piada inofensiva, o que me levou a compreender que, qualquer que fosse o acordo arranjado pelas autoridades suíças, não era algo a ser partilhado com um mero estrangeiro.

★

E então havia o presidente da Itália.

Quando o adido cultural italiano em Londres ligou para informar que o presidente Cossiga, da Itália, era meu admirador e queria me convidar para almoçar no palácio Quirinal, em Roma, senti um orgulho que poucos escritores já tiveram o privilégio de sentir. E eu fiz algo para

A FONTE ERRADA

me informar sobre a posição política do presidente ou seu status aos olhos do povo? Não me lembro de ter feito nada. Estava completamente despreparado.

Será que há algum livro meu, perguntei timidamente ao adido cultural, que o presidente admire em particular? Ou será que aprovava toda a minha obra? O adido pesquisou. Um título me foi devidamente apresentado: *O espião que sabia demais*.

E Sua Excelência, o presidente, preferia a edição inglesa ou, em nome da facilidade de leitura, um exemplar em italiano? A resposta foi diretamente ao meu coração: o presidente preferia ler na minha língua nativa.

No dia seguinte, levei um exemplar da obra escolhida ao *dernier cri* em encadernação de Londres, a Messrs Sangorski & Sutcliffe, para o exemplar ser recoberto, qualquer que fosse o custo, no mais fino velino – azul-real, se lembro bem, com o nome do autor bastante proeminente em dourado. O efeito – dado que o interior dos livros britânicos naquela época parecia bastante envelhecido, mesmo nos exemplares novos – era o de um antigo manuscrito.

Acrescentei a dedicatória na folha de rosto: para Francesco Cossiga, presidente da República Italiana. E então meu pseudônimo, em letras grandes. E provavelmente acrescentei minha homenagem, profundo respeito ou eterna aliança. E tenho certeza de que, o que quer que tenha escrito, passei muito tempo pensando nas palavras corretas e praticando-as em uma folha em branco antes de entregá-las à história.

E, assim, livro encadernado na mão, parti para Roma.

Acredito que o hotel escolhido para mim se chamava Grand, e estou certo de que não dormi bem, mal reparei no café da manhã e passei muito tempo em frente ao espelho preocupado com meu cabelo, que em momentos de estresse tende a ficar espetado. E provavelmente comprei uma gravata de seda altamente superfaturada em uma das vitrines de vidro do hotel, das quais o gerente tinha a chave.

E, bem antes da hora marcada, eu estava na frente do hotel, esperando, no máximo, um oficial de relações públicas com um carro e um motorista. Certamente nada havia me preparado para a limusine resplandecente com cortinas que se aproximou da entrada, ou para a tropa de

177

policiais de branco em motocicletas, com luzes azuis piscando e sirenes soando. Tudo isso para mim. Entrei na limusine e, em menos tempo do que gostaria, saí novamente, de frente para uma fila de câmeras. Subi a grande escadaria e homens sérios em calças apertadas medievais e óculos ficaram em posição de sentido ao me ver passar.

É preciso entender que àquela altura eu havia me distanciado de tudo o que chamamos de realidade. A ocasião e o lugar permanecem em outra dimensão temporal até hoje. Estou de pé em um salão enorme, sozinho, agarrado ao meu livro encadernado por Sangorski. Quem pode estar à altura de tais dimensões? A resposta vem na forma de um homem de terno cinza que desce lentamente a magnífica escadaria de pedra. Ele é a quinta-essência de um presidente da Itália. Sua elegância extrema, suas palavras de acolhimento suaves, ditas em voz baixa, em inglês e em italiano, enquanto ele se aproxima com as mãos estendidas, transpirando autoconfiança e poder.

– Sr. le Carré. Durante toda a minha vida, cada palavra que o senhor escreveu, cada sílaba, ficou gravada na minha memória. – Ele suspira de prazer. – Seja bem-vindo, *bem-vindo* ao Quirinal.

Gaguejo meus agradecimentos. Um nebuloso exército de homens de meia-idade em ternos cinza se reúne atrás de nós, mas, em sinal de respeito, se mantém a distância.

– Antes de subirmos, que tal conhecer algumas partes do palácio? – pergunta meu anfitrião em sua voz harmoniosa.

Concordo. Lado a lado, caminhamos por um corredor magnífico com janelas altas voltadas para a cidade eterna. A uma distância respeitosa, o exército cinza nos segue. Meu anfitrião faz uma pausa para um breve momento de humor.

– À nossa direita, vemos essa salinha. Foi onde mantivemos Galileu até que ele mudasse de ideia.

Eu dou uma risadinha. Ele me acompanha. Caminhamos e paramos novamente, dessa vez diante de uma janela grande. Toda a Roma está aos nossos pés.

– À nossa esquerda, o *Vaticano*. Nem sempre *concordamos* com o Vaticano.

Mais sorrisos sagazes. Chegamos a um canto. Por um momento, estamos sozinhos. Em dois gestos rápidos, limpo o suor do velino de Sangorski e o entrego ao meu anfitrião.

Comprei *isso* para você, digo.

Ele pega o livro, sorri graciosamente, admira a encadernação, abre a capa e lê minha dedicatória. Ele me devolve o livro.

– Belíssimo. Por que o senhor não o entrega ao presidente?

★

Eu me lembro pouquíssimo do almoço. Não lembro o que comemos e bebemos, mas, sem dúvida, tudo era refinado. Sentamo-nos a uma mesa longa, trinta convivas, incluindo o exército cinza, em uma sala medieval de beleza celestial. O presidente Francesco Cossiga, um homem de ar deprimido usando óculos coloridos, se sentou, ombros curvados, no centro. A despeito das garantias do seu adido cultural em Londres, ele parecia mal falar inglês. Uma intérprete estava pronta para demonstrar suas habilidades, que se tornaram redundantes quando escolhemos o francês. Rapidamente, tornou-se evidente que ela não estava traduzindo para nós, mas para o exército cinza que nos cercava.

Não me lembro de entregar o livro encadernado em velino uma segunda vez, mas devo tê-lo feito. Somente o tópico geral da nossa conversa permanece comigo, uma vez que não foi literatura, arte, arquitetura ou política, mas espionagem, e foi trazido à tona em uma série de cargas súbitas e imprevisíveis, quando Cossiga erguia a cabeça e me encarava com inquietante intensidade através dos seus óculos coloridos.

As sociedades podem dispensar totalmente seus espiões? O que *eu* achava? Como uma suposta democracia deve controlar seus espiões? Como a *Itália* deve controlá-los? – como se a Itália fosse um caso à parte, e não uma democracia, mas apenas a *Itália*, em itálico. Qual era minha opinião, falando diretamente, em minhas próprias palavras, por favor, sobre os serviços de inteligência italianos *en général*? Eles eram eficientes? Eu diria que eram uma força negativa ou positiva?

Perguntas para as quais, até hoje, não tenho uma resposta que valha a pena. Eu não sabia nada sobre os serviços de informações italianos.

Enquanto tentava pensar em respostas minimamente sensatas, notei que, cada vez que o presidente me fazia uma pergunta, o exército cinza parava de comer e todos erguiam a cabeça, como se estivessem sendo conduzidos pela batuta de um maestro, somente voltando a comer quando eu parava de falar.

Subitamente, o presidente desapareceu. Talvez tivesse tido o bastante da minha presença. Talvez tivesse de governar o mundo. Ele se levantou, lançou-me um último olhar penetrante, trocou um aperto de mão comigo e me deixou na companhia dos outros convidados.

Alguns criados nos conduziram até a sala ao lado, onde café e licor nos esperavam. Ninguém dizia nada. Sentados em poltronas macias em torno de uma mesa baixa, os homens de terno cinza murmuravam uma ou outra palavra entre si, como se temessem ser ouvidos. Comigo, ninguém falou. Então, um a um, com um aperto de mão e um aceno, eles partiram.

Foi somente ao retornar a Londres que soube, por meio de pessoas bem-informadas, que eu havia almoçado com os chefes dos muitos serviços de informações da Itália. Cossiga evidentemente achara que eles podiam aprender uma coisa ou outra diretamente da fonte. Mortificado, constrangido, sentindo-me um idiota, fiz perguntas sobre meu anfitrião e soube o que deveria ter sabido antes de ir até Messrs Sangorski & Sutcliffe.

O presidente Cossiga, tendo declarado, ao vencer a eleição, que era o pai do país, tornara-se seu flagelo. Ele se voltara tão vigorosamente contra seus antigos colegas da esquerda e da direita que tinha recebido o apelido de "homem-picareta". Supostamente, afirmara que a Itália era um país de loucos.

Católico-romano radicalmente conservador que via o comunismo como o Anticristo, Cossiga morreu em 2010. Ao envelhecer, segundo seu obituário no *Guardian*, ele se tornara ainda mais insano. Não há registros indicando que ele se beneficiou dos meus conselhos, quaisquer que tenham sido.

★

A FONTE ERRADA

A Sra. Thatcher também me convidou para almoçar. Seu gabinete desejava me recomendar para uma medalha e eu recusei. Eu não havia votado nela, mas esse fato não teve relação com minha decisão. Eu sentia, como sinto hoje, que não tinha sido feito para nosso sistema de honrarias, que ele representava muito do que me desagradava no nosso país, que era melhor nos mantermos afastados e que, finalmente, se era preciso haver um finalmente, que, como não respeitava os críticos literários britânicos, consequentemente não respeitava suas escolhas, ainda que elas me incluíssem. Na minha carta de resposta, tive o cuidado de assegurar ao gabinete que minha recusa não tinha origem em qualquer animosidade pessoal ou política e ofereci meus agradecimentos e cumprimentos à primeira-ministra. Assumi que o assunto morreria ali.

Eu estava errado. Em uma segunda carta, o gabinete assumiu um tom mais pessoal. Se algum dia eu lamentasse a decisão tomada no calor do momento, a porta para a honraria estava aberta. Respondi, espero que com igual cortesia, que, no que me dizia respeito, a porta estava firmemente fechada e que assim permaneceria. Novamente, agradeci. Novamente, enviei meus cumprimentos à primeira-ministra. E, novamente, presumi que o assunto estava encerrado, até receber uma terceira carta, convidando-me para almoçar.

Havia seis mesas na sala de jantar do número 10 da Downing Street naquele dia, mas só me lembro da nossa, que tinha a Sra. Thatcher à cabeceira e o primeiro-ministro holandês Ruud Lubbers a sua direita. Eu, no meu terno cinza novo em folha, sentei-me a sua esquerda. Devia ser o ano de 1982. Eu acabara de voltar do Oriente Médio, e Lubbers acabara de ser nomeado. Os três outros comensais permanecem um mistério para mim. Eu presumia, por razões que hoje não lembro, que fossem donos de indústrias do norte. Não me lembro de nenhuma conversa amena entre nós seis, mas talvez isso tenha acontecido durante as bebidas, antes de nos sentarmos. Mas me lembro da Sra. Thatcher se voltando para o primeiro-ministro holandês e se preparando para me apresentar.

– Sr. Lubbers – disse ela, em um tom que prometia surpresas –, esse é o Sr. *Cornwell*, mas *o senhor* deve conhecê-lo melhor como o escritor John le Carré.

Inclinando-se à frente, o Sr. Lubbers deu uma boa olhada em mim. Ele tinha uma face juvenil, quase brincalhona. Ele sorriu, eu sorri: sorrisos realmente amigáveis.

– Não – disse ele.

E se reclinou novamente na cadeira, ainda sorrindo.

Mas a Sra. Thatcher, como todos sabemos, não costuma aceitar um não como resposta.

– Ah, *por favor*, Sr. Lubbers. O senhor já ouviu falar de *John le Carré*. Ele escreveu *O espião que saiu do frio* e... – hesitou ligeiramente – outros livros maravilhosos.

Lubbers, como o político que era, reconsiderou sua posição. Novamente, ele se inclinou e me olhou por muito tempo, tão amigavelmente quanto da primeira vez, mas de um modo mais ponderado, adequado a um estadista.

– *Não* – repetiu ele.

E, evidentemente satisfeito por fornecer a resposta correta, reclinou-se novamente.

Foi a vez de a Sra. Thatcher me encarar por um bom tempo, e experimentei o que seu gabinete completamente masculino* experimentava quando a desagradava.

– *Bem*, Sr. Cornwell – disse ela, como se falasse com um estudante matando aula que fora arrastado até o colégio –, como o senhor está aqui – implicando que eu, de algum modo, forçara meu caminho até ela –, há algo que o senhor deseja me dizer?

Tarde demais, ocorreu-me que eu de fato tinha algo a dizer. Tendo voltado recentemente do sul do Líbano, eu me sentia obrigado a defender a causa dos palestinos apátridas. Lubbers ouviu. Os cavalheiros do norte industrial ouviram. Mas a Sra. Thatcher ouviu mais atentamente que todos eles, e sem nenhum dos sinais de impaciência pelos quais ela era frequentemente acusada. Mesmo quando gaguejei ao fim da minha ária, ela continuou ouvindo, antes de responder.

---

* Minhas pesquisas demonstraram que havia uma mulher, a baronesa Young, no gabinete-geral, e nenhuma no gabinete interno.

– Não me conte *histórias tristes* – ordenou ela com súbita veemência, enunciando enfaticamente as palavras finais. – Todos os dias, as pessoas apelam a minhas *emoções*. Não se pode *governar* dessa maneira. Simplesmente não é *justo*.

Em seguida, apelando para minhas emoções, ela me lembrou de que haviam sido os palestinos a treinar os homens-bomba do IRA que assassinaram seu amigo Airey Neave, herói de guerra e político britânico e seu conselheiro próximo. Depois disso, não nos falamos muito mais. Creio que, de forma muito sensata, ela preferiu devotar seu tempo ao Sr. Lubbers e aos seus industriais.

Ocasionalmente, eu me pergunto se a Sra. Thatcher tinha algum outro motivo para me convidar. Será que estava me avaliando para uma das suas *quangos*, aquelas organizações públicas estranhas quase oficiais que tinham autoridade, mas não poder – ou era o contrário?

Mas é difícil imaginar que uso ela poderia ter para mim – a menos, é claro, que quisesse orientação, diretamente da fonte, sobre seus conflituosos espiões.

24

Guardião do seu irmão

Hesitei antes de incluir o relato de Nicholas Elliott sobre seu relacionamento com seu amigo e colega espião, o traidor britânico Kim Philby. Minha primeira razão: como foi relatada, sua história é uma ficção na qual ele passou a acreditar, e não a verdade objetiva. Minha segunda razão: o que quer que Philby signifique para minha geração, seu nome pode não ressoar tão poderosamente nos ouvidos da geração atual. Mas, no fim, não consegui resistir a incluir o relato, à exceção das passagens reveladoras, como uma janela para observar o *establishment* da espionagem britânica nos anos pós-guerra, nos seus preconceitos de classe e sua mentalidade.

A escala da traição de Philby mal pode ser imaginada por alguém que não estava no serviço. Somente na Europa Oriental, dezenas ou talvez centenas de agentes britânicos foram presos, torturados e baleados. Aqueles que não foram traídos por Philby o foram por George Blake, outro agente duplo do MI6.

Eu sempre me inquietara com relação a Philby e, como relatei em outra passagem, isso havia me levado a uma disputa pública com seu amigo Graham Greene, fato que lamentava, e com luminares como Hugh Trevor-Roper, que não lamentava de modo algum. Para eles, Philby era apenas outro filho brilhante dos anos 1930, uma década que pertencia a eles, e não a nós. Forçado a escolher entre o capitalismo – para os esquerdistas da época, sinônimo de fascismo – e a Nova Era do comunismo, ele optara pelo comunismo, ao passo que Greene havia optado pelo catolicismo, e Trevor-Roper, por nenhum deles. E, tudo bem, a decisão de Philby tinha sido hostil aos interesses ocidentais, mas era sua decisão e ele tinha direito a ela. Fim da discussão.

Para mim, em contrapartida, o motivo para Philby trair seu país cheirava muito mais a certo vício pela trapaça. O que pode ter começado como comprometimento ideológico se tornou uma dependência psicológica e, em seguida, um vício. Um lado não era suficiente para ele. Philby tinha de participar do jogo mundial. Assim, não fiquei surpreso ao ler, no excelente retrato de Ben Macintyre sobre a amizade entre Philby e Elliott,* que, quando Philby estava no limbo em Beirute, vivendo o inglório fim da sua carreira como agente do MI6 e da KGB, temendo que seus controladores soviéticos tivessem desistido dele, que aquilo de que ele mais sentia falta, à exceção de assistir a partidas de críquete, era a empolgação da vida dupla que durante tanto tempo o sustentara.

Minha animosidade em relação a Philby diminuiu com os anos? Não que eu saiba. Há um tipo de britânico que, enquanto lamenta os pecados do imperialismo, se agarra ao grande poder imperial do momento na ilusão de comandar seu destino. Philby era um homem assim. Em uma conversa com seu biógrafo, Phil Knightley, Philby aparentemente se perguntou por que eu tinha problemas com ele. Posso apenas responder que, como Philby, eu sei uma coisa ou outra sobre as tempestades conflituosas criadas por um pai inconformista, mas existem formas melhores de se punir a sociedade.

Entra então Nicholas Elliott, o amigo mais leal de Philby, seu confidente e devotado irmão de armas em tempos de guerra e paz, cria de Eton, filho do seu ex-diretor, aventureiro, alpinista e incauto – e certamente o espião mais divertido que já conheci. Em retrospecto, ele também permanece o mais enigmático. Descrever sua aparência, atualmente, significa se expor ao ridículo. Ele era um *bon-vivant* da velha guarda brilhante. Nunca o vi de nenhuma forma senão usando um terno de três peças com um caimento perfeito. Ele era magro como uma vara e parecia sempre flutuar ligeiramente em um ângulo elegante, um sorriso discreto no rosto e um cotovelo inclinado para beber seu martíni

---

* *A Spy Among Friends* [*Um espião entre amigos*], publicado pela Bloomsbury, em 2014.

ou tragar seu cigarro. Seus coletes se curvavam para dentro, jamais para fora. Ele parecia o "cara quase perfeito" de P. G. Wodehouse e falava como tal, com a diferença de que suas frases eram surpreendentemente diretas, consistentes e descuidadamente desrespeitosas em relação a autoridades. Jamais conheci seu lado mais sombrio, mas não foi por acaso que Tiny Rowland, um dos caras mais durões da City de Londres, o descreveu como "o Harry Lime de Cheapside".

Entre as muitas coisas extraordinárias que Elliott fez na sua vida, contudo, a mais extraordinária e, sem dúvida, a mais dolorosa foi se sentar frente a frente com seu amigo, colega e mentor Kim Philby em Beirute e ouvi-lo admitir que havia sido um espião soviético durante todos os anos da sua amizade.

*

Nos meus anos no MI6, Elliott e eu mal nos cumprimentamos. Quando fui entrevistado para o Serviço, ele estava na banca de seleção. Quando me tornei iniciante, ele era um dos grandes do quinto andar, e suas artimanhas de espionagem eram apresentadas aos novatos como excelentes exemplos do que um oficial de campo habilidoso podia conseguir. Entrando e saindo elegantemente do Escritório Central para o Oriente Médio, ele dava uma palestra, comparecia a uma conferência operacional e ia embora.

Eu pedi demissão do Serviço em 1964, aos 33 anos, depois de uma contribuição insignificante. Elliott pediu demissão em 1969, aos 53 anos, tendo desempenhado um papel central em cada operação importante do Serviço desde o início da Segunda Guerra Mundial. Mantivemos um contato intermitente. Ele estava frustrado com a recusa do nosso ex-Serviço em deixá-lo revelar segredos que, na sua opinião, tinham prescrito havia muito. Acreditava ter o direito e, de fato, o dever de narrar sua história para a posteridade. Talvez ele tenha achado que esse era o meu lugar – uma espécie de intermediário e excluído que o ajudaria a expor seus feitos singulares ao público, a quem pertenciam.

Foi assim que, em certa noite de maio de 1986, na minha casa em Hampstead, vinte e três anos após ter ouvido a confissão parcial de

Philby, Elliott abriu seu coração para mim no que se mostrou nosso primeiro encontro de uma série. Enquanto ele falava, eu anotava em um bloco. Ao rever minhas anotações, três décadas depois – escritas à mão, folhas desbotadas, um grampo enferrujado no canto –, sinto-me bem ao perceber que raramente encontro uma palavra rabiscada. Em certo momento das nossas discussões, tentei conseguir sua colaboração em uma peça a duas mãos estrelada por Kim e Nicholas, mas o Elliott real não quis saber.

– Não vamos mais pensar *nessa peça* – escreveu ele em 1991. E, hoje, graças a Ben Macintyre, estou muito feliz por não tê-lo feito, porque o que Elliott estava me contando não era a história, mas o disfarce da sua vida. Nenhuma quantidade da cáustica leveza que era sua marca registrada poderia remover a dor de saber que o homem ao qual ele confiara seus mais íntimos segredos pessoais e profissionais o tinha traído para o inimigo soviético desde o primeiro dia da sua longa amizade.

★

Elliott falando de Philby:

"Terrivelmente charmoso, com impulsos de chocar. Eu o conhecia muito bem, em especial a família. Eu realmente me importava com eles. Nunca conheci alguém que se embebedasse com tanta facilidade. Eu o interrogava, ele bebia uísque o tempo todo e eu tinha de literalmente carregá-lo até o táxi e mandá-lo para casa. Dava ao motorista 5 pratas para carregá-lo escada acima. Eu o levei a um jantar certa vez. Ele encantou todos e, subitamente, começou a falar dos peitos da anfitriã. Disse que tinha os melhores seios do Serviço. Totalmente de mau gosto. Quero dizer, durante um jantar, não se começa a falar dos peitos da anfitriã. Mas ele era assim. Gostava de chocar. Eu também conheci seu pai. Jantei com ele em Beirute na noite em que ele morreu. Um cara fascinante. Falava incansavelmente sobre seu relacionamento com Ibn Saud.* Eleanor, a terceira esposa de Philby, o adorava. O velho passou

---

* Fundador e primeiro monarca da Arábia Saudita.

uma cantada na mulher de alguém e foi embora. Algumas horas depois, morreu. Suas últimas palavras foram: 'Deus, estou entediado.'"

★

"O interrogatório de Philby durou muito tempo. Aquele que fiz em Beirute foi o último de uma série. Tínhamos duas fontes. Uma era um ótimo desertor. A outra era a tal figura materna. O psiquiatra do Escritório havia me falado dela. Foi ele quem me ligou. Aileen, a segunda esposa de Philby, fazia o tratamento com ele, e o psiquiatra disse: 'Ela me liberou do juramento hipocrático. Eu preciso falar com você.' Fui até lá e ele me disse que Philby era homossexual. Ignore todos os flertes, ignore o fato de que Aileen, que eu conhecia muito bem, tinha dito que Philby gostava de sexo e era muito bom nisso. Ele era homossexual e tudo fazia parte de uma síndrome, e o psiquiatra, sem nenhuma evidência na qual se basear, também estava convencido de que ele era mau. E de que trabalhava para os russos. Ou algo assim. Ele não tinha como ser mais preciso, mas estava certo disso. Ele me aconselhou a procurar pela figura materna. Em algum lugar, haveria uma figura materna, disse ele. Era uma mulher chamada Solomon.* Uma judia. Ela trabalhava para a Marks & Spencer como compradora ou algo assim. Eles foram comunistas juntos. Ela estava irritada com Philby por causa da questão judaica. Philby trabalhava para o coronel Teague, que era o chefe de estação em Jerusalém, e Teague era antissemita, e ela estava irritada. Então ela nos contou algumas coisas sobre ele. A velha ligação comunista. O Cinco [MI5] estava cuidando do caso na época, e eu entreguei tudo ao pessoal de lá – peguem a figura materna, Solomon. Eles não deram atenção, é claro. Eram burocráticos demais."

★

"As pessoas eram bastante impróprias em relação a Philby. Sinclair e Menzies [ex-chefes do MI6], bem... eles não queriam ouvir uma palavra contra ele."

---

* Flora Solomon, que apresentou Philby a Aileen, em 1939.

"Então chegou esse telegrama, dizendo que eles tinham provas, e eu enviei um telegrama para White [Sir Dick White, ex-diretor-geral do MI5 e agora chefe do MI6] dizendo que eu devia ir até lá e confrontá-lo. Aquilo estava acontecendo havia tanto tempo, e eu devia isso à família. O que eu senti? Bem, não sou um cara emotivo, mas eu gostava de suas mulheres e filhos, e sempre tive a sensação de que o próprio Philby gostaria de tirar aquele peso do peito, sossegar e assistir a suas partidas de críquete, que era o que ele amava. Philby conhecia as estatísticas de trás para a frente. Ele podia falar sobre críquete para sempre. Então Dick White disse OK. Vá. Voei até Beirute, me encontrei com ele e disse que, se você for inteligente como eu acho que é, e em nome da sua família, você vai falar tudo, porque o jogo acabou. De qualquer modo, jamais conseguiríamos levá-lo ao tribunal, ele negaria tudo. Entre mim e você, o acordo era perfeitamente simples. Ele tinha de confessar, o que, de qualquer forma, eu acho que queria fazer, e foi onde Philby me enrolou, e ele tinha de nos dar tudo, realmente *tudo* em termos de danos. Isso era inegociável. Tínhamos de limitar os danos. Afinal, uma das coisas que a KGB poderia ter perguntado era de quem eles podiam se aproximar, quem estava no Serviço, quem poderia trabalhar para eles. Philby poderia ter sugerido nomes. Tínhamos de saber todos eles. E qualquer outra coisa que tivesse contado a eles. Nós nos mostramos muito firmes em relação a isso."

Minhas anotações se transformam em um diálogo direto:

Eu: E quais eram as sanções se ele não cooperasse?

Elliott: Sanções?

– Sanções, Nick, o que você usaria para ameaçá-lo em última instância? Você poderia tê-lo derrubado e levado para Londres?

– Ninguém queria Philby em Londres, meu velho.

– Bom, e qual seria a sanção final, então? Perdoe-me, mas você o teria matado, liquidado?

– Ele era meu parceiro. Um de nós.

– Então o que você *teria* feito?

– Eu disse a ele que a alternativa era a exclusão *total*. Não haveria uma embaixada, um consulado ou uma legação em todo o Oriente Médio que sequer fosse falar com ele. A comunidade empresarial não se aproximaria dele, sua carreira jornalística estaria encerrada. Ele seria um pária. Sua vida estaria acabada. Jamais cruzou minha mente que ele poderia ir para Moscou. Philby havia feito uma coisa no passado, queria se livrar dela, queria uma saída, então tinha de contar tudo. Depois disso, esqueceríamos tudo. E quanto à família e Eleanor?

Mencionei o destino de um dos traidores britânicos menos socialmente favorecidos que revelara muito menos que Philby, mas havia passado anos na prisão por isso.

– Ah, *Vassall*.* Bom, ele não era dos melhores, era?

*

Elliott retoma sua narrativa:

"Aquela foi a primeira sessão e concordamos em nos encontrar novamente às quatro horas. Ele retornou com uma confissão, oito ou nove páginas datilografadas em espaço simples, falando sobre os danos, sobre tudo. Então perguntou se eu poderia fazer um favor. Eleanor sabe que você está aqui. Ela não sabe nada ao meu respeito. Mas, se você não vier tomar um drinque, ela vai desconfiar. E eu disse que tudo bem, por Eleanor eu iria até lá beber com ele. Mas antes de tudo eu precisava codificar tudo aquilo e enviar para Dick White, o que fiz. Quando fui até sua casa para beber alguma coisa, ele havia desmaiado de bêbado. Estava deitado no chão. Eu e Eleanor tivemos de colocá-lo na cama. Ela pegou a cabeça, eu peguei os pés. Ele nunca disse nada bêbado. Nunca disse uma palavra errada na vida, que eu saiba. Então eu perguntei a ela: 'Você sabe do que se trata, não sabe?' E ela disse 'Não'. 'Ele é um maldito espião russo.' Ele tinha me dito que ela não desconfiava e estava certo.

---

* William John Vassall, filho homossexual de um pároco anglicano e secretário do adido naval na embaixada inglesa em Moscou, foi sentenciado a dezoito anos de prisão por espionar para a KGB.

Fui para Londres e deixei o interrogatório por conta de Peter Lunn.*
Dick White tinha lidado bem com o caso, mas não havia falado uma
palavra sequer aos americanos. Tive de ir a Washington falar com eles.
Pobre Jim Angleton.** Ele havia feito muito alarde sobre Philby quando
era chefe de estação do Serviço em Washington e, quando Angleton
descobriu – quando eu lhe contei –, ele meio que enlouqueceu. Almocei
com ele há alguns dias."

★

"Minha teoria é de que um dia a KGB vai publicar o restante da autobiografia de Philby. O primeiro livro foi praticamente interrompido em 1947.
Meu palpite é de que eles têm outro livro na gaveta. Uma das coisas que
Philby tinha dito a eles era para melhorar seus agentes. Fazer com que se
vestissem direito, fedessem menos. Com que fossem mais sofisticados.
Eles são diferentes hoje em dia. Espertos feito o diabo, suaves, de primeira
categoria. Obra de Philby, pode apostar. Não, jamais pensamos em matá-
-lo. Mas ele me enganou. Eu achava que ele queria ficar onde estava."

★

"Sabe, olhando em retrospecto, vendo todas as coisas que fizemos – e
todas as boas risadas que demos –, de certo modo, éramos amadores.
Quero dizer, aquelas linhas pelo Cáucaso, agentes indo e vindo, era tudo
tão *amador*. Bem, ele traiu Volkov, é claro, e eles o mataram.*** Então,

---

* Peter Lunn, chefe de estação do MI6 em Beirute e o primeiro dos meus dois
chefes de estação em Bonn.
** James Jesus Angleton, chefe de contrainteligência da CIA alcoólatra e delirante
que se convenceu de que a rede vermelha da KGB se espalhara por cada canto do
mundo ocidental. Enquanto estava em Washington, Philby o aconselhara, durante
partidas de xadrez regadas a uísque, sobre a arte de dirigir agentes duplos.
*** Em 1945, Konstantin Volkov, oficial do serviço de informações do consulado
soviético em Istambul, alegou conhecer três espiões soviéticos no Ministério das
Relações Exteriores, um deles na contrainteligência. Philby assumiu o caso, e um
Volkov coberto de bandagens foi colocado em um avião de transporte russo com
destino a Moscou. Usei uma versão desse episódio em *O espião que sabia demais*.

quando Philby me escreveu e me convidou a encontrá-lo em Berlim ou Helsinki e não contar a minha esposa, Elizabeth, ou a Dick White, eu respondi dizendo que ele deveria colocar algumas flores na sepultura de Volkov. Acho que foi uma boa resposta.

"Quero dizer, quem *diabos* ele achava que eu era, para não contar a eles? A primeira pessoa a quem eu contaria seria Elizabeth e, *imediatamente* depois, Dick White. Eu tinha ido jantar com Gehlen – você conhece Gehlen?* –, voltei tarde da noite e encontrei um envelope no tapete, escrito 'Nick'. Entregue pessoalmente. 'Se você puder vir, envie um cartão-postal com a coluna de Nelson para Helsinki ou Horse Guards para Berlim' ou algo assim. Quem diabos ele achava que eu era? A operação albanesa?** É, ele provavelmente havia destruído a operação também. Quero dizer, tínhamos alguns bons agentes na Rússia nos velhos tempos. Não sei o que aconteceu com eles. Então ele quer me encontrar porque se sente solitário. É lógico que está solitário. Ele não deveria ter partido. Ele me enganou. Eu escrevi sobre ele. Para a Sherwood Press. Os grandes editores queriam que eu escrevesse sobre o interrogatório, mas não o fiz. Isso é algo para os amigos de escalada, para uma biografia.*** Não se pode escrever sobre o Escritório. Interrogar é uma arte. Você entende isso. Durou muito tempo. Onde eu estava?"

*

Às vezes, Elliott se perdia em reminiscências de outros casos em que estivera envolvido. O mais significativo fora o de Oleg Penkovski, um coronel da GRU que havia fornecido ao Ocidente segredos de defesa soviéticos vitais, pouco antes da crise dos mísseis em Cuba. Elliott estava furioso por causa de um livro concebido pela CIA como propaganda da

---

* Reinhard Gehlen, na época diretor do BND, o serviço secreto da Alemanha Ocidental. Ver capítulo 8.

** Tentativa fracassada do MI6 e da CIA, em 1949, de subverter o governo albanês, que resultou na morte de pelo menos trezentos agentes e incontáveis prisões e execuções entre a população. Kim Philby foi um dos planejadores.

*** Elliott, como seu pai, era um excelente alpinista.

GUARDIÃO DO SEU IRMÃO

Guerra Fria e publicado sob o título *The Penkovsky Papers* [*Os documentos Penkovski*].

"Um livro horrível. Como se o cara fosse algum tipo de santo ou herói. Ele não era nada disso, ele tinha sido passado para trás e estava furioso. Os americanos o recusaram, mas Shergy* sabia que não tinha nada de errado com Penkovski. Shergy tinha faro. Não podíamos ser mais diferentes, mas nos demos bem. *Les extrêmes se touchent.* Eu estava encarregado das operações e Shergy era meu número 2. Maravilhoso no campo, muito sensível, quase nunca errado. Ele também havia estado certo sobre Philby, desde muito cedo. Shergold deu uma olhada em Penkovski e aprovou, então nós o acolhemos. É uma coisa muito corajosa, no mundo da espionagem, depositar fé em alguém. Qualquer idiota pode voltar para a mesa e pensar: 'Eu não confio totalmente nesse cara.' É preciso muita coragem para dizer: 'Eu acredito nele.' E foi isso que Shergy fez, e nós o seguimos. Mulheres. Penkovski tinha essas putas em Paris, nós o confrontamos a respeito delas, e ele se queixou de que não podia fazer nada com elas: uma vez por noite e era isso. Tivemos de mandar o médico do Escritório até Paris para lhe dar uma injeção para que ele pudesse ter uma ereção. Rimos muito, e às vezes você vive por uma oportunidade de rir assim. Aquelas risadas maravilhosas. Como alguém poderia pensar em Penkovski como um herói? É verdade que traição exige coragem. Você tem de reconhecer isso em Philby também. Ele tinha coragem. Shergy pediu demissão uma vez. Ele era assustadoramente temperamental. Eu encontrei sua carta de demissão na minha mesa. 'Em vista do fato de que Dick White' – ele acrescentou css [Chefe do Serviço Secreto], é claro – 'passou informações aos americanos sem meu consentimento e colocou em perigo uma fonte muito delicada, desejo pedir demissão como exemplo aos outros membros do Serviço' – algo assim. White se desculpou, e Shergy desistiu da demissão. Mas levei algum tempo para convencê-lo. Não foi fácil. Ele era um cara muito temperamental. Mas um agente de campo maravilhoso. E ele entendeu Penkovski direitinho. Um artista."

---

* Harold (Shergy) Shergold, controlador das operações do MI6 no bloco soviético.

O TÚNEL DE POMBOS

★

Elliott, ao falar de Sir Claude Dansey, também conhecido como Coronel z, subchefe do MI6 durante a Segunda Guerra Mundial.

"Um merda. E idiota. Mas durão e rude. Escrevia aqueles resumos horríveis sobre as pessoas. Causava dissensões. Um merda total. Assumi suas redes de informações quando me tornei chefe de estação em Berna, depois da guerra. Ele tinha fontes de alto nível no mundo executivo. *Elas* eram boas. Ele tinha o dom de convencer os executivos a fazerem coisas para ele. Era bom nisso."

Sobre Sir George Young, vice de Sir Dick White durante a Guerra Fria:

"Equivocado. Brilhante, grosseiro, tinha sempre de fazer as coisas sozinho. Ele foi para o [banco] Hambro depois do Serviço. Perguntei a eles como avaliavam George. Lucro ou prejuízo? Eles responderam que era uma espécie de empate. Ele conseguiu dinheiro do xá para eles, mas depois fez alguns negócios tão horríveis que custaram quase tanto quanto ele havia ganho antes."

Sobre o professor Hugh Trevor-Roper, historiador e membro do SIS durante a guerra:

"Acadêmico brilhante, mas bêbado e inútil. Tinha algo de perverso nele. Ri muito quando ele se envolveu com aqueles diários de Hitler. Todo o Serviço sabia que eles eram falsos. Mas Hugh caiu direitinho. *Como* Hitler poderia ter escrito aqueles diários? Eu não iria para a guerra com aquele cara. Quando fui chefe em Chipre, disse à sentinela na porta que, se o capitão Trevor-Roper aparecesse, ele devia enfiar a baioneta na bunda dele. Ele deu as caras, e a sentinela repetiu o que eu dissera. Hugh ficou confuso. Eu ri muito. Era disso que eu gostava no Serviço. Risadas maravilhosas."

Sobre conseguir uma prostituta para um potencial informante do SIS no Oriente Médio:

"Hotel St. Ermin. Ela não queria ir. Ficava muito perto da Câmara dos Comuns. 'Meu marido é membro do parlamento.' Ela precisava estar livre em 4 de junho para visitar o filho em Eton. 'Bem, que tal se procurássemos outra pessoa?', perguntei. Ela não hesitou: 'Tudo o que quero saber é quanto.'"

Sobre Graham Greene:

"Eu o conheci em Serra Leoa durante a guerra. Greene estava me esperando no porto. 'Você trouxe alguma carta francesa?', ele gritou quando me aproximei. Ele tinha uma fixação por eunucos. Tinha andado lendo o livro de códigos da estação e havia descoberto que o Serviço tinha um código para eunucos. Devia ser da época em que contávamos com agentes eunucos nos haréns. Ele estava morrendo de vontade de enviar um código com 'eunuco'. Um dia, encontrou um jeito. O chefe da estação queria que ele fosse a uma conferência qualquer. Acho que em Cape Town. Ele tinha uma operação ou algo assim. Não uma operação, conhecendo-o como conheço, ele jamais montou uma operação. De todo modo, ele respondeu: 'Como o eunuco, não poderei gozar.'"

Uma lembrança dos tempos de guerra sobre a vida na Turquia sob disfarce diplomático:

"Jantar com o embaixador. Meio da guerra. A embaixatriz grita porque cortei a ponta. 'Ponta do quê?' 'Do queijo'. 'O valete me *passou* o maldito queijo', eu disse. 'E você cortou a ponta', respondeu ela. De onde eles tiraram isso? E no meio da maldita guerra. Cheddar. E o camarada que me entregou o queijo era Cicero,[*] o cara que vendeu nossos segredos para a Abwehr. Os desembarques do Dia D. Essa coisa toda. E os hunos não acreditaram nele. Típico. Falta de fé."

Descrevo para Elliott como, enquanto eu estava no MI5, *Nosso homem em Havana*, de Graham Greene, foi publicado, e o conselheiro legal do Serviço queria indiciá-lo sob a Lei de Segredos Oficiais por revelar o relacionamento entre um chefe de estação e seu principal agente.

— É, e ele quase se deu mal por causa disso. E teria merecido.

*

---

[*] Cicero foi um agente secreto alemão chamado Elyesa Bazna, que trabalhou como valete de Sir Hughe Knatchbull-Hugessen, embaixador britânico em Ancara. Acredita-se que ele fosse um agente britânico, encarregado de entregar informações errôneas aos alemães. Talvez Elliott estivesse fazendo o mesmo comigo.

E, talvez o mais memorável de tudo, Elliott narrando uma passagem das suas primeiras sondagens sobre Philby, relacionadas a sua temporada em Cambridge:

"– Parece que eles pensam que você foi *maculado* – eu digo.

– Pelo quê?

– Ah, você sabe, paixões juvenis, afiliações...

– A quê?

– Parece um grupo muito interessante, na verdade. Que é exatamente para o que serve uma universidade. Esquerdistas se reunindo Apóstolos,* não era isso?"

★

Em 1987, dois anos antes da queda do Muro de Berlim, eu estava visitando Moscou. Durante uma recepção da União de Escritores Soviéticos, um jornalista de meio expediente com conexões na KGB chamado Genrikh Borovik me convidou para ir até sua casa e conhecer um velho amigo e admirador da minha obra. Seu nome era Kim Philby. Eu sabia, por fontes seguras, que Philby estava morrendo e esperava que eu colaborasse no segundo volume da sua biografia, o livro que Elliott acreditava já existir em segredo. Eu me recusei a encontrá-lo. Elliott ficou satisfeito. Ao menos acho que ficou. Mas talvez secretamente esperasse, ao mesmo tempo, que eu pudesse lhe dar notícias do seu velho amigo.

Ele havia me fornecido uma versão "asséptica" do seu último encontro com Kim Philby e das suas supostas suspeitas sobre ele nos anos anteriores. A verdade, a qual devo agradecer a Ben Macintyre, é que, desde que Philby se tornara suspeito, Elliott lutara com unhas e dentes para proteger seu amigo e colega mais próximo. Somente quando o

---

* O grupo Apóstolos de Cambridge, também conhecido como Sociedade Conversazione, foi fundado em 1820 como um grupo secreto de discussão intelectual. Seus membros praticavam o que chamavam de "homoerotismo" e "amor platônico". Nos anos 1930, a sociedade foi explorada por observadores soviéticos em busca de jovens estudantes promissores para a causa comunista. Mas Kim Philby jamais foi listado como um dos seus membros.

GUARDIÃO DO SEU IRMÃO

caso contra Philby já não podia mais ser negado é que Elliott se esforçou para obter uma confissão – parcial, no melhor dos casos – do seu velho camarada. Se estava cumprindo ordens ao dar a Philby o espaço necessário para fugir para Moscou, jamais saberemos. Estivesse ou não, ele mentiu para mim, assim como estava mentindo para si mesmo.

25

Quel Panama!

Em 1885, os enormes esforços da França para construir um canal na província de Darien resultaram em desastre. Pequenos e grandes investidores foram à ruína. Como consequência, ouviam-se por todo o país gritos de "Quel Panama!". Duvido que a expressão tenha persistido na língua francesa, mas ela descreve bem minha relação com o belo país, que começou em 1947, quando meu pai, Ronnie, me enviou a Paris para coletar 500 libras com o embaixador panamenho na França, um tal conde Mario da Bernaschina, que ocupava uma bela casa em uma daquelas elegantes ruas secundárias perto do Elysées que exalam permanentemente perfume feminino.

Era noite quando cheguei à porta do embaixador usando meu terno cinza do colégio, com o cabelo penteado e repartido. Eu tinha 16 anos. Meu pai dissera que o embaixador era um homem de classe e ficaria feliz em pagar uma antiga dívida de honra. Eu queria muito acreditar nele. Mais cedo naquele dia, eu levara uma mensagem semelhante ao hotel George v e não obtivera muito sucesso. O recepcionista do hotel, um tal Anatole, outro homem de classe, estava guardando os tacos de golfe de Ronnie. Eu deveria dar a Anatole 10 libras – uma quantidade considerável naqueles dias e todo o dinheiro que Ronnie havia me dado para a viagem – e, em troca, Anatole me entregaria os tacos.

Mas Anatole, tendo embolsado as 10 libras e perguntado sobre a saúde de Ronnie, disse-me que, por mais que quisesse entregar os tacos, tinha instruções expressas da administração de retê-los até que Ronnie pagasse a conta. Uma ligação a cobrar para Londres não lograra em resolver a questão.

Meu Deus, filho, por que você não chamou o gerente? Eles acham que eu quero enganá-los?

É claro que não, pai.

A porta da elegante casa foi aberta pela mulher mais desejável que eu já tinha visto. Eu devia estar um degrau abaixo dela, porque, nas minhas lembranças, ela está sorrindo acima de mim como um anjo redentor. Seus ombros estavam expostos, tinha cabelos negros e vestia um vestido leve de *chiffon* que falhava em disfarçar suas curvas. Aos 16 anos, mulheres desejáveis possuem idades variadas. Do meu ponto de vista atual, acho que ela estava por volta dos 30.

– Você é *filho* de Ronnie? – perguntou ela, incrédula.

Ela recuou e me deixou entrar. Com as mãos nos meus ombros, ela me analisou, divertida, da cabeça aos pés, e pareceu satisfeita.

– E você veio ver *Mario* – disse ela.

Se eu puder, respondi.

Suas mãos permaneceram pousadas nos meus ombros enquanto seus olhos multicoloridos continuavam a me estudar.

– E você ainda é um *garoto* – observou ela, como uma espécie de registro para si mesma.

O conde estava em sua sala privada com as costas voltadas para a lareira, como todo embaixador nos filmes da época: corpulento, usando um paletó de veludo, com as mãos atrás das costas e aquela coroa de cabelos grisalhos perfeita que todos eles tinham – Marcel Waves, como eram chamados – e um aperto de mão de homem para homem, embora eu ainda fosse um menino.

A condessa – pois foi assim que decidi chamá-la – não me pergunta se bebo álcool ou se quero um daiquiri. Minha resposta a ambas as perguntas teria sido um honesto "sim". Ela me entrega um copo gelado com uma cereja em um palito e nos sentamos em poltronas macias enquanto eu digo algumas amenidades diplomáticas. *Eu estou gostando da cidade? Tenho muitos amigos em Paris? Talvez uma namorada?* Uma piscadela maliciosa. Sem dúvida, forneço atraentes e desonestas respostas que não mencionavam clubes de golfe ou recepcionistas de hotel, até que uma pausa na conversa me revela que está na hora de abordar o objetivo da minha visita, o que, como minha experiência já me ensinou, é algo que se deve fazer com cautela, e não diretamente.

– E meu pai mencionou que os senhores têm um pequeno negócio inacabado, senhor conde – sugiro, ouvindo minha voz a distância por causa do daiquiri.

Aqui, devo explicar a natureza do pequeno negócio, que, ao contrário da maioria dos negócios de Ronnie, era muito simples. Como diplomata e embaixador, filho – estou ecoando o entusiasmo com que Ronnie me informara da minha missão –, o conde era imune a irritações tediosas como taxas e alfândegas. O conde podia *importar* e *exportar* o que bem entendesse. Se alguém, por exemplo, escolhesse enviar ao conde uma caixa de uísque não envelhecido e não rotulado por alguns centavos o litro sob imunidade diplomática, e o conde engarrafasse esse uísque e o enviasse para o Panamá ou qualquer outro lugar sob imunidade diplomática, isso não seria da conta de ninguém.

Da mesma forma, se o conde escolhesse exportar tal uísque não envelhecido e não rotulado em garrafas de certo design – Dimple Haig, por exemplo, uma marca popular na época –, isso também era um direito seu, assim como a escolha do rótulo e a descrição do conteúdo da garrafa. Minha única preocupação era que o conde devia pagar – em dinheiro, filho, não aceite promessas. Com esse dinheiro, eu deveria jantar por conta de Ronnie, guardar o recibo, pegar a primeira balsa na manhã seguinte e ir diretamente até seu escritório no West End de Londres.

– Um *negócio*, David? – repetiu o conde, no mesmo tom do diretor do colégio. – Que *negócio* é esse?

– As 500 libras que o senhor deve a ele, conde.

Lembro-me do seu sorriso confuso e contido. Lembro-me dos ricos sofás drapeados e das almofadas de seda, dos espelhos antigos e das molduras douradas, e da minha condessa, com as longas pernas cruzadas dentro das camadas de *chiffon*. O conde continuou a me observar com uma mistura de confusão e inquietude. Assim como

QUEL PANAMA!

a condessa. Então eles trocaram um olhar, como se trocassem notas sobre suas conclusões.

– Bem, é uma pena, David, porque, quando soube que você vinha me visitar, tive a esperança de que estivesse trazendo *para mim* uma parte da grande quantia de dinheiro que investi nas iniciativas do seu pai.

Ainda não sei como respondi àquela surpreendente observação ou se eu estava tão surpreso quanto deveria estar. Lembro-me de perder brevemente meu senso de espaço e tempo, e suponho que isso foi em parte motivado pelo daiquiri e em parte pelo reconhecimento de que eu não sabia o que dizer, não tinha o direito de estar sentado naquela saleta e a melhor coisa que tinha a fazer era me desculpar e ir embora. Então percebi que estava sozinho na sala. Após um momento, meus anfitriões retornaram. O sorriso do conde era cordial e relaxado. A condessa parecia particularmente satisfeita.

– Bem, David – disse o conde, como se tudo estivesse perdoado. – Por que não jantamos e conversamos sobre algo mais agradável?

Eles tinham um restaurante russo favorito a cinquenta metros da casa. Na minha memória, é um lugar minúsculo e éramos as únicas três pessoas presentes, com exceção de um homem em uma camisa branca folgada que tocava uma balalaica. Durante o jantar, enquanto o conde falava sobre coisas agradáveis, a condessa tirou o sapato e acariciou minha perna com o pé. Na minúscula pista de dança, ela cantou "Dark Eyes" para mim, apertando-me contra ela e mordiscando minha orelha enquanto flertava com o homem da balalaica e o conde observava com indulgência. Em nosso retorno à mesa, o conde decidiu que estávamos prontos para a cama. A condessa, apertando minha mão, concordou.

Minha memória me poupou das desculpas que dei, mas, de algum modo, eu as apresentei. De algum modo, descobri-me em um banco no parque e, de algum modo, consegui permanecer o garoto que ela havia declarado que eu era. Décadas depois, quando estava sozinho em Paris, tentei procurar pela rua, pela casa, pelo restaurante. Mas, àquela altura, nenhuma realidade lhes teria feito justiça.

★

201

Não estou sugerindo que tenha sido a força magnética do conde e da condessa que, meio século depois, me levou ao Panamá pelo espaço de dois romances e um filme; tão somente revelo que a lembrança daquela noite sensual e frustrada permaneceu na minha memória, mesmo que apenas como uma das vezes em que escapei por pouco durante minha interminável adolescência. Dias depois da minha chegada à Cidade do Panamá, eu estava pesquisando o nome. *Bernaschina?* Ninguém jamais tinha ouvido falar. Um *conde?* Do *Panamá?* Parecia improvável. Talvez eu tivesse sonhado a coisa toda? Eu não sonhara.

Eu havia ido ao Panamá para realizar uma pesquisa para um romance. Incomumente, já tinha um título: *O gerente noturno.* Estava procurando pelos canalhas, trapaceiros e contrabandistas que alegrariam a vida de um vendedor de armas britânico amoral cujo nome era Richard Onslow Roper. Roper seria um grande trapaceiro, ao passo que meu pai, Ronnie, fora um pequeno trapaceiro que frequentemente fracassava. Ronnie havia tentado vender armas na Indonésia e fora preso por isso. Roper era grande demais para cair, até encontrar seu destino na forma de um ex-soldado das Forças Especiais que trabalhava como gerente noturno, chamado Jonathan Pine.

Com Pine como meu parceiro secreto, eu encontrara um refúgio para ele e sua amante em meio aos esplendores de Luxor; havia explorado os luxuosos hotéis do Cairo e de Zurique, bem como as florestas e minas de ouro da província de Quebec; e de lá para Miami, a fim de buscar o conselho da agência antidrogas americana, que me assegurou que não havia melhor lugar para Roper fechar um acordo de drogas por armas que a zona livre de Colón, no Panamá, na entrada oeste do canal. Em Colón, disseram eles, Roper conseguiria toda a desatenção oficial que seu projeto exigia.

E se Roper desejasse realizar uma demonstração ostentosa das suas mercadorias sem despertar interesse indesejado? Panamá novamente. Vá para as montanhas centrais. Ninguém faz perguntas por lá.

★

QUEL PANAMA!

Em uma colina panamenha úmida perto da fronteira com a Costa Rica, um conselheiro militar americano – agora aposentado, insiste ele – me conduz em um tour pelos sinistros acampamentos onde, outrora, instrutores da CIA haviam treinado as Forças Especiais de meia dúzia de países da América Central, nos dias em que os Estados Unidos apoiavam qualquer narcotirano da região na sua luta contra o que quer que se passasse por comunismo. Ao puxar um fio de arame, alvos cravejados de balas, pintados de maneira espalhafatosa, saltaram do subsolo: uma dama colonial espanhola com seios à mostra, segurando uma Kalashnikov; um pirata ensanguentado com chapéu de ponta e espada; uma garotinha ruiva, com a boca aberta em um grito que supostamente dizia "Não atire, sou apenas uma criança". E, na beira da floresta, jaulas de madeira para os animais selvagens capturados pelo campo: tigres da montanha, gatos selvagens, gamos, cobras e macacos, todos mortos de fome e deixados para apodrecer. Em um aviário imundo, os restos de periquitos, águias, grous, papagaios e abutres.

Para ensinar os garotos a serem ferozes, explica meu guia. Para lhes ensinar como devem ser desalmados.

★

Na Cidade do Panamá, um panamenho cortês chamado Luis me escolta até o Palacio de las Garzas para conhecer o presidente Endara. A caminho do palácio, ele me regala com os escândalos do dia.

As tradicionais garças que eu veria no pátio do palácio não eram descendentes de muitas gerações de garças, como se supunha popularmente. São impostoras, diz Luis com falsa indignação, contrabandeadas para o palácio na calada da noite. Quando o presidente Jimmy Carter foi visitar seu colega panamenho, os homens do seu Serviço Secreto haviam borrifado o palácio com desinfetante. À noite, as garças presidenciais estavam mortas no pátio. Pássaros substitutos de origem desconhecida, criados em Colón, foram enviados de avião minutos antes da chegada de Carter.

Endara, recentemente viúvo, casou-se com a amante meses depois da morte da esposa, continua Luis. O presidente tem 54 anos, e sua nova esposa, uma estudante da Universidade do Panamá, 22. A imprensa está se divertindo, chamando Endara de "El Gordo Feliz".

Cruzamos o pátio do palácio, admiramos as garças falsas e escalamos a magnífica escadaria colonial espanhola. Fotos iniciais mostravam Endara como o encrenqueiro que certa vez fora, mas o Endara que me recebe se parece tanto com meu conde que, se não fosse pelo fraque e pela faixa vermelha em torno do amplo colete branco, eu poderia, nos meus sonhos, pedir a ele para pagar as 500 libras. Uma jovem está de quatro aos seus pés, com as nádegas firmes apertadas em um jeans de grife, enquanto trabalha em um palácio de Lego que está construindo com os filhos do presidente.

– Querida – grita Endara em inglês, em meu benefício –, veja quem está aqui! Você já ouviu falar de... – Et cetera.

Ainda ajoelhada, a primeira-dama me olha com certa curiosidade e retoma seu trabalho.

– Mas, querida, é *claro* que você já ouviu falar dele – implora o presidente. – Você leu seus livros maravilhosos. Nós dois lemos!

Com certo atraso, o ex-diplomata que existe em mim ganha vida.

– Não há nenhuma razão para a senhora se lembrar de mim. Mas a senhora certamente já ouviu falar de Sean Connery, o ator, que atuou no meu último filme.

Longo silêncio.

– O senhor é *amigo* do Sr. Connery?

– Sim, sou – respondo, embora mal o conheça.

– Seja muito bem-vindo ao Panamá – diz ela.

★

No clube Union, onde os ricos e famosos do Panamá passam seu tempo aqui na Terra, pergunto novamente pelo conde Mario da Bernaschina, embaixador na França, suposto marido da condessa, comprador de uísque sem marca. Ninguém se lembra dele ou, se lembram, preferem não mencionar. É necessário um incansável amigo panamenho chamado Roberto para relatar, após uma prolongada investigação, que o conde não apenas existira como também desempenhara um papel insignificante na volátil história do país.

O título de conde "veio da Espanha via Suíça", o que quer que isso signifique. Ele fora amigo de Arnulfo Arias, presidente do Panamá. Quando Arias foi derrubado por Torrijos, Bernaschina fugiu para a zona americana do canal, afirmando ser ex-ministro das Relações Exteriores de Arias. Não era nada disso. Mesmo assim, viveu luxuosamente durante vários anos, até uma noite em que, jantando em um clube americano, foi sequestrado pela polícia secreta de Torrijos. Encarcerado na notória prisão La Modelo, foi acusado de conspiração contra o Estado, traição e sedição. Três meses depois, foi misteriosamente libertado. Embora mais tarde ele se gabasse dos seus 25 anos como diplomata panamenho, jamais pertenceu ao serviço internacional do Panamá. Muito menos fora embaixador do Panamá na França. Quanto à condessa, se era condessa, misericordiosamente nada descobri: minhas fantasias juvenis podiam permanecer intactas.

Quanto à caixa de uísque sem rótulo e a não resolvida questão se alguém devia 500 libras, podemos estar certos de apenas uma coisa: quando um vigarista encontra outro vigarista, ambos gritam trapaça.

★

Países também são personagens. Após uma participação em *O gerente noturno*, o Panamá insiste em estrelar o novo romance que planejo, embora cinco anos depois. Meu herói é aquele muito negligenciado habitante do mundo da espionagem, o fabricante de informações ou, de acordo com o jargão do ramo, mascate. É verdade que Graham Greene celebrou o talento do mascate em *Nosso homem em Havana*. Mas nenhuma guerra súbita resultou das invenções do pobre Wormold. Eu queria que a farsa se transformasse em tragédia. Os Estados Unidos já haviam realizado o incrível feito de invadir o Panamá enquanto ainda ocupavam o país. Que o invadam novamente, por conta das informações fabricadas do meu mascate.

Mas quem seria o mascate? Ele deve ser socialmente trivial, benigno, inocente, amável, alguém desimportante no jogo mundial, mas batalhador. Ele deve ser leal ao que quer que ame: esposa, filhos, profissão. Deve ser imaginativo. Os serviços de inteligência são renomadamente suscetíveis a pessoas com uma boa imaginação. Muitas das suas crias mais famosas – Allen Dulles, por exemplo – foram pessoas imaginativas de primeira categoria. Ele deve estar envolvido em alguma indústria de serviços na qual fica ombro a ombro com os grandes, os bons, os influentes e os crédulos. Um cabeleireiro da moda, um *Fígaro*? Um comerciante de antiguidades? Um dono de galeria?

Ou um alfaiate?

Existem apenas dois ou três livros meus sobre os quais posso verdadeiramente dizer: "Foi aqui que tudo começou." *O espião que saiu do frio* começou no aeroporto de Londres, quando um homem grandalhão com cerca de 40 anos se sentou em um banco ao meu lado no bar, colocou a mão no bolso da capa de chuva e despejou trocados em meia dúzia de moedas de países diferentes no balcão. Com as mãos fortes de um lutador, ele contou seus centavos até ter a quantia correta em uma única moeda.

– Um uísque duplo – pediu ele. – Sem gelo.

Foi tudo o que o ouvi dizer, ou é nisso que acredito agora, mas imaginei ter captado um toque de irlandês na sua voz. Quando seu copo chegou, ele o levou aos lábios com o movimento hábil de alguém acostumado a beber e o esvaziou em dois goles. Então foi embora, sem olhar para ninguém. Até onde sei, ele podia ser um vendedor ambulante em uma maré de azar. Quem quer que fosse, tornou-se meu espião, Alec Leamas, em *O espião que saiu do frio*.

*

E então havia Doug.

Um amigo americano visitando Londres sugeriu que fôssemos até seu alfaiate, Doug Hayward, cuja loja ficava na Mount Street, West End. Estávamos em meados dos anos 1990. Meu amigo é de Hollywood. Doug Hayward veste muitos astros do cinema e atores, diz ele. De algum modo, não se espera que alfaiates estejam sentados, mas, quando encontramos Doug, ele está sentado em uma poltrona com braços, falando ao telefone. Uma das razões pelas quais passa muito tempo sentado, explica ele mais tarde, é o fato de ser alto e não querer intimidar seus fregueses.

Ele está falando com uma mulher, ou imagino que seja uma mulher, porque há uma porção de palavras carinhosas e referências a um marido. Sua voz soa teatral e autoritária, sem nenhum traço *cockney*, mas a cadência ainda está lá. Quando Doug era jovem, passou muito tempo praticando sua elocução para poder conversar refinadamente com a clientela. Então, a década de 1960 chegou, o refinamento saiu de moda, substituído pelo apelo regional, e graças a ninguém menos que o ator Michael Caine, um cliente de Doug, o *cockney* se tornou o sabor da época. Mas Doug não queria desperdiçar todo o refinamento que ensaiara. Então se manteve fiel a ele, enquanto os caras refinados se esforçavam para falar como gente comum.

– Ouça, querida – diz Doug –, sinto muito em saber que seu marido está aprontando, porque eu gosto muito de vocês dois. Mas encare a situação da seguinte maneira: quando vocês se conheceram, você era a amante e ele tinha uma esposa. Então ele se livrou da esposa e se casou com a amante. – Pausa melodramática, porque ele sabe que estamos ouvindo. – Então há uma vaga, não há?

– Alfaiataria é teatro – diz Doug durante o almoço. – Ninguém vem até mim porque *precisa* de um terno. Eles vêm por causa da empolgação. Eles querem se sentir jovens ou bater um papo. E eles sabem que é isso que querem? É claro que não. Qualquer um pode vestir Michael Caine, mas quem consegue vestir Charles Laughton? Alguém precisa estar *encarregado* do terno. Esses dias um camarada perguntou por que não faço ternos como os Armani. "Olha", respondi, "a Armani faz ternos Armani melhor do que eu. Se você quer um Armani, vá até a Bond Street, desembolse 600 pratas e compre um."

Nomeei meu alfaiate como Pendel, e não Hayward, e chamei o livro de *O alfaiate do Panamá*, um tácito reconhecimento a *O alfaiate de Gloucester*, de Beatrix Potter. Dei-lhe um histórico metade judeu porque, como os primeiros cineastas americanos, pois a maioria das famílias de alfaiates daqueles dias era composta por imigrantes da Europa central que moravam no East End. E Pendel, a palavra alemã para pêndulo, porque eu gostava de pensar nele indo e voltando entre verdade e ficção. Tudo de que eu precisava agora era de um trapaceiro britânico bem-nascido e decadente para recrutar meu Pendel e usá-lo para seus próprios objetivos. Mas, para qualquer um educado em Eton, como eu fui, havia milhares de candidatos.

26

Sob disfarce

Faz somente alguns anos que nos despedimos dele, mas não posso dizer quando ou onde. Não posso dizer se o cremamos ou enterramos, se fizemos isso na cidade ou no campo, se seu nome era Tom, Dick ou Harry ou se o funeral foi cristão ou não.

Vou chamá-lo de Harry.

A esposa de Harry estava no funeral, bastante empertigada, a mesma esposa que o acompanhou por cinquenta anos. Cuspiram nela na fila do peixe por causa dele, os vizinhos escarneceram dela por causa dele e sua casa foi invadida pela polícia, que achava estar cumprindo seu dever ao destruir o ramo local do Partido Comunista. Também havia uma criança lá, que tinha sofrido humilhações semelhantes na escola e mais tarde. Mas não posso dizer se era um menino ou uma menina ou se ele ou ela encontrou um canto seguro no mundo que Harry acreditava estar protegendo. A esposa, agora viúva, permanecia calma como sempre permanecera sob pressão, mas a criança crescida estava encolhida de pesar, para o evidente desdém da mãe. Uma vida de privações a ensinara a valorizar a compostura, e ela esperava isso da criança que havia gerado.

★

Fui ao funeral porque, muito tempo atrás, havia sido o controlador de Harry, o que é uma confiança sagrada, mas delicada, uma vez que todas as suas energias, desde o fim da infância, foram dirigidas para frustrar os supostos inimigos do seu país ao se tornar um deles. Harry absorvera o dogma do Partido até que se tornou uma segunda natureza. Ele moldara sua mente de tal forma até quase esquecer seu formato original. Com nossa ajuda, havia treinado para pensar e reagir instintivamente como comunista. Mesmo assim, sempre conseguira chegar sorrindo ao encontro semanal com seu oficial.

– Tudo bem, Harry? – eu perguntava.

– Tudo ótimo, obrigado. Como vão você e sua senhora?

Harry aceitara todos os trabalhos sujos do Partido, durante a noite e nos fins de semana, dos quais os outros camaradas ficavam felizes de se livrar. Ele vendera ou falhara em vender o *Daily Worker* nas esquinas, escondera os exemplares não vendidos e entregara o dinheiro que lhe havíamos dado por eles. Harry agira como garoto de recados e observador para adidos culturais soviéticos e terceiros-secretários da KGB e tinha aceitado as detestadas tarefas de coletar fofocas sobre indústrias técnicas na área onde vivia. E, se não houvesse fofocas para relatar, nós as fornecíamos a ele, tendo primeiro nos assegurado de que eram inofensivas.

Gradualmente, com diligência e devoção à causa, Harry se tornou um camarada valioso, encarregado de tarefas semiconspiratórias que, embora fossem executadas por ele com toda seriedade, assim como por nós, raramente significavam algo substancial no mercado da informação. Mas sua falta de sucesso não importava, assegurávamos a Harry, porque ele era o homem certo no lugar certo, um poste, mas um poste essencial, com capacidade de ouvir. Se não ouvir nada, Harry, dizíamos a ele, tudo bem também, porque significa que podemos dormir um pouco mais sossegados. E Harry observava alegremente que, bem, John – ou qualquer que fosse meu nome então –, alguém tem de limpar os bueiros, certo? Alguém realmente precisa fazer isso, Harry, dizíamos, e obrigado por ser você.

De tempos em tempos, talvez para elevar seu moral, nós entrávamos no mundo virtual do "permanecer em seu posto": se os vermelhos vierem, Harry, e você se transformar no chefão do Partido no seu distrito, você será o grande elo para o movimento de resistência que empurrará aqueles desgraçados de volta para o mar. Dando seguimento a essa fantasia, tirávamos seu rádio transmissor do esconderijo no sótão, soprávamos a poeira e o observávamos enviar mensagens falsas para uma sede secreta imaginária e receber ordens falsas em resposta, tudo a fim de praticar para a iminente ocupação soviética da Grã-Bretanha. Nós nos sentíamos meio estranhos fazendo isso, assim como Harry, mas era parte do trabalho e nós o fazíamos.

Desde que deixei o mundo do serviço secreto, passei a refletir acerca dos motivos de Harry e sua esposa, e outros Harrys e suas esposas. Psiquiatras ficariam deliciados com Harry, mas Harry se deliciaria com os psiquiatras também. "O que você espera que eu faça?", perguntaria ele. "Que deixe o Partido roubar o país bem debaixo do meu nariz?"

Harry não gostava da duplicidade. Ele a suportava, como um fardo necessário da sua vocação. Nós lhe pagávamos uma ninharia e, se pagássemos mais, ele ficaria constrangido. Além disso, jamais aproveitaria o dinheiro. Assim, demos a ele uma renda minúscula e uma pensão minúscula e entregamos toda a amizade e todo o respeito que a segurança permitia. Com o passar do tempo, furtivamente, Harry e a esposa, que posava como esposa do bom camarada, tornaram-se moderadamente religiosos. Parece que o ministro da religião que praticavam jamais perguntou por que dois ávidos comunistas desejavam rezar.

Quando o funeral terminou e amigos, familiares e camaradas do Partido se dispersaram, um homem de rosto agradável em uma capa de chuva e gravata preta caminhou até meu carro e me deu um aperto de mão.

– Eu sou do Escritório – murmurou ele timidamente. – Harry é meu terceiro este mês. Eles parecem estar morrendo todos ao mesmo tempo.

Harry foi membro da pobre infantaria de homens e mulheres honrados que acreditavam que os comunistas estavam decididos a destruir o país que amavam e sentiam que deviam fazer algo a respeito. Ele achava que os vermelhos eram gente boa, a seu próprio modo, idealistas, mas equivocados. Assim, dedicou a vida a suas convicções e morreu como soldado anônimo da Guerra Fria. A prática de infiltrar espiões em organizações supostamente subversivas é tão antiga quanto as montanhas. Como J. Edgar Hoover supostamente disse com incomum espirituosidade quando soube que Kim Philby era um agente duplo soviético:

O TÚNEL DE POMBOS

– Diga a eles que Jesus Cristo só tinha doze, e um deles era duplo.

Hoje, quando lemos sobre policiais disfarçados se infiltrando em organizações pela paz e pelos direitos dos animais, arrumando amantes e tendo filhos sob falsas identidades, sentimos repulsa porque sabemos que os alvos jamais justificariam a mentira ou o custo humano. Harry, graças a Deus, não operava dessa maneira e acreditava absolutamente que seu trabalho era moralmente justificável. Ele via o comunismo internacional como inimigo do seu país, e sua manifestação britânica, como o inimigo dentro de casa. Nenhum comunista britânico que já conheci apoiaria essa visão. O *establishment* do Reino Unido o fazia enfaticamente, e isso era bom o bastante para Harry.

212

27

Caçando os senhores da guerra

O romance tinha tudo, até título: *O canto da missão*. Passava-se em Londres e no Congo, e tinha um personagem central chamado Salvo, apelido de Salvador, filho de um missionário irlandês e da filha de um líder congolês. Salvo havia sofrido lavagem cerebral nas mãos dos missionários cristãos desde a infância e fora punido como pária pelos supostos pecados do pai. Não era difícil, para mim, chorar sobre minha cerveja e me identificar com ele.

Eu tinha três senhores da guerra, cada um deles representando a tribo ou o grupo social que os havia criado. Havia jantado e tomado vinho com um pequeno pelotão de mercenários britânicos e sul-africanos e criara um enredo flexível o bastante para responder às necessidades e aos caprichos dos seus personagens enquanto a história se desenrolava nas páginas.

Havia uma bela e jovem enfermeira congolesa, filha de Kivu, que trabalhava em um hospital na zona leste de Londres e sonhava em retornar ao seu povo. Eu caminhara pelos corredores do seu hospital, me sentara nas salas de espera e observara médicos e enfermeiros irem e virem. Havia acompanhado as mudanças de turno e, de uma distância respeitosa, seguira grupos de enfermeiras cansadas enquanto elas voltavam aos seus alojamentos e albergues. Em Londres e Ostend, passei longas horas frente a frente com grupos de exilados secretos do Congo, ouvindo histórias de estupros em massa e perseguição.

Mas também havia um pequeno problema. Eu não sabia nada em primeira mão sobre o país que estava descrevendo, e quase nada sobre seu povo nativo. Os três senhores da guerra congoleses que Maxie, o chefe dos meus mercenários, incluíra em uma operação para tomar as rédeas do poder em Kivu não eram personagens reais: eram apenas retratos falados, montados a partir de histórias e da minha desinformada imaginação. A grande província de Kivu e sua capital, Bukavu, eram lugares imaginários para mim, conjurados de guias de viagens e pesquisas na internet. Todo o conjunto tinha sido sonhado por mim em um momento da minha vida no qual, por razões familiares, eu não podia viajar. Somente agora eu estava livre para fazer o que, em melhores circunstâncias, teria feito um ano antes: ir até lá.

A atração era irresistível. Bukavu, construída no início do século xx por colonialistas belgas no lado sul do lago Kivu, o mais alto e frio dos grandes lagos africanos, parecia um paraíso perdido. Eu tinha visões de uma Xangri-lá enevoada com ruas largas e cobertas de buganvílias e casas com grandes pátios e jardins se estendendo até a beira do lago. O solo vulcânico das colinas em torno é tão fértil, disse-me o mesmo guia de viagem, e o clima tão bom que quase não há frutas, flores ou vegetais que não cresçam por lá.

A República Democrática do Congo também era uma armadilha letal. Eu havia lido sobre isso também. Durante séculos, suas riquezas atraíram toda espécie de predadores humanos, de milícias ruandesas a aventureiros corporativos com escritórios reluzentes em Londres, Houston, Petersburgo ou Beijing. Desde o genocídio em Ruanda, Bukavu estivera na linha de frente da crise de refugiados. Insurgentes hutus, fugindo de Ruanda, haviam usado a cidade como base para sua vingança contra o governo que os expulsara. Na que se tornara conhecida como Primeira Guerra do Congo, a cidade havia sido destruída.

Assim, qual era a aparência dela agora? Qual era a sensação que emanava? Bukavu era a cidade natal do meu herói Salvo. Em algum lugar ali por perto, havia um seminário católico que abrigara o pai de Salvo, o falível e generoso padre irlandês que cedera aos charmes de uma mulher tribal. E seria agradável encontrar esse seminário também.

★

Eu havia lido *In the Footsteps of Mr. Kurtz* [*Na trilha do Sr. Kurtz*], de Michela Wrong, e o admirara imensamente. Wrong tinha morado na capital congolesa, Kinshasa, e passara doze anos no continente africano. Ela havia feito a cobertura de Ruanda para a Reuters e para a BBC após o genocídio. Eu a convidei para almoçar. Será que ela podia me ajudar? Podia. Será que podia me acompanhar a Bukavu? Podia, com certas condições. Jason Stearns iria conosco.

Aos 29 anos, Jason Stearns, poliglota e estudioso de assuntos africanos, era analista sênior do International Crisis Group. Quase inacreditavelmente, do meu ponto de vista, ele havia trabalhado três anos na cidade de Bukavu como conselheiro político da ONU. Falava francês e suaíli com perfeição, além de um número desconhecido de outras línguas africanas. Era uma das principais autoridades ocidentais sobre o Congo.

Surpreendentemente, tanto Jason quanto Michela tinham seus próprios objetivos profissionais na República Democrática do Congo. Eles concordaram em sincronizar suas visitas com a minha. Leram um constrangedor esboço inicial do meu romance e indicaram suas muitas transgressões. Mesmo assim, a leitura lhes forneceu uma ideia das pessoas e dos lugares que eu queria conhecer. No topo da minha lista, estavam os três senhores da guerra; depois deles, os missionários, seminários e colégios católicos da infância de Salvo.

O conselho do Ministério das Relações Exteriores era claro: não vá para a República Democrática do Congo. Mas Jason fizera suas próprias sondagens e relatou que Bukavu estava bastante sossegada, dado que o país estava prestes a realizar sua primeira eleição com múltiplos partidos em 41 anos e havia certo nervosismo no ar. Para meus dois companheiros, isso representava a oportunidade perfeita para viajar, assim como para mim e meus personagens, uma vez que o romance ocorria durante as mesmas eleições. O ano era 2006, doze anos depois do genocídio em Ruanda.

Olhando para trás, fico um pouco envergonhado por ter insistido para que eles me levassem junto. Se algo tivesse dado errado, o que, em Kivu, era praticamente mandatório, eles estariam presos a um septuagenário de cabelos brancos e não muito ágil.

O TÚNEL DE POMBOS

★

Muito antes de o nosso jipe partir da capital de Ruanda, Kigali, e chegar à fronteira congolesa, meu mundo imaginário retrocedera e o real tomara seu lugar. O hôtel des Mille Collines, em Kigali, chamado de Hotel Ruanda no filme, tinha um ar de opressiva normalidade. Procurei em vão por uma fotografia comemorativa do ator Don Cheadle ou do seu *alter ego* Paul Rusesabagina, o gerente do hotel que, em 1994, havia transformado o Mille Collines em um refúgio secreto para os tutsis aterrorizados pelos pangas e suas armas.

Mas aquela história, na mente daqueles agora no poder, já não era mais operativa. Após dez minutos em Ruanda com os olhos abertos, era fácil entender que o governo tutsi estava fazendo um bom trabalho. Das janelas do nosso carro, enquanto percorríamos as colinas na direção de Bukavu, nós vimos a justiça ruandesa em operação. Em prados bem-cuidados que não estariam deslocados em um vale suíço, os habitantes dos vilarejos se agachavam em círculos, como crianças em um acampamento de verão. No centro, no lugar dos instrutores, homens no uniforme rosa da prisão gesticulavam ou baixavam a cabeça. Para evitar o acúmulo de suspeitos *génocidaires* aguardando julgamento, Kigali restabelecera os tradicionais tribunais de vilarejo. Qualquer um podia acusar e qualquer um podia defender. Mas os juízes eram nomeados pelo novo governo.

A uma hora da fronteira congolesa, saímos da estrada e subimos uma colina a fim de dar uma olhada em algumas vítimas dos *génocidaires*. Uma ex-escola secundária se inclinava sobre os vales amorosamente cultivados. O curador, ele mesmo um sobrevivente improvável, nos conduziu de sala em sala. Os mortos – centenas deles, famílias inteiras, induzidos a se agrupar para sua própria proteção e então assassinados – foram agrupados de quatro em quatro ou de seis em seis em estrados de madeira e cobertos com o que parecia farinha e água. Uma senhora de máscara, segurando um balde, estava renovando a camada de cobertura. Por quanto tempo ela os pintaria? Por quanto tempo eles

216

durariam? Muitos eram crianças. Em um país onde os fazendeiros aba-
tem os próprios animais, a técnica tinha parecido natural: primeiro, corte
os tendões, e depois, se divirta. Mãos, braços e pés estavam guardados
separadamente, em cestas. Roupas rasgadas, amarronzadas pelo sangue
coagulado, e a maioria em tamanho infantil, estavam penduradas no
beiral de um salão cavernoso.

– Quando vocês vão queimá-los?

– Quando eles tiverem terminado seu trabalho.

Seu trabalho era provar que tudo aquilo realmente havia acontecido.

As vítimas não tinham ninguém para nomeá-las, pranteá-las ou
enterrá-las, explicou nosso guia. Os enlutados também estavam mortos.
Deixamos os corpos à mostra para silenciar aqueles que duvidam ou
negam.

✶

Soldados ruandeses em fardas verdes semelhantes às americanas apare-
ceram na estrada. O posto de fronteira congolês é uma cabana em ruínas
do outro lado de uma ponte de ferro sobre um afluente do rio Ruzizi.
Um grupo de oficiais mulheres franze o cenho para nossos passaportes
e certificados de vacinação, balança a cabeça e confere. Quanto mais
caótico o país, mais intratável sua burocracia.

Mas nós temos Jason.

Uma porta lá dentro se abre e gritos alegres são trocados. Jason
desaparece. Após alguns momentos de risadas congratulatórias, nossos
documentos são devolvidos. Damos adeus ao asfalto perfeito de Ruanda
e, durante cinco minutos, sacudimos sobre enormes buracos na lama
vermelha de Kivu, até nosso hotel. Jason, como meu Salvo, é mestre em
dialetos africanos. Quando as paixões se exaltam, ele primeiro se une à
empolgação e, em seguida, delicadamente acalma os protagonistas. Não
é uma coisa premeditada; é instintivo para ele. Posso imaginar meu Salvo
– filho do conflito, pacificador natural – fazendo exatamente o mesmo.

✶

O TUNEL DE POMBOS

Em cada lugar problemático que cautelosamente visitei, sempre havia um hotel onde, como se cumprindo um rito secreto, espiões, membros de organizações humanitárias e aventureiros se reuniam. Em Saigon, era o Continental; em Phnom Penh, o Phnom; em Vientiane, o Constellation; em Beirute, o Commodore. E, aqui em Bukavu, o Orchid, uma *villa* colonial ao lado do lago, cercada por cabanas discretas. O dono é um *colon* belga cosmopolita que teria sangrado até a morte em uma das guerras de Kivu se seu irmão mais velho não o tivesse resgatado. Em um canto do salão de jantar, uma senhora alemã idosa fala com nostalgia sobre os dias em que Bukavu era toda branca e ela podia dirigir seu Alfa Romeo a cem por hora pelo bulevar. No dia seguinte, retraçamos sua rota, mas não na mesma velocidade.

O bulevar é amplo e reto, mas, como todas as ruas em Bukavu, esburacado pela água da chuva avermelhada que desce das montanhas ao redor. As casas são pérolas de *art nouveau*, com quinas arredondadas, janelas compridas e pórticos como antigos órgãos de cinema. A cidade foi construída sobre cinco penínsulas, "uma mão verde mergulhada no lago", como afirmam os guias de viagem mais líricos. A maior e uma das mais elegantes é a península La Botte, onde Mobutu, o rei-imperador insano do Zaire, tinha uma das suas muitas residências. De acordo com os soldados que barram nossa entrada, a *villa* está sendo remodelada para o novo presidente congolês, Joseph Kabila, nascido em Kivu e filho de um revolucionário marxista-maoista. Em 1997, o pai de Kabila expulsara Mobutu do poder, somente para ser assassinado pelos seus próprios guarda-costas, quatro anos depois.

Há neblina sobre o lago. A fronteira com Ruanda se estende paralelamente a ele. A ponta de La Botte se inclina para o leste. Os peixes são bem pequenos. O monstro do lago é chamado de *mamba mutu* e é metade mulher, metade crocodilo. O que ela mais gosta de comer são cérebros humanos. Ouvindo meu guia, rabisco anotações sobre tudo, sabendo que jamais poderia fazer uso delas. Câmeras não funcionam para mim. Quando faço uma anotação, minha memória guarda a ideia. Quando tiro uma foto, a câmera rouba meu trabalho.

CAÇANDO OS SENHORES DA GUERRA

Entramos em um seminário católico. O pai de Salvo era um dos padres daqui. As paredes de tijolos, sem janelas, são diferentes de todas as outras na rua. Por trás delas, jaz um mundo de jardins, antenas de satélite, quartos de hóspedes, salas de conferência, computadores, bibliotecas e servidores mudos. No refeitório, um velho padre de cabelos brancos, usando calça jeans, caminha até a cafeteira, nos lança um demorado olhar fantasmagórico e continua seu caminho. Se o pai de Salvo ainda estivesse vivo, penso, essa seria sua aparência atualmente.

Um padre congolês em um hábito marrom lamenta o risco enfrentado pelos irmãos africanos ao ouvir os penitentes que confessam seus ódios étnicos com bastante eloquência. Inflamados pela retórica apaixonada que supostamente deveriam acalmar, são capazes de se tornar os piores extremistas de todos, diz ele. Foi assim que, em Ruanda, bons padres convocaram todos os tutsis das suas paróquias para a igreja, que era então incendiada ou destruída com as bênçãos dos padres.

Enquanto ele fala, eu tomo nota – mas não, como ele pode supor, das suas sábias palavras, mas da maneira como ele as diz: a elegância lenta e gutural do seu francês africano educado e a tristeza com que narra os pecados dos seus irmãos.

*

Thomas está tão distante da imagem que eu tinha dele que, mais uma vez, abandono todas as preconcepções. Ele é alto e charmoso e usa um terno azul com um corte excelente. Ele nos recebe com consumada facilidade diplomática. Sua casa, guardada por sentinelas armadas com rifles semiautomáticos, é espaçosa e representativa. Uma televisão grande no mudo exibe uma partida de futebol enquanto ele fala. Nenhum senhor da guerra na minha mal informada imaginação era como ele.

Thomas é baniamulengue. Seu povo tem lutado incessantemente em guerras no Congo nos últimos vinte anos. Eles são criadores de animais que vieram de Ruanda e, nos últimos duzentos anos, estabeleceram-se nos altos platôs das montanhas Mulenge, em Kivu do Sul. Famosos pelas suas habilidades guerreiras e seus hábitos reclusos, odiados pela sua

219

suposta afinidade com Ruanda, são os primeiros a sofrer perseguição em épocas de descontentamento.

Eu pergunto se as eleições vindouras podem melhorar as coisas para eles. Sua resposta não é encorajadora. Os perdedores vão dizer que houve fraude e estarão certos. O vencedor ficará com tudo e os baniamulengues serão responsabilizados, como sempre. Não é por acaso que eles são chamados de judeus da África Ocidental: sempre que algo dá errado, a culpa é atribuída aos baniamulengues. Ele estava similarmente pouco impressionado com os esforços de Kinshasa para transformar as milícias do Congo em um único Exército nacional:

– Vários dos nossos garotos se alistaram e depois desertaram nas montanhas. No Exército, eles nos matam e insultam, embora tenhamos lutado e vencido muitas batalhas para eles.

Há uma esperança tênue, concede Thomas. Os Mai-Mai, que veem como seu dever manter o Congo livre de todos os "estrangeiros" – e especificamente baniamulengues –, estão descobrindo o alto custo de se tornarem soldados de Kinshasa. Ele não elabora.

– Talvez, quando os Mai-Mai aprenderem a desconfiar de Kinshasa, eles se aproximem de nós.

Estamos prestes a descobrir isso. Jason conseguiu arrumar um encontro com um coronel dos Mai-Mai, a maior e mais notória das muitas milícias do Congo, o segundo dos meus senhores da guerra.

★

Como Thomas, o coronel está vestido imaculadamente, não com um terno azul bem-cortado, mas uma farda do mal-afamado Exército nacional do Congo. Sua farda cáqui está bem passada e suas insígnias de patente brilham ao sol do meio-dia. Ele tem anéis de ouro em todos os dedos da mão direita. Dois celulares estão alinhados na mesa à sua frente. Estamos sentados em um café ao ar livre. Em uma plataforma cercada por sacos de areia do outro lado da rua, soldados paquistaneses que usam o capacete azul da ONU nos observam por detrás dos canos das armas. Lutar tem sido minha vida, diz o coronel. No passado, ele comandou combatentes de apenas 8 anos. Agora todos eles são adultos.

– Há grupos étnicos no meu país que não merecem estar aqui. Lutamos porque tememos que eles reivindiquem nossa sagrada terra congolesa. Não podemos confiar em nenhum governo em Kinshasa para fazer isso, então nós mesmos fazemos. Quando o poder de Mobutu chegou ao fim, nós resistimos com nossos pangas, nossos arcos e nossas flechas. Os Mai-Mai são uma força criada pelos nossos ancestrais. Nosso *dawa* é nosso escudo.

Dawa é o poder mágico que permite que os Mai-Mai se esquivem de balas ou as transformem em água: *Mai*.

– Quando se está frente a frente com uma AK-47 atirando na sua direção e nada acontece, descobre-se que nosso *dawa* é autêntico.

Nesse caso, eu pergunto tão delicadamente quanto consigo, como os Mai-Mai explicam seus mortos e feridos?

– Se um dos nossos guerreiros é derrubado, é porque ele é um ladrão ou um estuprador, desobedeceu aos nossos rituais ou teve maus pensamentos sobre um camarada enquanto estava em batalha. Nossos mortos são nossos pecadores. Deixamos nossos médicos bruxos os enterrarem sem cerimônias.

E os baniamulengues? Como o coronel os vê no presente clima político?

– Se eles começarem outra guerra, vamos matá-los.

Ao expor seu ódio por Kinshasa, contudo, ele se aproxima mais do que percebe das opiniões de Thomas, seu inimigo jurado, na noite anterior.

– Os *salauds* em Kinshasa marginalizaram os Mai-Mai. Eles esqueceram que lutamos por eles e salvamos seus rabos gordos. Não nos pagam e não nos escutam. Enquanto formos soldados, não vão nos deixar votar. É melhor voltar para o mato. Quanto custa um computador?

★

Estava na hora de irmos até o aeroporto de Bukavu para a cena de ação no fim do meu romance. Durante a semana, havíamos presenciado alguns tumultos na cidade e tiroteios esporádicos. Ainda havia um toque de recolher. A estrada até o aeroporto pertencia aos Mai-Mai, mas Jason disse que era seguro viajar, o que me levou a concluir que ele havia garantido nossa passagem com o coronel. Estávamos prestes a partir quando soubemos que, com toque de recolher ou não, o centro da cidade fora bloqueado por manifestantes e pneus queimados. Um homem havia hipotecado sua casa por 400 dólares para pagar a cirurgia da esposa, mas, quando os soldados não pagos de Kinshasa souberam disso, eles invadiram a casa, mataram o homem e roubaram o dinheiro. Vizinhos furiosos tinham capturado e prendido os soldados, mas seus colegas mandaram reforços para libertá-los. Uma garota de 15 anos tinha levado um tiro e morrido e a multidão explodira em tumulto.

Após uma viagem vertiginosa em alta velocidade por ruas secundárias cheias de buraco, chegamos à estrada Goma e dirigimos para o norte ao longo da margem oeste do lago Kivu. Recentemente, o aeroporto presenciara sérias lutas. Uma milícia ruandesa havia tomado o lugar durante vários meses, antes de ser expulsa. Agora, o aeroporto estava sob proteção conjunta da ONU, com tropas indianas e uruguaias. Os uruguaios nos ofereceram um almoço farto e nos urgiram a retornar em breve para uma festa.

– O que você faria – perguntei ao nosso anfitrião uruguaio – se os ruandeses voltassem?

– *Vamos* – respondeu ele, sem hesitação. Cairia fora.

Na verdade, eu queria descobrir o que ele e seus camaradas fariam se um bando de mercenários brancos fortemente armados aterrissasse sem aviso, que era o que eles fariam no meu romance. Eu não tinha coragem de expor minha hipótese tão diretamente, mas não duvidava de que, se ele soubesse o real objetivo por trás da minha pergunta, a resposta teria sido a mesma.

Passeamos pelo aeroporto e voltamos à cidade. A estrada de terra vermelha foi atingida por uma chuva tropical torrencial. Descemos a colina e encontramos o lago rapidamente invadindo o que, horas antes, era um estacionamento. Um homem de terno preto sacudia os braços do teto do seu carro pedindo ajuda, para a diversão de uma multidão cada vez maior. A chegada do nosso jipe com dois homens brancos e uma mulher branca trouxe ainda mais diversão. Em pouco tempo, um grupo de crianças começou a sacudir o jipe de um lado para o outro. Em seu entusiasmo, poderiam ter nos arrastado até o lago se Jason não tivesse saído do carro e, falando a língua delas, as acalmado com sua própria risada.

Para Michela, o momento foi tão banal que ela sequer se lembra. Mas eu lembro.

★

A discoteca é minha última e mais tocante memória de Bukavu. No meu romance, ela pertence ao herdeiro de uma fortuna comercial congolesa que estudou na França e que mais tarde se torna salvador de Salvo. Ele também é uma espécie de senhor da guerra, mas sua verdadeira base de poder são os jovens intelectuais e executivos de Bukavu: e aqui estão eles.

Há um toque de recolher, e a cidade está mortalmente quieta. Chove. Não me lembro de sinais piscando ou de homens fortes conferindo nossa entrada no clube: somente uma fileira de cinemas Essoldo em miniatura desaparecendo no escuro e um corrimão de corda descendo uma escadaria de pedra mal iluminada. Apalpamos nosso caminho. Música e luzes estroboscópicas nos engolfam. Gritos de "Jason" quando ele desaparece sob um mar de braços negros abertos em boas-vindas.

Os congoleses, disseram-me, sabem se divertir melhor que ninguém, e estão se divertindo aqui. Longe da pista de dança, há uma partida de bilhar em andamento, e me junto aos observadores. Em torno da mesa, um silêncio tenso acompanha cada tacada. A última bola é encaçapada. Sob gritos de alegria, o vencedor é carregado triunfalmente em torno da mesa. No bar, garotas bonitas conversam e riem. Na nossa mesa, ouço as opiniões de alguém sobre Voltaire – ou era Proust? Michela está educadamente desencorajando os avanços de um bêbado. Jason se reuniu aos homens na pista de dança. Eu me despeço:

– Apesar de todos os problemas do Congo, encontra-se menos gente deprimida em Bukavu que em Nova York.

★

O TUNEL DE POMBOS

Espero ter incluído essa frase no romance, mas já faz muito tempo desde que o li. A República Democrática do Congo foi minha última excursão aos campos de morte. O romance faz justiça à experiência? É claro que não. Mas a educação que recebi é indescritível.

28

Richard Burton precisa de mim

Sempre que me permito pensar no meu primeiro encontro com Martin Ritt, o veterano diretor americano de *O espião que saiu do frio*, coro de vergonha ao me lembrar das roupas idiotas que estava vestindo.

Foi em 1963. Meu romance ainda não havia sido publicado. Ritt comprara os direitos do filme baseado em uma cópia pirata datilografada entregue a ele pelo meu agente literário ou pelo meu editor, ou talvez alguma alma inteligente com uma copiadora que tinha algum colega no estúdio; neste caso, da Paramount. Ritt mais tarde afirmaria ter roubado os direitos. Mais tarde, eu concordaria com ele. Na época, eu o via como um homem de ilimitada generosidade que se dera ao trabalho de voar de Los Angeles com alguns amigos a fim de me convidar para almoçar no altar do luxo eduardiano, o hotel Connaught, e tecer muitos elogios ao meu livro.

E eu voara de Bonn, a capital da Alemanha Ocidental, à custa de Sua Majestade, a rainha. Era um diplomata de 32 anos e jamais havia encontrado gente do cinema antes. Durante minha infância, como todos os meninos naquela época, eu me apaixonara por Deanna Durbin e rolara pelos corredores com os Três Patetas. Em filmes de guerra derrubara aviões alemães pilotados por Eric Portman e triunfara sobre a Gestapo com Leslie Howard. (Meu pai estava tão convencido de que Portman era nazista que disse que ele deveria ser preso.) Mas, tendo casado cedo, com crianças pequenas e ganhando pouco dinheiro, eu não vira muitos filmes desde então. Eu tinha um charmoso agente em Londres cuja ambição secreta era tocar bateria em uma banda de jazz.

O TÚNEL DE POMBOS

Seu conhecimento do mundo cinematográfico devia ser maior que o meu, mas não por uma margem muito grande, suspeito. Mesmo assim, foi ele quem arranjou o contrato do filme, e eu, após um agradável almoço com ele, o assinei.

Como já relatei, parte do meu trabalho como segundo-secretário na embaixada britânica em Bonn consistia em escoltar dignitários alemães em visita ao governo britânico e sua oposição parlamentar, e fora isso que me levara a Londres. Isso explica por que, quando fugi dos meus deveres oficiais para almoçar com Martin Ritt no Connaught, eu usava um terno justo preto, colete preto, gravata de seda e calças listradas de cinza e preto, um traje que os alemães chamam de *Stresemann*, em homenagem a um estadista prussiano que tivera o breve infortúnio de presidir a República de Weimar. Isso também explica por que Ritt me perguntou, com estridente amabilidade enquanto trocávamos um aperto de mão, o que diabos dera em mim para me vestir igual ao *maître*.

E o que Ritt estava vestindo para ter a liberdade de me fazer essa pergunta desafiadora? Na sala de jantar do Connaught, há um código de vestimenta bastante estrito. Mas, no Grill, em 1963, eles aprenderam, embora contra a vontade, a ser mais relaxados. Sentado em um canto do restaurante e cercado por quatro sócios grisalhos da indústria cinematográfica, Martin Ritt, dezessete anos e vários séculos mais velho que eu, usava uma revolucionária camisa preta abotoada até o pescoço e um par de calças largas com elástico na cintura e nos tornozelos. E, o mais extraordinário, do meu ponto de vista, uma boina de artista com a pala virada para cima, e não para baixo. Mas uma boina *no interior do restaurante*, veja bem, o que, na Inglaterra diplomática daqueles dias, era tão aceitável quanto comer ervilhas com faca. E tudo isso na moldura grosseira de um velho jogador de futebol que havia engordado demais, com um rosto largo e bronzeado da Europa central marcado pela dor dos anos, abundante cabelo grisalho penteado para trás e olhos alertas por trás de óculos negros.

— Eu não disse que ele era jovem? — perguntou orgulhosamente aos seus sócios enquanto eu tentava explicar por que estava vestido como o *maître*.

226

RICHARD BURTON PRECISA DE MIM

Sim, você disse, Marty, concordaram eles, porque diretores de cinema, como agora sei, estão sempre certos.

★

E Marty Ritt estava mais certo que a maioria deles. Ele era um diretor bem-sucedido com um coração grande e uma experiência de vida intimidadora. Servira nas forças americanas durante a Segunda Guerra Mundial. Havia sido, se não membro do Partido Comunista, um dos seus mais devotados simpatizantes. Sua descarada admiração por Karl Marx tinha feito com que seu nome integrasse a lista negra da indústria televisiva em que atuara e dirigira com distinção. Ele havia dirigido peças de teatro, grande parte delas comunista, incluindo uma apresentação para o fundo de auxílio à Rússia no Madison Square Garden. Dirigira dez longas-metragens em sequência, notavelmente *O indomado*, com Paul Newman, um ano antes. E não fez segredo do fato, desde o momento em que nos sentamos, de que via no meu romance algum tipo de ponto de travessia das suas convicções iniciais até seu presente estado de impotente desgosto com o macarthismo, a covardia de muitos dos seus pares e camaradas no banco de testemunha, a falha do comunismo e a nauseante esterilidade da Guerra Fria.

E Ritt, como era rápido em informar, era judeu até os ossos. Se sua família não tivesse sofrido diretamente durante o Holocausto – embora eu achasse que sim –, sua personalidade havia sofrido, e continuava a sofrer, por toda a raça. De modo ardente e articulado, sua identidade judia era um tema constante para ele. E isso se tornou ainda mais relevante quando começamos a falar do filme em que pretendia transformar meu romance. Em *O espião que saiu do frio*, dois comunistas idealistas, uma inocente bibliotecária em Londres e um membro do Serviço de Informações da Alemanha Oriental são brutalmente sacrificados pelo bem maior da causa ocidental (capitalista). Ambos são judeus.

Para Marty Ritt, o filme seria pessoal.

E quanto a mim? Quais qualificações da grande universidade da vida eu tinha a oferecer em troca? Meu *Stresemann*? Minha educação, embora truncada, em um colégio interno britânico? Um romance que eu havia montado a partir de experiências de segunda mão? Ou o enervante fato, que graças a Deus eu não podia revelar a ele, de que tinha passado grande parte da minha vida recente labutando nos vinhedos protegidos do Serviço Secreto britânico, lutando contra a mesma causa que ele, por sua franca admissão, entusiasticamente defendia?

Mas isso é outra coisa que aprendi no caminho. Não importa que eu também estivesse começando a questionar as lealdades fáceis da minha juventude. A cinematografia é o casamento forçado entre opostos irreconciliáveis. E isso nunca foi tão evidente como quando Richard Burton assumiu o papel principal de Alec Leamas.

★

Não me lembro em que momento soube que Burton ficaria com o papel. Durante nosso almoço no Connaught Grill, Marty Ritt me perguntara quem eu achava que deveria interpretar Leamas, e eu havia sugerido Trevor Howard ou Peter Finch, desde que Finch interpretasse um britânico, e não um australiano, porque eu sentia fortemente que aquela era uma história muito britânica sobre modos secretos muito britânicos. Ritt, um bom ouvinte, disse que entendia meu ponto de vista e gostava de ambos os atores, mas temia que nenhum deles fosse grande o bastante para o orçamento. Algumas semanas depois, quando voltei a Londres, dessa vez à custa da Paramount, para visitar as locações, ele me disse que havia oferecido o papel a Burt Lancaster.

Para interpretar um *inglês*, Marty?

Canadense. Burt é um grande ator. Burt vai interpretar um canadense, David.

Não havia como retrucar a esse argumento. Lancaster era de fato um grande ator, mas meu Leamas não era um grande canadense. Mas, a essa altura, o Grande e Inexplicável Silêncio já havia se instaurado.

Durante a produção de cada filme baseado na minha obra – ou durante a não produção –, houve a Primeira Corrida, seguida pelo Grande e Inexplicável Silêncio. Ele pode durar alguns meses, vários anos ou para sempre. O projeto morreu ou está seguindo em frente e ninguém me disse? Longe do olhar dos plebeus, grandes somas de dinheiro estão sendo distribuídas, roteiros encomendados, escritos e rejeitados, agentes competindo e gritando. Em salas fechadas, garotos imberbes usando gravatas tentam superar uns aos outros com pérolas de criatividade juvenil. Mas, fora dos muros de Hollywood, é impossível obter informações sólidas, principalmente porque, nas palavras imortais de William Goldman, ninguém sabe de nada.

Richard Burton *emergiu*, é tudo o que posso dizer. Sua chegada não foi anunciada por milhares de violinos. Houve apenas um surpreso: "David, tenho novidades. Richard Burton assinou para o papel de Leamas." E não era Marty Ritt ao telefone comigo, mas meu editor americano, Jack Geoghegan, em êxtase religioso. "E tem mais, David, você está prestes a conhecê-lo!" Geoghegan era um veterano do destemido mundo dos livros. Ele começara como vendedor de cadarços e chegara a chefe de vendas da Doubleday. Perto da sua aposentadoria, havia comprado uma pequena editora, Coward McCann. O improvável sucesso do meu romance e a adição de Richard Burton eram um sonho tornado realidade.

Devemos estar no fim de 1964, porque eu saí do meu cargo no governo e me estabeleci, primeiro na Grécia e mais tarde em Viena, como escritor em tempo integral. Eu planejava visitar os Estados Unidos pela primeira vez, e Burton estava interpretando Hamlet na Broadway, com Gielgud codirigindo e interpretando o papel do Fantasma. A produção era descrita como um ensaio geral a ser exibido nos cinemas. Geoghegan me levaria para assistir e, em seguida, me apresentaria a Burton no camarim. Ele não estaria tão empolgado nem se tivéssemos uma audiência com o papa.

E a interpretação de Burton foi épica. E tínhamos os melhores lugares. E, no camarim, ele foi bastante encantador e disse que meu livro era a melhor coisa desde sabe-se lá quando. E eu respondi que seu Hamlet era melhor que o Hamlet de Olivier – melhor até que o de Gielgud, continuei, imprudente, embora, até onde eu soubesse, ele pudesse estar na sala –, melhor que o de qualquer um em que eu podia pensar. Mas o que eu secretamente me perguntava, em meio às torrentes de elogios mútuos, era como aquela bela e estrondosa voz de barítono galês e aquele avassalador talento de triplo macho alfa caberiam no personagem de

O TÚNEL DE POMBOS

um espião britânico acabado de meia-idade que não se destacava pelo seu carisma, pela sua articulação clássica ou pela sua aparência de deus grego com cicatrizes de acne?

E, embora eu não soubesse disso na época, a mesma pergunta deve ter ocorrido a Ritt, porque uma das primeiras batalhas entre eles na guerra que se seguiria foi sobre como amenizar o poder da voz de Burton, algo que ele não estava disposto a fazer.

*

Mas agora estamos em 1965 e ouvi por acaso – eu ainda não tinha um agente cinematográfico, então precisava ter um espião em algum lugar – que, no último roteiro do meu romance, Alec Leamas, o papel que Burton deveria desempenhar, em vez de dar um soco em um verdureiro e acabar na prisão, seria confinado em um hospital psiquiátrico e escaparia pela janela do seu quarto no primeiro andar. O Leamas do meu romance não chegaria perto de um hospital psiquiátrico nem para salvar a própria vida, então o que estaria fazendo em um? A resposta parecia ser que, aos olhos de Hollywood, o hospital era mais sexy que a prisão.

Algumas semanas depois, recebi a notícia de que o roteirista, que, como Ritt, fora incluído em uma lista negra no passado, havia ficado doente e passado o manto para Paul Dehn. Eu estava triste pelo roteirista, mas aliviado. Dehn era um colega britânico. Ele escrevera seu próprio filme, intitulado *Orders to Kill* [*Ordens para matar*], que eu admirava. Também era da família. Durante a guerra, havia treinado agentes aliados em técnicas de ataque letal silencioso e fizera parte de missões secretas na França e na Noruega.

Eu e Dehn nos encontramos em Londres. Ele não tinha paciência para hotéis psiquiátricos e nenhum problema em dar um soco em verdureiros. Estava feliz em colocar Leamas na prisão pelo tempo que fosse. E foi seu roteiro que, alguns meses depois, chegou a mim com uma agradável mensagem de Ritt pedindo meus comentários.

Eu morava em Viena na época e, na melhor tradição de escritores que foram premiados com um sucesso inesperado, batalhava com um romance do qual não gostava, um dinheiro com o qual jamais havia sonhado e um desastre matrimonial pelo qual era inteiramente responsável. Eu li o roteiro, gostei, disse a Ritt que tinha gostado e voltei ao meu romance e ao meu desastre. Algumas noites depois, o telefone tocou. Era Ritt, ligando dos Estúdios Ardmore, na Irlanda, onde as filmagens supostamente já haviam começado. Sua voz tinha o tom forçado de um homem que havia sido feito refém e estava entregando sua última mensagem.

Richard precisa de você, David. Richard precisa tanto de você que ele não vai dizer suas falas a menos que você as reescreva.

Mas o que está errado com as falas de Richard, Marty? Elas pareceram boas para mim.

Esse não é o ponto, David. Richard precisa de você e está interrompendo a produção até você chegar. Nós vamos pagar uma passagem de primeira classe e reservaremos uma suíte só para você. O que mais você pode pedir?

A resposta – se realmente era verdade que Burton estava interrompendo as filmagens por minha causa – era que eu podia pedir a lua e conseguir. Mas, que eu me lembre, não pedi nada. Isso aconteceu há meio século, e os registros da Paramount podem contar uma história diferente, mas duvido. Talvez eu estivesse tão ansioso para ver meu filme pronto que não ligasse ou não ousasse. Talvez eu quisesse escapar da bagunça que criara ao meu redor em Viena.

Ou talvez eu ainda fosse tão imaturo que simplesmente não sabia que aquela era uma oportunidade única, que um agente venderia a própria mãe para poder explorar: um filme com sinal verde para produção, uma unidade inteira da Paramount Pictures esperando, sessenta eletricistas ao redor sem nada para fazer além de comer hambúrgueres gratuitos e um dos maiores astros da época se recusando a interpretar a menos que a criatura mais desprezada em toda a indústria cinematográfica – *o autor do original, pelo amor de Deus!* – fosse até lá para segurar sua mão.

Tudo que sei com certeza é que desliguei e, na manhã seguinte, voei até Dublin, pois Richard Precisava de Mim.

★

231

Ele realmente precisava?

Ou era Marty quem precisava mais de mim?

Em teoria, eu estava em Dublin para reescrever os diálogos de Burton, o que significava retrabalhar as cenas para atender às suas demandas. Mas suas demandas não eram sempre as de Ritt, e, como resultado, eu me tornei, durante esse breve período, o intermediário entre eles. Lembro-me de me sentar com Ritt e modificar uma cena, então me sentar com Burton e modificá-la outra vez, voltando em seguida para Ritt. Mas não me lembro de jamais me sentar com os dois ao mesmo tempo. E o processo durou apenas alguns dias, ao fim dos quais Ritt se declarou satisfeito com as revisões, e Burton deixou de resistir – ao menos a mim. Mas, quando eu disse a Ritt que estava voltando para Viena, ele me repreendeu de um modo que apenas ele era capaz de fazer.

Alguém precisa cuidar de Richard, David. Ele está bebendo demais. Ele precisa de um amigo.

Richard precisa de um *amigo*? Ele não tinha acabado de se casar com Elizabeth Taylor? *Ela* não era uma amiga? Ela não estava lá com ele, interrompendo as filmagens todas as vezes em que chegava no Rolls-Royce branco, cercada por outros amigos, como Yul Brynner e Franco Zeffirelli; como agentes e advogados; como a suposta família de dezessete membros de Burton, que ocupava um andar inteiro do maior hotel de Dublin, com vários filhos de vários casamentos, tutores para os tais filhos, cabeleireiros, secretárias e, nas palavras de um desrespeitoso membro da unidade, o camarada que cortava as garras do seu papagaio? Todos eles, e Richard precisava de *mim*?

É claro que precisava. Ele estava sendo Alec Leamas.

E, como Alec Leamas, ele era um solitário em potencial, sua carreira tinha chegado ao fim e as únicas pessoas com quem podia conversar eram estranhos como eu. Embora dificilmente percebesse isso na época, eu estava passando pela minha iniciação ao processo de um ator mergulhar nas regiões mais sombrias da sua vida, em busca de elementos para o papel que estava prestes a desempenhar. E o primeiro elemento a ser encontrado, se você é Alec Leamas em potencial, é a solidão. O que, em uma palavra, significava que, enquanto Burton fosse Leamas, toda a sua corte era composta de inimigos jurados. Se Leamas andava sozinho, Burton devia andar sozinho. Se Leamas mantinha uma garrafa de meio litro de Johnnie Walker no bolso da capa de chuva, Burton faria o mesmo. E tomava grandes goles sempre que a solidão era demais para ele, ainda que – como rapidamente se tornou evidente – a única coisa que Leamas tinha, e Burton não, fosse a resistência ao álcool.

Como isso afetou sua vida doméstica, eu não tenho ideia, para além da conversa masculina entre goles de uísque: ele estava dormindo no sofá e Elizabeth não se sentia feliz. Mas eu não punha muita fé nessas confidências. Burton, como muitos atores, não podia descansar até que transformasse quem quer que estivesse por perto em amigo instantâneo, como eu descobrira ao observá-lo estender seu charme a qualquer um, do eletricista-chefe à garota do chá, para visível irritação do nosso diretor.

Em contrapartida, Taylor devia ter suas próprias razões para não estar satisfeita. Burton pedira a Ritt que a chamasse para o papel feminino central, mas Ritt o dera a Claire Bloom, com quem, de acordo com os rumores, Burton já havia tido um caso. E, ainda que Bloom se confinasse à sua caravana quando não estava filmando, a desprezada Elizabeth não podia gostar de ver os dois flertando no set.

★

Imagine uma praça iluminada em Dublin e o Muro de Berlim em toda sua feiura – construído com tijolos cinzentos e arame farpado – cortando-a ao meio. Os pubs estão fechando e toda Dublin se aproximou para assistir ao espetáculo; quem não o faria? Não está chovendo, o que é um milagre, e uma equipe de engenheiros de Dublin está de prontidão. Oswald Morris, nosso diretor de fotografia, gosta das ruas noturnas molhadas. Ao longo do muro, técnicos e cenografistas cuidam dos últimos detalhes. Há um ponto em que os parafusos de ferro formam uma espécie de escada, quase invisível. Oswald Morris e Ritt a estão estudando.

A qualquer momento, Leamas vai subir aquela escada, afastar o arame farpado e, estendido sobre o muro, olhar para o horror do cadáver de uma pobre mulher que ele fora induzido a trair. No romance, a mulher se chama Liz, mas, no filme, por razões óbvias, seu nome é Nan.

A qualquer momento, um assistente de direção ou outro profissional irá descer os degraus do quarto semissubterrâneo sombrio em que eu e Burton passamos as últimas horas. Desse quarto, emergirá Alec Leamas em uma velha capa de chuva, assumindo sua posição ao pé do muro e, a um comando de Ritt, começando a subir a escada.

Exceto que não o fará. A garrafa de meio litro de Johnnie Walker desapareceu há muito. E, embora eu tenha bebido a maior parte dela, Leamas pode ainda estar em condições de subir a escada, mas Burton definitivamente não.

Nesse meio-tempo, para o prazer da multidão, o Rolls-Royce branco apareceu, dirigido por um motorista francês, e Burton, respondendo ao clamor do lado de fora, grita "Ah, meu Deus! Elizabeth, sua idiota!" e sai correndo para a praça. Usando todo o volume da voz de barítono que Ritt está determinado a suprimir, ele grita com o motorista – em um francês imperfeito, embora o motorista fale inglês muito bem – por arriscar a vida de Elizabeth nas mãos da multidão de Dublin: não um grande risco, na minha opinião, uma vez que toda a força policial da cidade estava presente para o espetáculo.

Mas a raiva de Burton não admite resistência. Com Elizabeth demonstrando seu desprazer pelo vidro abaixado, o motorista dá ré e volta para a base, deixando Marty Ritt sozinho no muro com sua boina de artista, parecendo o homem mais solitário e furioso do planeta.

*

Tanto na época como em outras ocasiões, quando vi atores e diretores trabalhando juntos em outros filmes, me perguntei qual era a causa da hostilidade aberta entre Burton e Ritt, e cheguei à conclusão de que era anterior ao filme. Sim, havia a irritação pelo fato de Ritt ter rejeitado Taylor para o papel de Nan e tê-lo dado a Bloom. Mas, para mim, o problema era muito mais antigo, remontando aos dias em que Ritt era

RICHARD BURTON PRECISA DE MIM

um radical na lista negra, magoado e indignado. Para ele, consciência social não era apenas uma atitude, era algo que estava no sangue.

Em uma das poucas conversas com conteúdo que mantive com Burton durante nosso breve tempo juntos, ele me mostrou o quanto desprezava o astro em si mesmo; como desejava ter "dado uma de Paul Scofield", referindo-se a recusar os heróis e o dinheiro da telona e aceitar apenas papéis de real importância artística. E Ritt teria concordado integralmente com ele.

Mas isso não isentava Burton. Aos olhos do puritano e comprometido esquerdista e ativista, Burton estava próximo de tudo o que Ritt instintivamente condenava. Procure pelas suas citações e você encontrará uma que diz: "Não tenho muito respeito pelo talento. Talento é genético. É o que você faz com ele que conta." Era ruim o bastante colocar o lucro acima da arte, o sexo antes da família, ostentar sua riqueza ou sua mulher, afogar-se ostensivamente na bebida ou se apresentar ao mundo como um deus enquanto as massas gritavam por justiça. Mas desperdiçar seu talento era um pecado contra os deuses e os homens. E, quanto maior o talento – e os talentos de Burton eram imensos e extraordinários –, maior o pecado, na opinião de Ritt.

Em 1952, o ano em que Ritt entrou para a lista negra, Burton, o prodígio galês de 26 anos com sua voz de ouro, estava iniciando sua carreira em Hollywood. Não é coincidência que vários membros do elenco de *O espião que saiu do frio* – Claire Bloom e Sam Wanamaker eram dois – também estivessem na lista negra. Mencione o nome de qualquer um daquele período e a pergunta imediata de Ritt era: "Onde *ele* estava quando precisávamos dele?" O que queria dizer era: ele falou por nós, nos traiu ou manteve o silêncio dos covardes? E não me surpreenderia se, bem no fundo da mente de Ritt, ou talvez mesmo na frente, a mesma persistente pergunta pairasse sobre seu relacionamento com Burton.

*

Estávamos em uma praia varrida pelo vento em Scheveningen, na costa holandesa. Era o último dia de filmagem de *O espião que saiu do frio*, em um cenário interno apertado. Leamas estava negociando sua própria destruição, concordando em cruzar a Alemanha Oriental e entregar seus preciosos segredos aos inimigos do seu país. Estou em algum lugar atrás de Oswald Morris e Martin Ritt, fazendo o possível para não atrapalhar. A tensão entre Burton e Ritt é palpável. Os comandos de Ritt são secos e monossilábicos. Burton mal responde. Como sempre em cenas fechadas como essa, os atores falam tão baixo e casualmente que parece, para os não iniciados, que estão ensaiando, e não interpretando. Assim, fico surpreso quando Ritt diz "corta" e a cena chega ao fim.

Mas não é o fim. Um expectante silêncio se instala, como se todos, menos eu, soubessem o que está prestes a acontecer. Então Ritt, que, afinal, é ele mesmo um grande ator e sabe uma coisa ou outra sobre *timing*, diz a frase que acredito que guardou exatamente para aquele momento:

— *Richard, eu consegui a última trepada de uma puta velha e teve de ser na frente do espelho.*

Verdadeiro? Justo?

Não verdadeiro, de modo algum, muito menos justo. Richard Burton era um artista sério e literato, um polímata autodidata com qualidades e falhas que, de um modo ou de outro, todos partilhamos. Embora fosse prisioneiro das suas próprias fraquezas, o traço de retificador puritanismo galês nele não estava muito distante do de Ritt. Ele era irreverente, malicioso e tinha um coração generoso, mas, definitivamente, manipulador. Para os muito celebrados, a manipulação faz parte do negócio. Nunca o encontrei nas suas horas mais íntimas, mas gostaria de ter encontrado. Ele foi um Alec Leamas magnífico e, em algum outro ano, sua interpretação poderia ter lhe rendido o Oscar que lhe escapou durante toda a vida. O filme era sombrio e em preto e branco. Não era o que estava na moda em 1965.

Se o ator ou o diretor tivessem sido homens menores, talvez o filme também o tivesse sido. Suponho que, na época, eu me sentia mais inclinado a proteger o gorducho, corajoso e amargo Ritt que o exuberante e imprevisível Burton. Um diretor carrega todo o peso do filme nas costas, incluindo as idiossincrasias dos seus astros e estrelas. Às vezes, eu tinha a sensação de que Burton provocava Ritt de propósito, mas, no fim das contas, acho que eles eram iguais. E Ritt certamente tinha a última palavra. Ele era um diretor brilhante e passional cuja fúria justificada jamais podia ser silenciada.

29

Alec Guinness

Alec Guinness morreu com a costumeira discrição. Ele havia me escrito uma semana antes da sua morte, expressando preocupação com a doença da esposa, Merula. Em uma atitude típica, mal mencionara a própria doença.

Era impossível dizer a Alec quão grandioso ele era, é claro. Se alguém fosse tolo o bastante para tentar, receberia um olhar hostil. Mas, em 1994, para celebrar seu octogésimo aniversário, uma operação clandestina bem-sucedida coordenada pelo editor Christopher Sinclair-Stevenson produziu um belo volume encadernado chamado "Alec", que lhe foi entregue de presente. Ele continha memórias, poemas, simples expressões de afeto e agradecimentos, na maioria de velhos amigos. Eu não estava lá durante a entrega, mas tenho certeza de que Alec ficou rabugento ao receber o presente. Mas talvez também tenha ficado um pouco satisfeito, porque Alec valorizava as amizades tão profundamente quanto desprezava os elogios, e havia pelo menos alguns dos seus amigos sob a capa.

Comparado a muitos dos participantes do volume, eu chegara tarde à vida de Alec, mas havíamos trabalhado juntos em várias ocasiões durante cinco anos e permanecido confortavelmente em contato desde então. Eu sempre me orgulhara do nosso relacionamento, mas meu melhor momento foi quando ele selecionou o texto que eu havia escrito para seu octogésimo aniversário como prefácio do último volume da sua biografia.

Alec se mostrava inflexível em seu desejo de não ter um velório, nenhuma reunião póstuma de amigos, nenhuma extravagância emotiva. Mas tenho a desculpa de saber que aquele homem intensamente reservado estivera contente em oferecer esse pequeno retrato ao mundo.

★

O que se segue foi retirado do meu prefácio para sua autobiografia, com alguns acréscimos posteriores.

Ele não é uma companhia confortável. Por que seria? A criança que observa no interior desse homem de 80 anos ainda não encontrou um porto seguro ou respostas fáceis. As privações e as humilhações de três quartos de século atrás ainda não foram resolvidas. É como se ele ainda estivesse tentando apaziguar o mundo adulto à sua volta; conseguir seu amor com uma piscadela, implorar pelo seu sorriso, evitar ou se defender da sua monstruosidade.

Mas ele despreza suas lisonjas e desconfia dos seus elogios. Ele é desconfiado como apenas uma criança aprende a ser. Ele concede sua confiança lentamente e com o maior dos cuidados. E está pronto para removê-la a qualquer momento. Se for incuravelmente apaixonado por ele, faça o melhor que puder para esconder esse fato.

A propriedade é desesperadamente importante para ele. Como alguém muito familiarizado com o caos, ele valoriza as boas maneiras e a ordem. Ele se inclina graciosamente aos de boa aparência mas também ama palhaços, macacos e figuras estranhas nas ruas, vendo-os como seus aliados naturais.

Dia e noite, ele estuda e armazena os maneirismos do inimigo adulto, molda sua própria face, sua própria voz e seu próprio corpo em incontáveis versões de nós mesmos, enquanto, simultaneamente, explora as possibilidades da sua própria natureza – você gosta mais de mim assim? ou assim? ou assim? –, *ad infinitum*. Quando está compondo seu personagem, ele rouba desavergonhadamente daqueles à sua volta.

Observá-lo vestir sua identidade é como observar um homem em uma missão em território inimigo. Esse disfarce é bom para *ele*? (*Ele* sendo sua nova *persona*.) Os óculos estão corretos? Não, vamos testar esses aqui. Seus sapatos são novos demais, bons demais, será que vão entregá-lo? E sua maneira de caminhar, essa coisa que ele faz com o joelho, esse olhar, essa postura. Você acha que é demais? E se ele parecer um nativo, será que falará como um? Ele domina o idioma?

E, quando o programa acaba, ou as filmagens do dia, e ele é novamente Alec – a face fluida brilhando com a maquiagem, o pequeno charuto tremendo ligeiramente na mão enorme –, é impossível não sentir que ele voltou para um mundo monótono, após todas as suas aventuras lá fora.

Ele pode ser um solitário, mas o ex-oficial da Marinha também adora se sentir parte de uma equipe. Não há nada que ele deseje mais que ser bem conduzido, capaz de respeitar o significado das suas ordens e a qualidade dos seus camaradas. Contracenando com eles, Alec conhece os diálogos dos outros tão bem quanto os próprios. Para além de toda a consideração que tem por si mesmo, é a ilusão coletiva que ele valoriza mais que tudo, chamada de O Show: aquele mundo precioso no qual a vida tem sentido, forma e resolução e no qual os eventos se seguem de acordo com regras escritas.

Trabalhar em roteiros com ele é o que os americanos chamam de *aprendizado*. Uma cena pode passar por doze versões antes de ele ser persuadido por ela. Outra, por nenhuma razão aparente, é aceita sem debate. Somente mais tarde, ao se ver o que ele decidiu fazer com ela, é possível descobrir o porquê.

A disciplina que Alec se impõe é rigorosa e ele espera o mesmo dos outros. Eu estava presente quando um ator que, desde então, tornou-se abstêmio apareceu bêbado para as filmagens – e uma das suas razões era o fato de estar aterrorizado pelo fato de interpretar ao lado de Guinness. A ofensa, aos olhos de Alec, era absoluta: o pobre homem poderia muito bem ter dormido enquanto cumpria seu turno como vigia. No entanto, dez minutos depois, a raiva de Alec dera lugar a uma gentileza quase desesperada. No dia seguinte, as filmagens transcorreram como em um sonho.

Convide Alec para jantar e ele estará à sua porta escovado e polido antes da hora marcada, não importando que uma nevasca tenha tornado Londres intransitável. Se você for seu convidado – um evento mais provável, uma vez que ele é um anfitrião compulsivamente generoso

–, um cartão-postal, em uma bela caligrafia graciosamente inclinada, confirmará o arranjo que vocês fizeram pelo telefone no dia anterior.

E você fará bem em responder à cortesia da sua pontualidade. Seus atos significarão muito para ele: são uma parte mandatória do roteiro da vida e o que nos distingue da indignidade e da desordem dos seus anos iniciais.

Mas Deus não permita que eu o pinte como um homem severo.

As gargalhadas contagiantes e a camaradagem de Alec, quando surgem, são ainda mais miraculosas pela sua incerteza. O sorriso súbito de prazer, as anedotas maravilhosamente narradas, os flashes de imitação vocal e física e o esgar malicioso que se alarga estão diante de mim enquanto escrevo. Observe-o na companhia de outros atores de qualquer idade e procedência e você o verá se adaptar a eles como um homem que encontrou sua lareira favorita. O novo jamais o choca. Ele ama descobrir novos talentos e ajudá-los na dura estrada que percorreu.

E ele lê.

Alguns atores, ao receberem uma oferta de trabalho, primeiro contam suas linhas de diálogo para calcular a importância do papel. Alec está tão distante deles quanto é possível estar. Nenhum diretor, produtor ou roteirista que conheço tem um olho melhor para a estrutura do diálogo ou para aquele *algo mais* que ele sempre busca: o McGuffin, aquele traço de mágica que distingue alguém da multidão.

A carreira de Alec está repleta de papéis brilhantes e improváveis. O talento que os escolheu foi tão inspirado quanto o talento que os interpretou. Também ouvi – será um dos segredos de Alec? – que sua esposa, Merula, exerce muita influência nas suas escolhas. Eu não me surpreenderia. Ela é uma mulher calma e sábia, uma artista muito gentil e enxerga longe.

O que nos une, então, nós que partilhamos alguns quilômetros da longa vida de Alec? Suspeito que seja a constante confusão sobre quem se é para ele. Você quer demonstrar amor por Alec, mas você também quer lhe dar o espaço de que ele claramente necessita. Seu talento está tão próximo da superfície que seu primeiro instinto é protegê-lo dos golpes da vida cotidiana. Mas ele consegue administrá-los muito bem sozinho, obrigado.

Assim, nós nos tornamos como o restante da sua grande plateia: admiradores frustrados, incapazes de expressar nossa gratidão, resignados a sermos os beneficiários do gênio que ele se recusa tão resolutamente a reconhecer.

★

É hora do almoço no último andar da BBC em um dia do verão de 1979. O elenco, os técnicos, a produção, o diretor e o roteirista de *O espião que sabia demais* estão reunidos nos seus melhores ternos, bebendo seu vinho branco quente, cada um com uma taça, antes de entrar no salão de jantar, onde um banquete de frango frio os aguarda.

Mas há um pequeno atraso. O gongo soou, e os barões da BBC estão desfilando. O roteirista, os produtores e o diretor estão presentes na hora aprazada. Os barões fazem questão de que haja pontualidade. O elenco também chegou cedo, e Alec, como sempre, antes de todos. Mas, oh, onde está Bernard Hepton, nosso segundo protagonista, nosso Toby Esterhase?

Enquanto nossas taças de vinho esquentam ainda mais, todos os olhos gravitam para as portas duplas. Bernard está doente? Esqueceu? Está aborrecido? Há rumores de atrito no set entre Alec e Bernard.

As portas se abrem. Com uma despreocupação calculada, Bernard faz sua entrada, usando não os taciturnos cinza e azul como o restante de nós, mas um terno de três peças de um verde estridente, combinando com sapatos alaranjados.

Quando ele entra na sala, a voz meliflua de George Smiley ressoa as boas-vindas:

– Ó Bernard! Você veio vestido de sapo.

30

Obras-primas perdidas

Creio que um dia se reconhecerá que os melhores filmes baseados na minha obra foram aqueles jamais filmados.

Em 1965, o ano em que o filme *O espião que saiu do frio* foi lançado, fui persuadido, pelo meu editor britânico, a comparecer à Feira Literária de Frankfurt, que me aterrorizava, para promover um romance para o qual eu tinha poucas expectativas, além de me mostrar agradável e interessante para a mídia. Enjoado com o som da minha própria voz – e de ser passado de mão em mão entre jornalistas estrangeiros como um saco de mercado –, eu me retirei, mal-humorado, para meu quarto no Frankfurter Hof.

E era com esse mau humor que eu estava naquele fim de tarde quando meu telefone tocou e uma voz feminina rouca, falando inglês com sotaque, anunciou que Fritz Lang estava no lobby e desejava me ver. Será que eu podia descer?

O nome não me impressionou. Há dezenas de Langs e Fritzes na Alemanha. Seria ele o mesmo colunista de fofocas literárias odioso do qual eu fugira naquele dia? Eu achava que sim, e ele estava usando a mulher como isca. Perguntei a ela sobre o que o Sr. Lang queria falar.

– Fritz Lang, o *diretor de cinema* – corrigiu ela em tom reprovador. – Ele quer discutir uma proposta com o senhor.

Se ela tivesse dito que Goethe estava me esperando no lobby, minha reação não teria sido muito diferente. Quando eu estudava alemão em Berna no fim da década de 1940, nós, estudantes, passávamos noites inteiras debatendo o gênio de Fritz Lang, o grande diretor dos anos da República de Weimar.

O TÚNEL DE POMBOS

Também conhecíamos sua vida, até certo ponto: um judeu nascido na Áustria e criado como católico, ferido três vezes lutando pela Áustria na Primeira Guerra Mundial e, em rápida sucessão, ator, escritor e diretor expressionista nos gloriosos dias da Ufa, a famosa companhia de produção cinematográfica de Berlim dos anos 1920. Como estudantes, havíamos discutido clássicos expressionistas como *Metropolis* e tínhamos permanecido sentados durante as cinco horas de *Die Nibelungen* e durante as quatro de *Dr. Mabuse, o Jogador*. Provavelmente porque gostava de pensar nos vilões como heróis, eu tinha uma particular afinidade com *M, o vampiro de Dusseldorf*, no qual Peter Lorre interpreta um assassino de crianças que é caçado pelo submundo do crime.

Mas *depois* de 1933? Trinta anos depois? Eu lera em algum lugar que ele estava filmando em Hollywood, mas não me lembrava de ter visto nenhum desses filmes. Para mim, ele era o Homem da República de Weimar e pronto. Para ser honesto, eu não sabia que ele ainda estava vivo. E ainda achava que a ligação podia ser um trote.

— Você está me dizendo que o *Dr. Mabuse* está no lobby? — perguntei à sedutora voz feminina, em um tom que esperava ser de soberbo ceticismo.

— É o Sr. Fritz Lang, o diretor de cinema, e ele deseja ter uma discussão produtiva com o senhor — repetiu ela, sem ceder.

Se fosse o Lang real, ele estaria usando um tapa-olho, disse a mim mesmo enquanto vestia uma camisa limpa e escolhia uma gravata.

★

Ele estava usando um tapa-olho. Também estava usando óculos, o que me confundiu: por que duas lentes para um único olho? Ele era um homem pesado e intimidante com um rosto marcado por curvas musculosas. Queixo de lutador, sorriso não muito agradável. Chapéu cinza, com uma aba que deixava seu olho bom nas sombras. Sentado como um velho pirata, empertigado na poltrona do hotel. Cabeça inclinada para trás, ouvindo algo de que não tem certeza de gostar. Mãos poderosas que agarram o cabo de uma bengala enfiada entre os joelhos. Era o homem, segundo a lenda, que, quando estava dirigindo

M, o vampiro de Dusseldorf, empurrara Peter Lorre escada abaixo em um surto de paixão criativa.

A mulher de voz rouca com quem eu havia falado estava sentada ao seu lado e jamais saberei se era sua amante, sua jovem esposa ou sua gerente de negócios. Ela estava mais próxima da minha idade que da dele e claramente determinada a tornar a conversa proveitosa. Ela pediu chá inglês e perguntou se eu estava gostando da feira. Menti e disse que estava gostando muito. Lang continuou com um sorriso sombrio e os olhos perdidos ao longe. Quando paramos de trocar amenidades, ele permaneceu em silêncio por mais algum tempo, depois disse:

– Eu quero fazer um filme a partir do seu livrinho *A Murder of Quality* [*Um assassinato de qualidade*] – anunciou ele em declamatório alemão-americano, pousando uma mão pesada no meu antebraço e mantendo-a lá. – Você vai para a Califórnia. Escrevemos o roteiro, fazemos o filme. Que tal?

"Livrinho" praticamente resumia tudo, pensei. Eu o havia escrito em algumas semanas, após chegar à embaixada inglesa em Bonn. A história é sobre um professor prestes a se aposentar que mata o próprio pupilo para encobrir um crime anterior. George Smiley, chamado para salvar o dia, o desmascara. E, agora que penso nisso, posso imaginar que, apesar de todos os seus defeitos, a história realmente poderia ter atraído o diretor de *M, o vampiro de Dusseldorf*. O único problema era George Smiley. Sob os termos de um acordo que eu não devia ter assinado, ele estava sob contrato com um grande estúdio. Lang não se deixou abater.

– Olhe, eu *conheço* esses caras. Eles são meus *amigos*. Talvez os deixemos financiar o filme. Esse é um bom acordo para o estúdio. Eles são donos do personagem e vão fazer um filme sobre ele. É um bom negócio para eles. Você gosta da Califórnia?

Eu gosto muito da Califórnia.

– Você vai para a Califórnia. Nós trabalhamos juntos, escrevemos o roteiro, fazemos o filme. Preto e branco, como *O espião que saiu do frio*. Você tem algum problema com preto e branco?

Nenhum.

– Você tem um agente cinematográfico?

Forneço o nome do meu agente.

– Eu construí a carreira desse cara. Vou falar com seu agente, vamos fechar um acordo, depois do Natal você vai para a Califórnia e escreve o roteiro. Depois do Natal está bom para você? – perguntou, ainda sorrindo, ainda com a mão no meu antebraço.

Depois do Natal parece bom.

Mas agora noto que a mulher ao seu lado gentilmente conduz sua mão sempre que ele tenta pegar a xícara. Ele toma um gole de chá. Com a orientação da mulher, a deposita sobre o pires. Ele retorna a mão para o cabo da bengala. Estende o braço em direção à xícara, e ela guia sua mão novamente.

Nunca mais ouvi falar de Fritz Lang. Meu agente disse que eu jamais ouviria. Ele não fez menção à incipiente cegueira de Lang, mas a sentença de morte que proferiu era igualmente absoluta: Fritz Lang já não era mais financiável.

★

Em 1968, meu romance *Uma pequena cidade da Alemanha* inspirou brevemente Sydney Pollack. Nossa colaboração, complicada pela descoberta das pistas de esqui suíças por Sydney, não correspondera às expectativas, e a companhia que tinha comprado os direitos originais saíra do negócio, deixando-nos em um labirinto legal. Se eu havia aprendido alguma coisa sobre o mundo cinematográfico fora jamais me permitir embarcar nos gloriosos mas efêmeros surtos de entusiasmo de Sydney.

Assim, naturalmente, quando ele me ligou no meio da noite, vinte anos depois, para dizer, com sua voz melodiosa, que meu novo romance *O gerente noturno* seria o filme motivacional da sua carreira, deixei tudo para trás e peguei o primeiro voo para Nova York. Dessa vez, concordamos, seríamos mais sensatos. Nada de vilarejos suíços, pistas de esqui, Martin Epps ou face norte do Eiger. Dessa vez, o próprio Robert Towne, naquela época a maior estrela do universo de roteiristas e certamente o mais caro, escreveria o roteiro para nós. A Paramount havia concordado em comprar os direitos.

OBRAS-PRIMAS PERDIDAS

Em um refúgio em Santa Monica onde tínhamos certeza de que não seríamos incomodados, Sydney, Bob Towne e eu nos alternamos para andar de um lado para o outro e brilhar, até que uma grande explosão pôs um fim abrupto nas nossas deliberações. Towne, convencido de que terroristas estavam atacando, jogou-se no chão. Sydney, intrépido homem de ação, ligou para o Departamento de Polícia de Los Angeles por uma linha direta que, como gosto de pensar, estava disponível apenas para os diretores de elite. Eu, com minha usual presença de espírito, não fiz nada além de ficar parado lá, boquiaberto.

A resposta do Departamento de Polícia é reconfortante: apenas um leve tremor, nada com que se preocupar, e diga uma coisa: que tipo de filme vocês estão criando por aí? Continuamos a brilhar, mas não tão intensamente, e nos recolhemos cedo. Concordamos que Towne faria o primeiro esboço. Sydney trabalharia com ele. Eu seria um recurso passivo.

– Se quiser testar alguma ideia, Bob, é só me ligar – eu disse, magnânimo, anotando o número do meu telefone na Cornualha.

★

Eu e Towne jamais nos falamos novamente. Enquanto meu voo decolava do aeroporto de Los Angeles, um grande terremoto era anunciado pelos alto-falantes. Sydney dissera que me procuraria na Cornualha assim que Towne terminasse o esboço. Naquela época, eu tinha uma cabana de hóspedes perto da minha casa. Nós a aprontamos para ele. Ele estava editando um *thriller* de John Grisham que acabara de filmar, estrelado por Tom Cruise. Nosso projeto seria o próximo. Bob realmente estava absorvido no roteiro. Ele adora seu trabalho, David. Ele adora o desafio. Bob está empolgado e pronto para começar. Towne tinha alguns roteiros para terminar antes. Então o conta-gotas de notícias, com espaços cada vez maiores entre elas. Towne estava tendo problemas com a parte final e, meu Deus, Cornwell, por que você escreve livros tão complicados?

E, finalmente – no meio da noite, como sempre –, a ligação pela qual eu estivera esperando pacientemente: encontre-me em Veneza na sexta-feira. O filme com Cruise vai bater todos os recordes, acrescenta ele. As *premières* foram maravilhosas. O estúdio estava na lua. Ótimo, eu digo, fantástico, como vai o Bob? Vejo você na sexta. Meu pessoal vai reservar uma suíte para você. Deixo tudo para trás e voo até Veneza. Sydney gosta de comida, mas ele come rápido, particularmente quando está distraído. Bob está bem, diz ele vagamente, como se falasse da saúde de um amigo distante. Está meio preso no meio do enredo. No meio, Sydney? Eu achei que ele estava tendo problemas com o final. Eles estão conectados, diz Sydney. O tempo todo, ele recebe uma série de mensageiros afoitos: grandes críticas, Sydney – veja isso, cinco estrelas e dois sinais de positivo! –, estamos fazendo história! Sydney tem uma ideia. Por que não vou com ele até Deauville no dia seguinte? Eles estão exibindo o filme lá também. Podemos conversar no avião. Sem interrupções.

Na manhã seguinte, voamos para Deauville no Lear de Sydney. Somos quatro: Sydney e seu copiloto, ambos usando fones de ouvido, sentados na cabine, outro piloto e eu atrás. Dois amigos de Sydney, John Calley, então chefe da Sony Columbia, e Stanley Kubrick, outro amante da segurança aérea, tinham me avisado para jamais voar com Sydney. Pense no risco de um piloto sem nenhuma experiência, David. Não faça isso. Após uma viagem rápida, aterrissamos em Deauville, e Sydney é imediatamente engolfado por um enxame de executivos do estúdio, agentes e assessores de imprensa. Ele desaparece em uma limusine e eu sou empurrado até outra. No nosso grande hotel, outra enorme suíte me aguarda com flores; champanhe, cortesia da gerência; e um bilhete de boas-vindas endereçado a monsieur David Carr. Ligo para a recepção e consigo os horários das balsas. Após várias tentativas, consigo ser transferido para a suíte de Sydney. Sydney, isso é ótimo, mas você está muito ocupado agora e não acho que nosso projeto tenha prioridade. Por que eu não vou para casa e conversamos novamente quando Bob entregar o roteiro?

Bastante preocupado agora, Sydney quer saber como eu proponho ir de Deauville de volta para a Inglaterra. A porra de uma *balsa*, Cornwell? Eu estou *maluco*? Pegue a porra do Lear, pelo amor de Deus! Sydney, honestamente, a balsa vai servir, obrigado. Há várias balsas. Eu amo barcos. Eu pego a porra do Lear.

Dessa vez, somos três: os dois pilotos de Sydney na frente e eu sozinho atrás. O aeroporto de Newquay, que é enorme, mas que em parte pertencente à Força Aérea Real, não nos deixa pousar. Vamos para Exeter. Subitamente, estou sozinho em uma pista vazia no aeroporto de Exeter com uma maleta na mão e o Lear já está na metade do caminho de volta para Deauville. Olho ao redor em busca de uma cabine da alfândega ou da imigração, mas não vejo nenhuma. Um funcionário solitário, usando um colete alaranjado, está fazendo algo com uma picareta na beira da pista. Desculpe-me, eu acabei de chegar em um avião particular, você pode me dizer onde encontro a alfândega e a imigração? O senhor chegou de onde?, pergunta ele oficiosamente, descansando a picareta. França? Essa é a porra do Mercado Comum! Ele sacode a cabeça diante da minha estupidez e retoma seu trabalho. Pulo uma cerca frágil para chegar até o carro, no qual minha mulher aguarda para me levar para casa.

Foi somente quando Towne surgiu no Festival de Cinema de Edimburgo um ano depois e, de acordo com meus espiões, falou sabiamente sobre os insolúveis problemas de adaptar minha obra para as telas, que eu soube que a bola ainda estava rolando. Meu Deus, Cornwell, Bob simplesmente não conseguia resolver aquele último ato.

★

Quando Francis Ford Coppola ligou e me convidou para me hospedar em sua vinícola no condado de Napa e trabalhar com ele em uma adaptação do meu romance *Nosso jogo*, eu sabia que, dessa vez, seria para valer e seria grande. Voei até São Francisco. Coppola enviou um carro. Previsivelmente, era um sonho trabalhar com ele: rápido, incisivo, criativo, solidário. Em cinco dias trabalhando nesse ritmo, teríamos um primeiro rascunho, garantiu ele. E conseguimos. Éramos brilhantes juntos. Eu tinha uma cabana só para mim na propriedade, levantava de madrugada e escrevia brilhantemente até o meio-dia. Almoço elegíaco com a família em uma mesa comprida, preparado por Coppola. Uma caminhada em torno do lago, talvez algumas braçadas, então de volta ao nosso trabalho brilhante juntos pelo resto da tarde.

Após cinco dias, estávamos em casa e secos. Harrison vai adorar isso, disse Coppola. Ele quer dizer Harrison Ford. Em Hollywood, sobrenomes são apenas para os *outsiders*. Houve um momento espinhoso no qual Coppola passou nosso roteiro para o editor do estúdio e ele voltou coberto de linhas e comentários a lápis nas margens, como "PORRA! NÃO DIGA, MOSTRE!", mas Coppola riu dessas observações divertidas. Seu editor era sempre assim, disse ele. Não é à toa que o chamam de editor assassino. O roteiro iria para Harrison na segunda-feira. E eu estava livre para voltar para a Inglaterra e aguardar os desenvolvimentos.

Retornei à Inglaterra e esperei. Algumas semanas se passaram. Liguei para Coppola, mas só consegui falar com seu assistente. Francis está muito ocupado agora, David, posso ajudá-lo? Não, David, Harrison ainda não respondeu. E, até hoje, pelo que sei, não o fez. Ninguém permanece em silêncio melhor que Hollywood.

★

A primeira sugestão de que Stanley Kubrick estava interessado em adaptar meu romance *Um espião perfeito* foi sua ligação, querendo saber por que eu havia recusado sua oferta pelos direitos. *Eu havia recusado Stanley Kubrick?* Fiquei surpreso e horrorizado. Nós nos conhecíamos, pelo amor de Deus! Não muito bem, mas o bastante. Por que ele não me ligara, se estava interessado? E, ainda mais extraordinário: o que meu agente achava que estava fazendo ao não me contar que recusara uma oferta de Kubrick e então assinando com a BBC? Stanley, eu disse, vou conferir isso imediatamente e retornar para você. Você sabe *quando* fez essa oferta? Assim que li o livro, é claro, David. Por que eu esperaria?

Meu agente estava tão perplexo quanto eu. Houvera apenas uma oferta por *Um espião perfeito* além daquela da BBC, mas fora tão frívola que ele não havia pensado em me contar. Um tal de Dr. Feldman, acho que era esse o nome, de Genebra, desejava comprar uma opção dos direitos do filme como ferramenta de ensino em um curso de adaptação cinematográfica. Era uma competição. O estudante que entregasse o melhor roteiro teria o prazer de ver um ou dois minutos do seu trabalho nas telas. Para a opção de dois anos, o Dr. Feldman e seus colegas estavam dispostos a oferecer 5 mil dólares.

Eu estava prestes a ligar para Kubrick e assegurar que sua oferta jamais havia chegado até mim, mas algo me deteve. Em vez disso, liguei para alguém importante no estúdio com quem Kubrick às vezes trabalhava: meu amigo John Calley. Calley deu uma risadinha animada. Bem, isso certamente soa como nosso Stanley. Sempre temendo que seu nome leve o preço dos direitos às alturas.

Liguei para Kubrick e disse, perfeitamente composto, que, se soubesse que o Dr. Feldman agia em seu nome, eu teria pensado duas vezes antes de vender os direitos para a BBC. Imperturbável, Kubrick respondeu que ficaria feliz em dirigir a série da BBC. Liguei para Jonathan Powell, o produtor da emissora. Ele havia feito um trabalho maravilhoso com as adaptações para a TV de *O espião que sabia demais* e *A vingança de Smiley*. E estava prestes a filmar *Um espião perfeito*. Que tal ter Stanley Kubrick dirigindo a série para você?, perguntei.

Silêncio enquanto Powell, um homem que não era dado a explosões emocionais, para por um instante para se recompor.

– E estourar o orçamento em alguns milhões de libras? – perguntou ele. – E ter a série entregue somente daqui a alguns anos? Acho que vamos ficar como estamos, obrigado.

*

A sugestão seguinte de Kubrick, logo depois da primeira, foi que eu escrevesse para ele um filme de espionagem da Segunda Guerra Mundial situado na França e baseado na rivalidade entre o MI6 e a SOE. Eu disse que pensaria a respeito, e realmente pensei, não gostei e recusei. Ok, que tal então adaptar uma *novelle* erótica do escritor austríaco Arthur Schnitzler?* Ele disse que era detentor dos direitos e eu não perguntei se o Dr. Feldman, de Genebra, os havia comprado para fins educacionais. Eu disse que conhecia a obra de Schnitzler e estava interessado na ideia. Eu mal desligara o telefone quando um Mercedes vermelho estacionou em frente à minha casa e dele saiu o motorista italiano de

---

* Mais tarde filmada por Kubrick como *De olhos bem fechados*, com Tom Cruise e Nicole Kidman.

Kubrick, armado com uma cópia mimeografada da tradução inglesa de *Breve romance de sonho*, da qual eu não precisava, e com uma braçada de comentários literários.

Alguns dias depois, o mesmo Mercedes me levou até a imensa casa de campo de Kubrick, perto de St. Albans. Eu estivera lá algumas vezes, mas nada havia me preparado para a visão de duas grandes jaulas de metal no corredor, uma ocupada por gatos, a outra, por cães. Alçapões e acessos de metal conduziam de uma jaula a outra. Qualquer gato ou cão que quisesse socializar com a outra espécie podia fazê-lo. Alguns socializavam, outros, não, disse Kubrick. Levaria tempo. Gatos e cães tinham um longo passado com o qual se reconciliar.

Seguidos por cães, mas não por gatos, Kubrick e eu passeamos pela propriedade enquanto, a seu pedido, eu falo de forma pomposa como a *novelle* de Schnitzler pode ser adaptada para as telas. Seu erotismo, sugiro, é bastante intensificado pela inibição e pelo esnobismo de classe. A Viena da década de 1920 podia ter sido um celeiro da liberdade sexual, mas também fora um celeiro de intolerância social e religiosa, antissemitismo crônico e preconceitos. Qualquer um que se movesse pela sociedade vienense – nosso jovem herói, por exemplo, o médico obcecado por sexo – desprezava suas convenções por sua conta e risco. A jornada erótica do nosso herói, a começar pela sua incapacidade de fazer amor com sua bela e jovem esposa, culminando na sua tentativa frustrada de participar de uma orgia na casa de um nobre austríaco, estava repleta de perigo físico e social.

De algum modo, eu disse a Kubrick, empolgando-me pelo tema enquanto caminhávamos pela propriedade com uma matilha de cães em volta das nossas pernas, nosso filme precisa recriar essa atmosfera repressiva e contrastá-la com a busca do nosso herói pela sua identidade sexual.

– E como faremos isso? – perguntou Kubrick, logo quando eu estava começando a pensar que os cães haviam roubado sua atenção.

Bem, Stanley, eu pensei a respeito e acredito que nossa melhor aposta é ir até uma cidade murada medieval ou um vilarejo do interior que seja visualmente confinante.

Nenhuma reação.

Como Avignon, por exemplo, ou Wells, em Somerset. Muros altos, ameias, ruas estreitas e portais sombrios.

Nenhuma reação.

Uma cidade eclesiástica, Stanley, talvez católica, como a Viena de Schnitzler, por que não? Com o palácio do bispo, um monastério e uma faculdade de teologia. Belos jovens em trajes religiosos passando por jovens freiras sem exatamente desviar o olhar. Sinos de igreja. Podemos praticamente *sentir o cheiro* de incenso, Stanley.

Ele está me ouvindo? Está enfeitiçado ou tremendamente entediado?

E as grandes damas da cidade, Stanley, devotas como o diabo por fora e tão habilmente dissimuladas que, quando você é convidado para jantar no palácio do bispo, não sabe se na orgia da noite passada estava fodendo a dama a sua direita ou se ela estava em casa rezando com os filhos.

Minha ária está completa e eu estou bastante satisfeito comigo mesmo. Caminhamos mais um pouco em silêncio. Parece-me que até os cães apreciam silenciosamente minha eloquência. Por fim, Stanley responde:

– Acho que vamos filmar em Nova York – diz ele, e iniciamos a caminhada de volta para a casa.

31

A gravata de Bernard Pivot

Poucas entrevistas são agradáveis. Todas são estressantes, a maioria é tediosa e algumas são definitivamente horríveis, especialmente se o entrevistador for um compatriota: o camarada experiente e cheio de atitude que não fez o dever de casa, não leu o livro e acha que está lhe fazendo um favor por ir até lá e por isso precisa de um drinque; o aspirante a escritor que achava que você é de segunda linha, mas quer que você leia seu manuscrito inacabado; a feminista que acredita que você só obteve sucesso porque é um homem branco de classe média razoável e você suspeita que ela pode ter razão.

No meu léxico simplista, os jornalistas estrangeiros são, em contraste, sóbrios, diligentes, leem o livro de cabo a rabo e conhecem sua lista de obras publicadas melhor que você – à exceção de algum eventual rebelde, como o jovem francês da *L'Evénement du jeudi* que, depois da minha recusa em lhe conceder uma entrevista, se plantou ostensivamente em frente à minha casa na Cornualha, sobrevoou-a em um pequeno aeroplano e observou-a de um barco de pesca antes de escrever um artigo sobre sua aventura que fez jus aos seus poderes de invenção.

Também houve um fotógrafo – também jovem e francês, mas enviado por outra revista – que insistiu em que eu inspecionasse exemplos do seu trabalho antes de tirar minha foto. Ao abrir um engordurado álbum de bolso, ele me mostrou fotos de luminares como Saul Bellow, Margaret Atwood e Philip Roth e, depois que eu diligentemente admirei cada um, servilmente, como é meu costume, ele me mostrou a evidência seguinte, que consistia na visão traseira de um gato com a cauda levantada.

A GRAVATA DE BERNARD PIVOT

– Você gosta do cu do gato? – perguntou ele, observando atentamente minha reação.

– É uma bela foto. Bem iluminada. Boa qualidade – respondi, reunindo todo o sangue-frio que possuía.

Seus olhos se estreitaram, e um sorriso de grande malícia se espalhou pelo seu rosto absurdamente jovem.

– O cu do gato é meu *teste* – explicou ele orgulhosamente. – Se a pessoa fica chocada, eu sei que ela não é sofisticada.

– E eu sou? – perguntei.

Para seu retrato, ele queria uma porta. Uma porta externa. Não necessariamente com qualquer cor ou característica especial, mas uma porta recuada, na sombra. Devo acrescentar que ele era um homem muito baixo, diminuto até, de modo que quase me senti tentado a me oferecer para carregar a grande bolsa da câmera.

– Não quero posar para uma foto de espião – falei, com uma firmeza pouco característica na voz.

Ele ignorou minha inquietação. A porta não era sobre espionagem; era sobre *profundidade*. Em breve, encontramos uma que atendia aos seus critérios estritos. Fiquei em frente à porta e olhei diretamente para a lente, como instruído. Ela era como nenhuma outra que eu já vira: metade de um globo com vinte e cinco centímetros de diâmetro. Ele havia se ajoelhado com uma perna e estava com o olho grudado na lente quando dois grandes homens de aparência árabe pararam atrás dele e me perguntaram:

– Com licença. O senhor pode nos dizer, por favor, o caminho até a estação de metrô de Hampstead?

Eu estava prestes a indicar a direção de Flask Walk quando meu fotógrafo, furioso pela sua concentração ter sido quebrada, virou-se rapidamente, ainda com um joelho no chão, e gritou um estridente "deem o fora". Surpreendentemente, eles obedeceram.

★

Deixando esses incidentes de lado, meus entrevistadores franceses ao longo dos anos demonstraram, repetindo, uma sensibilidade que suas contrapartes britânicas teriam feito bem em emular, e foi por isso que, na ilha de Capri, em 1987, entreguei minha vida a Bernard Pivot, o brilhante astro da televisão cultural francesa, fundador, criador e âncora de *Apostrophes*, um programa literário semanal que, pelos últimos treze anos, fascinava *la France entière* no horário nobre das noites de sexta-feira.

Eu tinha ido a Capri para receber um prêmio. Assim como Pivot. O meu era pelos romances; o dele, pelo jornalismo. Agora imagine Capri em uma noite de outono perfeita. Duzentos convidados para o jantar, todos belos, estão reunidos sob o céu iluminado. A comida é divina; o vinho, um néctar. Na mesa elevada para os homenageados, Pivot e eu trocamos algumas palavras. Ele é um homem em seu auge – 50 e poucos anos, vívido, enérgico, preservado. Notando que é o único a usar gravata, ele faz uma piada autodepreciativa, tira a gravata e a guarda no bolso. A gravata é importante.

Com o passar da noite, ele me repreende por recusar seu convite para participar do programa. Finjo constrangimento e digo que devo estar passando por um dos meus períodos de rejeição – como de fato estava –, e consigo deixar a questão em aberto.

No dia seguinte, ao meio-dia, comparecemos à prefeitura de Capri para a cerimônia formal de premiação. A memória do diplomata em mim recomenda terno e gravata. Pivot se veste informalmente e descobre que, hoje, ele não está usando gravata, e todos os outros, sim. No seu discurso de agradecimento, ele lamenta sua falta de habilidade social e me indica como o homem que faz tudo certo, mas se recusa a comparecer ao seu programa literário.

Afetado por esse ataque com um charme perfeitamente calculado, levanto-me, tiro a gravata, estendo-a para ele e, diante de uma multidão de entusiásticas testemunhas – em nome do drama, se não por outra razão –, digo que a gravata é dele e que precisa apenas mostrá-la para que eu compareça ao programa. No voo de volta a Londres, na manhã seguinte, eu me pergunto se promessas feitas em Capri têm valor legal. Dias depois, descubro que sim.

Eu havia me comprometido a dar uma entrevista ao vivo, em francês, com setenta e cinco minutos de duração, que seria conduzida

A GRAVATA DE BERNARD PIVOT

por Bernard Pivot e três jornalistas franceses de destaque. Não haverá discussão prévia e nenhuma pergunta será antecipada. Mas esteja preparado – diz meu editor francês – para um amplo debate sobre todos os tópicos, incluindo política, cultura, sexo e qualquer outra coisa que ocorra à mente febril de Bernard Pivot.

E eu mal falava uma palavra em francês desde o colégio, trinta anos antes.

★

A Aliança Francesa ocupa uma bela casa de esquina em Dorset Square. Respiro fundo e entro. Na recepção, há uma jovem de cabelos curtos e grandes olhos castanhos.

– Olá – cumprimento. – Eu gostaria de dar uma aprimorada no meu francês.

Ela me olha em severa confusão.

– *Quoi?* – pergunta ela, e seguimos daí.

Primeiro, no meu parco francês, falo com Rita, depois com Roland e finalmente com Jacqueline, acho que nessa ordem. À menção de *Apostrophes*, eles entram em ação. Rita e Jacqueline se alternarão me ensinando. Será um curso de imersão. Rita – ou seria Jacqueline? – se concentrará no meu francês falado e me ajudará com as respostas a perguntas previsíveis. Jacqueline, em colaboração com Roland, planejará nossa campanha militar. Seguindo o princípio de "conheça seu inimigo", eles estudarão a psicologia de Pivot, documentarão suas técnicas e áreas prediletas de discussão e acompanharão as notícias diárias. Os produtores do *Apostrophes* escolhem os tópicos do programa.

Para isso, Roland reúne um arquivo de antigos episódios do programa. A rapidez e a perspicácia dos participantes me aterrorizam. Sem dizer aos meus tutores, furtivamente pergunto se devo pedir a presença de um intérprete. A resposta de Pivot é imediata: julgando pelas nossas conversas em Capri, ele está convencido de que me sairei bem. Os outros três entrevistadores serão Edward Behr, jornalista poliglota e célebre correspondente estrangeiro; Philippe Labro, autor de renome, jornalista e diretor de cinema; e Catherine David, respeitada jornalista na área de literatura.

O TÚNEL DE POMBOS

Meu desgosto em relação a entrevistas de qualquer tipo não é afetado, mesmo que de vez em quando eu ceda à tentação ou à pressão dos meus editores. O jogo de celebridades não tem nenhuma relação com o ato de escrever e é disputado em uma arena bem diferente. Eu estava ciente disso. Um desempenho teatral, sim. Um exercício de autoprojeção, certamente. E, do ponto de vista dos editores, a melhor propaganda gratuita possível. Mas essa situação pode destruir talentos tão rápido quanto os promove. Conheci ao menos um escritor que, após um ano promovendo seu trabalho em todo o mundo, sente-se permanentemente desprovido de criatividade e temo que ele esteja certo.

No meu caso, há dois elefantes na sala desde o dia em que comecei a escrever: a espantosa carreira do meu pai, que, se alguém fizesse a conexão, era de conhecimento público; e minhas conexões com o Serviço Secreto, que eu estava proibido de discutir, tanto por lei como por inclinação pessoal. Assim, a sensação de que as entrevistas envolviam tanto o que esconder quanto o que discutir estava enraizada em mim muito antes de eu embarcar na minha carreira literária.

*

Tudo isso entre parênteses enquanto ocupo meu lugar na plataforma de um estúdio lotado em Paris e entro no terreno da serena irrealidade que jaz logo em frente ao medo do palco. Pivot traz minha gravata e, com gosto, conta a história de como a obteve. A multidão adora. Discutimos o Muro de Berlim e a Guerra Fria. Um clipe do filme *O espião que saiu do frio* fornece algum alívio. Assim como as longas contribuições dos meus três entrevistadores, que tendem a parecer mais declarações que perguntas. Discutimos Kim Philby, Oleg Penkovski, *perestroika*, *glasnost*. Minha equipe de conselheiros na Aliança Francesa cobriu esses assuntos durante nossas reuniões operacionais? É evidente que sim, porque, pela minha aparência, pode-se dizer que estou recitando de memória. Admiramos Joseph Conrad, Maugham, Greene e Balzac. Ponderamos sobre Margaret Thatcher. Foi Jacqueline quem me orientou sobre o ritmo do parágrafo retórico francês – declare a tese, inverta-a e amplifique-a com suas próprias adições? Na dúvida se foi Jacqueline,

A GRAVATA DE BERNARD PIVOT

Rita ou Roland, professo meus agradecimentos aos três, e a multidão irrompe novamente.

Observando Pivot em tempo real perante uma plateia que cede aos seus encantos, não é difícil entender como ele conseguiu algo que nenhum outro personagem da TV na Terra chegou nem perto de imitar. Não é apenas o carisma. Não é apenas a energia, o charme, a habilidade ou a erudição. Pivot possui a mais elusiva qualidade de todas, aquela que produtores e diretores de elenco em todo o globo dariam a mão direita para obter: uma generosidade de espírito natural, mais conhecida como *coração*. Em um país famoso por transformar o ridículo em arte, Pivot deixa seus entrevistados saberem, desde o momento em que se sentam, que tudo ficará bem. E sua plateia também sente isso. Eles são sua família. Nenhum outro entrevistador, nenhum outro jornalista, dos poucos de que agora me lembro, deixaram uma impressão tão profunda em mim.

O programa chegou ao fim. Posso deixar o estúdio. Pivot deve permanecer no palco enquanto lê notícias clericais para a semana seguinte. Robert Laffont, meu editor, conduz-me rapidamente até a rua, que está vazia. Nenhum carro, nenhum pedestre, nenhum policial. Em uma perfeita noite de verão, Paris está imersa em letargia.

– Onde está todo mundo? – pergunto a Robert.

– Ainda assistindo a Pivot, é claro – responde ele, satisfeito.

Por que estou contando essa história? Talvez porque tenha gostado de lembrar a mim mesmo que, em meio a todo o exibicionismo, aquela foi uma noite digna de ser lembrada. De todas as entrevistas que dei, entre as quais me arrependi de muitas, essa é uma que não lamento.

32

Almoçando com prisioneiros

Havia seis de nós reunidos em torno da mesa naquele dia de verão em Paris, nos primeiros dias do novo milênio. Nosso anfitrião era um editor francês e estávamos reunidos para celebrar o sucesso do meu amigo François Bizot, que acabara de publicar uma biografia premiada.*

Bizot, um budista erudito e fluente em khmer, ainda é o único ocidental a ter sido feito prisioneiro pelo Khmer Vermelho de Pol Pot e sobreviver. Em outubro de 1971, enquanto trabalhava para o Centro de Conservação Angkor, ele foi capturado pelo Khmer Vermelho, mantido em circunstâncias bárbaras e submetido a três meses de intenso interrogatório pelo notório Douch, que queria que ele confessasse que era espião da CIA.

De algum modo, interrogador e prisioneiro desenvolveram uma misteriosa afinidade, derivada em parte do profundo conhecimento de Bizot acerca da cultura budista antiga, e em parte, suspeito, da grande força da sua personalidade. Então, no que certamente foi um extraordinário ato de coragem, Douch escreveu um relatório para o alto-comando do Khmer Vermelho, livrando Bizot da acusação de espionagem. Também de forma extraordinária, Bizot foi libertado e Douch continuou gerenciando um dos maiores centros de tortura e execução de Pol Pot. No meu romance *O peregrino secreto* há uma história sobre "Jungle Hansen" em que tentei – temo que sem sucesso – fazer justiça à experiência de Bizot.

---

* *The Gate* [*O portão*], publicado pela Harvill Press.

ALMOÇANDO COM PRISIONEIROS

Enquanto estamos à mesa, trinta anos se passaram desde a provação de Bizot e, mesmo assim, o destino de Douch ainda está na balança, com seu julgamento sendo repetidamente adiado por apatia e intriga política. E Bizot, como agora descobrimos, se aliou à sua causa. Seu argumento, vigorosamente exposto, como de costume, era de que muitos dos acusadores de Douch no atual governo khmer também tinham as mãos sujas de sangue e desejavam apenas responsabilizar Douch pelos seus pecados.

Bizot, assim, estava conduzindo uma campanha de um homem só, não em defesa de Douch, mas para demonstrar que ele não era nem mais nem menos culpado que aqueles que se julgavam capazes de julgá-lo.

Enquanto ele expunha seu caso, ouvíamos atentamente, à exceção de um convidado, que permanecia curiosamente alheado. Ele estava sentado bem na minha frente, um homem pequeno e intenso, com a testa larga e um olhar sombrio e alerta que retornava constantemente ao meu. Ele me fora apresentado como o escritor Jean-Paul Kauffmann, e eu lera seu último livro, *The Dark Room at Longwood* [*O quarto escuro em Longwood*], com muito prazer. Longwood era a casa em Santa Helena onde Napoleão havia passado seus últimos e humilhantes anos de exílio. Kauffmann fizera a longa jornada marítima até Santa Helena e descrevera, com impressionante empatia, a solidão, a claustrofobia e a sistemática degradação do mais famoso, admirado e desprezado prisioneiro do mundo.

Sem ter sido avisado com antecedência de que seria apresentado ao autor, fui capaz de expressar meu prazer espontâneo. Então por que, em nome de Deus, ele agora me olhava com tamanho rancor? Será que eu tinha dito algo errado? Será que, o que sempre é possível, ele sabia algo desagradável ao meu respeito? Ou já havíamos nos encontrado e eu claramente esquecera, o que, mesmo naqueles dias, era uma grande possibilidade?

Eu perguntei algo a respeito ou minha linguagem corporal o fez. Em uma súbita inversão de papéis, era minha vez de encará-lo.

*

O TÚNEL DE POMBOS

Em maio de 1985, Jean-Paul Kauffmann, correspondente estrangeiro francês, fora feito prisioneiro em Beirute pelo Hezbollah, permanecendo confinado, em segredo, durante três anos. Quando seus captores precisavam movê-lo de um esconderijo para outro, eles o amordaçavam, o amarravam da cabeça aos pés e o enrolavam em um cobertor oriental no qual ele quase morria asfixiado. Ele estivera me encarando do outro lado da mesa porque, em um dos esconderijos em que tinha sido confinado, tinha encontrado um romance meu amassado e o devorara vezes sem conta, investindo nele, tenho certeza, profundidades maiores do que jamais conteve. Ele me explicou isso no tom casual que eu já encontrara em outras vítimas de tortura, para quem a experiência havia se tornado parte do sofrimento diário da vida.

E eu fiquei sem saber o que dizer em resposta. Pois, afinal, o que havia a dizer? "Obrigado por ler meu livro?" "Desculpe por ele ser meio superficial?"

Assim, provavelmente apenas tentei soar tão humilde quanto me sentia e, provavelmente, depois que nos despedimos, reli *The Dark Room at Longwood* e fiz a conexão que deveria ter feito quando o lera pela primeira vez: que se tratava de um prisioneiro assombrado escrevendo sobre outro – talvez o maior prisioneiro de todos os tempos.

O almoço ocorreu no início deste século, mas a lembrança permanece fresca, embora eu não tenha mais encontrado ou me correspondido com Kauffmann desde então. Enquanto escrevo este livro, procuro por ele na internet, descubro que está vivo e, após alguma pesquisa, consigo seu endereço de e-mail, com o aviso de que ele pode não responder.

A essa altura, eu também havia notado, confesso que para minha surpresa, que o livro que por milagre o salvara do desespero e da loucura tinha sido *Guerra e paz*, de Leon Tolstói, que, aparentemente como meu próprio romance, ele também havia devorado, e certamente retirara dele muito mais conforto espiritual e intelectual que de qualquer coisa que o meu tivesse a oferecer. Foram duas descobertas acidentais? Ou uma das nossas memórias nos pregava peças?

Com cautela, escrevi para ele e, após algumas semanas, foi isso que ele generosamente escreveu em resposta:

ALMOÇANDO COM PRISIONEIROS

Durante meu cativeiro, eu sentia uma falta imensa de livros. Ocasionalmente, nossos carcereiros traziam alguns. A chegada de um livro trazia uma felicidade indescritível. Eu não apenas o lia uma, duas, quarenta vezes, mas também o relia começando do fim ou do meio. Eu esperava que esse jogo pudesse me ocupar por pelo menos dois meses. Durante meus três anos de miséria, experimentei intensos momentos de alegria. *O espião que saiu do frio* foi um desses. Eu o vi como um sinal do destino; nossos carcereiros nos traziam coisas velhas: romances baratos, o segundo volume de *Guerra e paz*, de Tolstói, tratados incompreensíveis. Mas, daquela vez, ali estava um autor que eu admirava... Eu tinha lido todos os seus livros, incluindo *O espião*, mas, em minhas novas circunstâncias, não era o mesmo livro. Ele não parecia ter nenhuma relação com minha memória dele. Tudo havia mudado. Cada linha estava repleta de significado. Em uma situação como a minha, ler se tornou uma atividade séria e até mesmo perigosa, porque o menor fato parecia conectado àquele jogo de "dobre a aposta ou desista" que é a existência de um refém. A porta de uma cela se abrindo, anunciando a chegada de um oficial do Hezbollah, podia significar liberdade ou morte. Cada sinal, cada alusão se tornava um presságio, um símbolo ou uma parábola. Há muitos em *O espião*.

Com esse livro, eu senti o clima de dissimulação e manipulação (a *taqiyya* xiita) em meu íntimo. Nossos captores estavam longe de ter o profissionalismo dos homens da KGB ou da CIA, mas, como eles, eram tolos arrogantes, cínicos brutais que usavam a religião e a credulidade dos jovens militantes para satisfazer sua sede de poder.

Como seus personagens, meus captores eram especialistas em paranoia: desconfiança patológica, raiva maníaca, falso julgamento, delírios, agressão sistemática, um apetite neurótico por mentiras. O mundo árido e absurdo de Leamas, no qual vidas humanas são apenas peões, era o nosso mundo. Quão frequentemente eu me sentia um homem abandonado, esquecido! E, acima de tudo, exausto. Aquele mundo de enganação também me ensinara a refletir sobre minha profissão como jornalista. No fim, somos todos agentes duplos. Ou triplos. Devemos sentir empatia pelos outros para que sejamos compreendidos e aceitos, e então os traímos.

Sua visão da humanidade é pessimista. Somos criaturas patéticas e, individualmente, não fazemos muita diferença. Felizmente, isso não se aplica a todos (ver a personagem Liz).

Nesse livro, encontrei razões para ter esperança. O mais importante é a voz, a presença. A sua. O júbilo de um escritor que descreve um mundo cruel e sem cor e que se delicia em torná-lo tão cinzento e desesperançado. É possível sentir isso quase fisicamente. Alguém está falando com você, você já não está mais sozinho. Preso, eu já não estava mais abandonado. Um homem fora até minha cela com suas palavras e suas visões de mundo. Alguém partilhara seu poder comigo. Eu sobreviveria...

★

E essa é a memória humana, a de Kauffmann, a minha. Eu podia jurar que o livro sobre o qual ele falava era *A vingança de Smiley*, e não *O espião que saiu do frio*, e essa também parece ser a opinião da minha esposa.

33

Filho do pai do autor

Levei muito tempo até conseguir escrever sobre Ronnie, trapaceiro, imaginativo, presidiário ocasional e meu pai.

Desde minhas primeiras e hesitantes tentativas de escrever um romance, tentei escrever sobre ele, mas eu me sentia a anos de distância de estar à altura dessa tarefa. Meus primeiros esboços do que eventualmente se tornaria *Um espião perfeito* estavam repletos de autopiedade: observe, gentil leitor, esse garoto emocionalmente mutilado, destruído pelo pai tirânico. Foi só depois da morte dele e de eu me sentir seguro novamente que retornei ao romance e fiz o que devia ter feito desde o começo, tornando os pecados do filho muito mais repreensíveis que os do pai.

Com isso resolvido, fui capaz de honrar o legado da sua vida tempestuosa: um elenco de personagens que faria salivar o mais *blasé* dos escritores, das mentes distintas do mundo do direito da época e astros do esporte e das telas até a elite do submundo criminoso de Londres e as belas criaturas que seguiam seus passos. Aonde quer que Ronnie fosse, o imprevisível ia com ele. Estamos ricos ou falidos? Podemos comprar gasolina fiado no posto local? Ele fugiu do país ou vai estacionar o Bentley orgulhosamente em frente à sua casa hoje à noite? Está se escondendo no quintal, apagando todas as luzes, conferindo portas e janelas e murmurando ao telefone, se ainda não foi cortado? Ou está gozando da segurança e do conforto de uma das suas esposas alternativas?

Sobre os negócios de Ronnie com o crime organizado, se houve algum, eu lamentavelmente sei muito pouco. Sim, ele manteve um relacionamento com os notórios gêmeos Kray, mas isso pode ter acontecido apenas porque eles eram celebridades. E sim, ele fez alguma espécie de acordo com o pior senhorio de Londres de todos os tempos, Peter Rachman, e suspeito que, quando os capangas de Rachman se livraram dos inquilinos de Ronnie, ele tenha vendido as casas e paga uma porcentagem a Rachman.

Mas uma parceria criminosa? Não o Ronnie que eu conheci. Trapaceiros são estetas. Eles usam belos ternos, limpam as unhas e sempre falam com a voz suave. No livro de Ronnie, policiais eram parceiros de primeira categoria que estavam sempre abertos a negociações. O mesmo não podia ser dito dos "garotos", como ele os chamava, e era perigoso mexer com os garotos.

Tensão? A vida inteira de Ronnie foi passada sobre a mais fina e escorregadia camada de gelo que você possa imaginar. Ele não via paradoxo entre estar na lista de procurados por fraude e usar uma cartola cinza no camarote dos proprietários de cavalos no hipódromo de Ascot. Uma recepção no Claridge para celebrar seu segundo casamento foi interrompida enquanto ele persuadia dois detetives da Scotland Yard a adiarem sua prisão para o fim da festa, para que ele pudesse se divertir – o que eles diligentemente fizeram.

Mas não acho que Ronnie conseguiria viver de nenhuma outra maneira. Não acho que ele queria. Ronnie era viciado em crises, em espetáculos, um orador descarado capaz de prender sua plateia. Era um mago delirante e um persuasor que se via como menino de ouro de Deus, e ele destruiu a vida de muitas pessoas.

Graham Greene nos diz que a infância é o saldo bancário do escritor. Ao menos por esse critério eu nasci milionário.

*

No último terço da vida de Ronnie – ele morreu subitamente aos 69 anos –, permanecemos distantes ou em conflito. Quase que por consenso mútuo, havia cenas horríveis e obrigatórias e, quando enterrávamos o passado, sempre nos lembrávamos de onde ele estava. Se me sinto mais tolerante em relação a Ronnie agora que ele morreu? Às vezes, caminho em torno dele; às vezes, ele é a montanha que ainda preciso escalar. De todo modo, ele está sempre lá, o que não posso dizer a respeito da minha mãe, porque, até hoje, não tenho ideia do tipo de pessoa que ela era. As versões que me foram oferecidas por aqueles que lhe eram próximos e a amavam não foram esclarecedoras. Talvez eu não quisesse que fossem. Eu a procurei quando estava com 21 anos e, depois disso, cuidei amplamente das suas necessidades, não necessariamente de boa vontade. Mas, desde o dia do nosso encontro até sua morte, a criança congelada em mim não deu o menor sinal de ressuscitar. Ela amava os animais? Paisagens? O mar perto de onde ela morava? Música? Pintura? A mim? Ela lia livros? Certamente não tinha uma opinião muito lisonjeira a meu respeito, mas e quanto a outras pessoas?

Na casa de repouso onde ficou nos seus últimos anos, passamos muito tempo lamentando as trapaças do meu pai e rindo delas. Nas minhas visitas, percebi que ela havia criado para si mesma – e para mim – um relacionamento idílico entre mãe e filho que fluíra ininterruptamente desde meu nascimento até então.

Hoje, não me lembro de sentir nenhuma afeição durante a infância, exceto pelo meu irmão mais velho, que durante algum tempo foi meu único pai. Lembro-me de uma tensão constante em mim que mesmo agora não se esvaiu. Lembro-me pouco da minha primeira infância. Lembro-me das dissimulações enquanto crescíamos e da necessidade de criar uma identidade para mim e de como, para isso, roubava os maneirismos e o estilo de vida dos meus pares, a ponto de fingir que eu tinha uma vida doméstica estável, com pais de verdade e pôneis. Ouvindo a mim mesmo hoje, observando a mim mesmo, quando sou obrigado a fazê-lo, ainda posso detectar traços dos originais perdidos, o maior deles, obviamente, meu pai.

Tudo isso sem dúvida me tornou um recruta ideal para o mundo do serviço secreto. Mas nada durou: nem o tutor em Eton, nem o homem do MI5, nem o homem do MI6. Apenas o escritor sobreviveu por todo esse percurso. Se olho para minha vida, vejo uma sucessão de compromissos e fugas, e agradeço aos deuses o fato de a escrita ter me mantido relativamente decente e amplamente são. A recusa do meu pai em aceitar a mais simples verdade sobre si mesmo me levou a um caminho de questionamento do qual jamais retornei. Na ausência de uma mãe ou de irmãs, aprendi sobre as mulheres tarde, se é que aprendi, e todos nós pagamos o preço por isso.

Durante minha infância, todos à minha volta tentaram me vender o Deus cristão de uma maneira ou de outra. Tive um contato informal com a igreja com meus tios e avós e mais formal com minhas escolas. Quando fui levado ao bispo para a confirmação, tentei sentir devoção e não senti nada. Por mais dez anos, tentei adquirir algum tipo de convicção religiosa e então simplesmente desisti. Hoje, não tenho nenhum deus além da terra e nenhuma expectativa sobre a morte para além da extinção. Alegro-me constantemente com minha família e com as pessoas que amo e que me amam em troca. Caminhando pelos penhascos da Cornualha, sou tomado por gratidão pela minha vida.

★

Sim, eu vi a casa onde nasci. Tias animadas apontaram para ela umas cem vezes quando passávamos perto. Mas a casa de nascimento que prefiro é diferente, construída na minha imaginação. É de tijolos vermelhos, range muito e está fadada à demolição, com janelas quebradas, um aviso de "À venda" e uma velha fonte no jardim. Ela fica no meio de um monte de mato e entulho, com um pedaço de vitral quebrado na porta da frente destruída – um lugar para crianças se esconderem, não para nascerem. Mas foi lá que eu nasci, ou assim insiste minha imaginação, e nasci no sótão, entre uma pilha de caixas marrons que meu pai sempre carregava quando fugia.

Quando fiz minha primeira inspeção clandestina dessas caixas, algum tempo depois do início da Segunda Guerra Mundial – pois, aos 8 anos, eu já era um espião treinado –, elas continham apenas coisas pessoais: seu traje de gala maçom, a peruca e a toga de advogado com os quais ele pretendia maravilhar o mundo depois que fizesse uma faculdade de direito e alguns itens secretos, como seus planos para vender frotas de aeronaves para o aga khan. Mas, com a guerra, as caixas finalmente começaram a oferecer coisas mais substanciais: barras de chocolate Mars

FILHO DO PAI DO AUTOR

compradas no mercado negro, inaladores de benzedrina e, após o Dia D, meias de náilon e canetas esferográficas.

Ronnie tinha uma queda por mercadorias estranhas, desde que fossem racionadas ou estivessem indisponíveis. Duas décadas depois, quando a Alemanha ainda estava dividida e eu era um diplomata britânico vivendo às margens do rio Reno em Bonn, ele apareceu no meu portão sem avisar, sua figura ampla espremida em um *coracle* de aço com rodas. Era um carro anfíbio, explicou. Um protótipo. Tinha comprado a patente britânica dos fabricantes em Berlim e estava prestes a fazer fortuna. Havia dirigido pelo corredor entre as zonas sob o olhar dos guardas de fronteira da Alemanha Oriental e agora propunha lançá-lo, com minha ajuda, no Reno, que, na ocasião, estava cheio e com a correnteza rápida.

Eu o dissuadi, a despeito do meu entusiasmo infantil, e lhe ofereci um almoço em vez disso. Descansado, ele partiu, em meio a uma grande empolgação, para Ostend e Inglaterra. Não sei quão longe chegou, pois não se falou novamente do carro. Presumo que, em algum ponto da jornada, seus credores o alcançaram e tomaram o carro.

Mas isso não o impediu de aparecer em Berlim dois anos depois, anunciando-se como meu "conselheiro profissional", e como tal recebeu um tour VIP pelo maior estúdio cinematográfico de Berlim Ocidental além de, sem dúvida, muita hospitalidade do estúdio, uma ou duas estrelas do cinema menores, muito papo de vendedor sobre isenção de impostos e subsídios oferecidos a cineastas estrangeiros e, notavelmente, os produtores do filme do meu último romance, *O espião que saiu do frio*.

Não é preciso dizer que nem eu nem a Paramount Pictures, que já havia fechado um acordo com o estúdio Ardmore, na Irlanda, sabíamos do que ele estava falando.

★

Não há eletricidade na casa onde nasci, nem aquecimento, e a luz vem dos lampiões em Constitution Hill, que fornecem ao sótão um brilho opaco. Minha mãe está deitada em uma cama dobrável, dolorosamente fazendo seu melhor, o que quer que isso significasse – eu não conhecia os detalhes do parto quando imaginei a cena pela primeira vez. Ronnie está impaciente no corredor, usando um paletó transpassado e os brogues marrons e brancos com que jogava golfe, mantendo os olhos na rua, enquanto, em uma cadência martelada, urge minha mãe a se esforçar mais:

– Deus do céu, Wiggly, por que você não termina logo com isso? É uma vergonha, isso sim. Lá está o pobre Humphries, sentado no carro lá fora, praticamente morto de frio, e você aí fazendo corpo mole.

Embora o nome da minha mãe fosse Olive, meu pai sempre a chamava de Wiggly. Mais tarde, quando tecnicamente me tornei adulto, eu também passei a dar apelidos tolos às mulheres, a fim de torná-las menos formidáveis.

A voz de Ronnie, quando eu era jovem, ainda tinha o sotaque de Dorset, com erres pesados e as longos. Mas a eliminação do seu passado já começara e na minha adolescência ele quase – mas nunca totalmente – falava sem sotaque. Dizem-nos que os ingleses são marcados pela pronúncia e, naquela época, enunciar com perfeição podia valer uma nomeação militar, crédito bancário, tratamento respeitoso por parte dos policiais e um emprego na City de Londres. E é uma das ironias da vida imprevisível de Ronnie que, ao realizar sua ambição de enviar a mim e a meu irmão para colégios da elite, ele tenha se colocado socialmente abaixo de nós pelos cruéis padrões da época. Eu e Tony atravessamos sem esforço a barreira sonora de classe, mas Ronnie permaneceu preso do outro lado.

Não que Ronnie pagasse pela nossa educação – ou não que pagasse sempre, até onde eu sei –, mas, de alguma forma, ele dava um jeito. Uma escola, depois de estudarmos nela por um tempo, corajosamente exigiu seu pagamento antecipado. Ela o recebeu de uma forma conveniente para Ronnie, em frutas secas contrabandeadas – figos, bananas, ameixas – e uma caixa de um gim que seus funcionários jamais poderiam ter.

E, mesmo assim, a aparência de Ronnie era – e esse era seu maior talento – a de um homem muito respeitável. Respeito, e não dinheiro, era o que ele colocava acima de tudo. Todos os dias, Ronnie tinha de ter sua simpatia reconhecida. Seu julgamento das outras pessoas dependia inteiramente de quanto elas o respeitavam. No nível mais humilde da vida, há um Ronnie em cada rua de Londres, em cada cidadezinha do interior. Ele é o garoto travesso, efusivo e viril que oferece coquetéis servindo champanhe a pessoas que não estão acostumadas a beber champanhe, abre seus jardins para a festa da comunidade batista local, embora jamais coloque o pé em sua igreja, é presidente honorário do time de futebol infantil e do time de críquete adulto e entrega as taças prateadas aos vencedores do campeonato.

Até que um dia se descobre que ele não paga a conta do leiteiro há um ano, ou o posto de gasolina local, a banca de jornais, a vinícola e a loja onde comprou as taças prateadas, e sua esposa leva as crianças para viverem com a mãe e, por fim, pede o divórcio porque descobre – e minha mãe sempre soube – que ele dormia com toda garota da vizinhança e tem filhos que nunca mencionou. E, quando nosso garoto travesso é descoberto ou obrigado a ser temporariamente decente, ele leva uma vida simples por algum tempo, realiza boas obras e sente prazer nas pequenas coisas, até que renova as energias e volta aos seus velhos jogos.

★

Meu pai era esse garoto, sem dúvida. Mas isso foi apenas o começo. A diferença está na escala, em sua postura episcopal, em sua voz ecumênica e em seu ar de santidade ferida quando alguém duvida da sua palavra, além dos seus infinitos poderes de se iludir. Enquanto nosso garoto travesso comum gasta o orçamento doméstico em Newmarket, Ronnie está relaxando em uma grande mesa em Monte Carlo, segurando um drinque de cortesia preparado com brandy e ginger ale, comigo de um lado, aos 17 anos e fingindo ser mais velho, e o escudeiro do rei Farouk, com mais de 55 anos, do outro. O escudeiro é muito bem-vindo à mesa. Ele se mostrou merecedor dela e muito mais. É um homem educado, grisalho e inócuo, e está muito cansado. O telefone branco na altura do cotovelo o liga diretamente ao rei egípcio, que está cercado por astrólogos. O aparelho toca, o escudeiro tira a mão do queixo, pega-o, ouve com as pálpebras baixadas e zelosamente transfere outra porção da riqueza do Egito para o vermelho, o preto ou qualquer número considerado propício pelos bruxos zodiacais de Alexandria ou do Cairo.

Já fazia algum tempo que Ronnie estivera observando esse processo com um sorriso combativo para si mesmo que dizia "Se é isso que você quer, meu velho, é isso que você vai ter". E ele começa a aumentar suas apostas. Com determinação. Dez se tornam vinte. Vinte, cinquenta. E, quando ele aposta sua última ficha e ordena imperiosamente outra pilha, percebo que não está apostando em um palpite ou jogando contra a casa. Ele está jogando contra o rei Farouk. Se Farouk prefere o preto, Ronnie aposta no vermelho. Se Farouk aposta no ímpar, Ronnie joga tudo no par. Estamos falando de centenas agora (em valores de hoje, milhares). E o que Ronnie está dizendo a Sua Majestade egípcia – enquanto um semestre e, depois, um ano de mensalidades do meu colégio desapareceram sob a mão do crupiê – é que sua ligação com o Todo-poderoso é mais eficaz que a de algum potentado árabe barato.

No brilho azulado suave de Monte Carlo pouco antes do amanhecer, pai e filho caminham lado a lado ao longo da esplanada até uma joalheria vinte e quatro horas para penhorar sua cigarreira, sua caneta-tinteiro de ouro e seu relógio. Bucherer? Boucheron? Quase isso. "Vou ganhar tudo novamente amanhã, e com lucros, certo, filho?", diz enquanto nos retiramos para dormir no Hôtel de Paris, onde, misericordiosamente, ele pagou a conta adiantado. "Dez em ponto", acrescenta severamente, caso eu esteja pensando em me fingir de doente.

*

Foi assim que eu nasci. Da minha mãe, Olive. De forma obediente, com a pressa que Ronnie exigiu dela. Em um empurrão final para evitar os credores e evitar que o Sr. Humphries morresse lá fora em seu Lanchester. Pois o Sr. Humphries não é apenas um motorista de táxi; ele também é um valioso confederado, assim como membro integral e bem pago da exótica corte que cerca Ronnie e um mágico amador distinto que faz truques com cordas, como laços de forca. Nos bons tempos, ele é substituído pelo Sr. Nutbeam e um Bentley, mas, em tempos ruins, o Sr. Humphries e seu Lanchester estão sempre prontos a servir.

Eu nasço e sou empacotado com as poucas posses da minha mãe, pois recentemente sofremos outro confisco e estamos viajando com pouca bagagem. Sou colocado no porta-malas do táxi do Sr. Humphries como um dos presuntos contrabandeados de Ronnie, alguns anos antes. As caixas marrons são acrescentadas e o porta-malas é fechado. Olho ao redor, na escuridão, à procura do meu irmão mais velho, Tony. Ele não está em evidência. Tampouco Olive, codinome Wiggly. Não importa, pois eu nasci e, como um potro, já estou pronto para correr. E, desde então, estou correndo.

★

Tenho outra lembrança fabricada da infância que, de acordo com meu pai, que tinha todo o direito de saber, é igualmente imprecisa. Quatro anos se passaram e estou na cidade de Exeter, atravessando um terreno árido. Estou segurando a mão da minha mãe, Olive, codinome Wiggly. Como ambos usamos luvas, não há contato de pele entre nós. E, de fato, até onde me lembro, nunca houve. Era sempre Ronnie quem me abraçava, jamais Olive. Ela era a mãe que não tinha cheiro, enquanto Ronnie sempre cheirava a charutos finos e óleo capilar da Taylor da Old Bond Street, Cabeleireiros da Corte, e, quando se coloca o nariz na lã de um dos ternos feitos à mão do Sr. Berman, é possível sentir o cheiro das suas mulheres. No entanto, quando, aos 21 anos, caminho até Olive na plataforma 1 da estação ferroviária de Ipswich para nosso grande encontro após dezesseis anos sem abraços, não consigo, de modo algum, me forçar a envolvê-la com os braços. Ela era tão alta quanto eu me lembrava, porém muito magra e sem contornos abraçáveis. Com seu modo hesitante de andar e sua face alongada e vulnerável, ela podia se passar pelo meu irmão Tony usando a peruca de advogado de Ronnie.

Estou em Exeter novamente, segurando a mão enluvada de Olive. Do outro lado do terreno, há uma estrada em frente à qual vejo um muro alto de tijolos vermelhos com agulhões e vidro quebrado no topo e, do outro lado do muro, uma construção sombria com janelas gradeadas e nenhuma luz. E, em uma daquelas janelas, parecendo um prisioneiro de Banco Imobiliário quando se vai direto para a prisão, sem pular uma rodada ou ganhar 200 libras, está meu pai, visível dos ombros para cima. Como o homem do tabuleiro de Banco Imobiliário, ele segura as barras com suas grandes mãos. As mulheres sempre lhe disseram que ele tinha mãos adoráveis e ele sempre cuidou muito bem delas, usando um cortador de unhas que carregava no bolso do terno. A testa ampla e branca está pressionada contra as grades. Ele nunca teve muito cabelo e o pouco que tinha escorria dos dois lados da sua cabeça como um rio de cheiro agradável, formando a auréola que contribuía tanto para a imagem santificada que fazia de si mesmo. Ao envelhecer, o rio se tornou acinzentado e então secou, mas as rugas da idade e da vida dissoluta que ele fizera tanto por merecer jamais se materializaram. O eterno feminino de Goethe prevaleceu em Ronnie até o fim.

Ele se orgulhava tanto da sua cabeça quanto das suas mãos, segundo Olive, e, logo depois do casamento, ele a vendeu para a ciência, com pagamento adiantado e a mercadoria devendo ser entregue após sua morte. Não sei quando ela me disse isso, mas sei que, desde o dia em que essa informação me foi confiada, sempre olhei para Ronnie com o distanciamento de um executor. Seu pescoço era muito largo e curto, quase sem se diferenciar do tronco. Eu me perguntava onde acertaria o machado se estivesse encarregado do serviço. Matá-lo foi uma preocupação minha desde o começo e que voltava de tempos em tempos, mesmo após sua morte. Provavelmente não era mais que minha exasperação diante do fato de jamais conseguir obrigá-lo a dizer a verdade.

Ainda segurando a mão enluvada de Olive, aceno para ele lá no alto, e Ronnie retribui do jeito que sempre faz: inclinando-se para trás, com o torso imóvel, enquanto um braço profético comanda os céus acima da sua cabeça. "Papai, papai", grito. Minha voz é a de um sapo gigante. Segurando a mão de Olive, marcho de volta para o carro, sentindo-me completamente satisfeito comigo mesmo. Afinal, não é todo garoto que tem a mãe somente para si enquanto o pai está preso em uma gaiola.

Mas, de acordo com meu pai, isso jamais aconteceu. A noção de que eu pudesse tê-lo visto em qualquer uma das suas prisões o ofendeu bastante – "Pura invenção do começo ao fim, garoto." É verdade, admitiu, que ele cumpriu uma pena leve em Exeter, mas, na maior parte, em Winchester e Scrubs. Não fizera nada criminoso, nada que não pudesse ser discutido com pessoas razoáveis. Ele estivera na posição do office

FILHO DO PAI DO AUTOR

boy que rouba alguns centavos da caixinha e é flagrado antes de ter a chance de devolvê-los. Mas essa não era a questão, insistiu ele. A questão, como confidenciou à minha meia-irmã Charlotte, sua filha de outro casamento, quando se queixou do meu comportamento desrespeitoso em relação a ele – ou seja, do fato de que eu não o deixava roubar parte dos meus royalties nem cedia alguns poucos milhares de dólares para desenvolver o cinturão verde que ele convencera algum desorientado conselho local a apoiar –, era que qualquer um que conhece o interior da prisão de Exeter sabe perfeitamente bem que não é possível ver a estrada das janelas.

*

E eu acredito nele. Ainda acredito. Eu estou errado e ele está certo. Ele jamais esteve naquela janela e eu jamais acenei para ele. Mas o que é verdade? O que é memória? Devíamos encontrar outro nome para descrever a maneira como vemos os eventos passados que ainda estão conosco. Eu o *vi* naquela janela, mas também o *vejo* agora, segurando as barras, com o peito taurino apertado no uniforme de condenado, com flechas impressas nele, como em todos os melhores gibis da época do colégio. Há uma parte de mim que jamais o viu vestindo qualquer outra coisa. E eu sei que tinha 4 anos quando o vi porque, um ano depois, ele estava livre novamente e, algumas semanas ou meses depois disso, minha mãe foi embora durante a noite, desaparecendo por dezesseis anos, antes que eu a redescobrisse em Suffolk, mãe de dois outros filhos que haviam crescido sem saber da existência do seu meio-irmão. Ela levara consigo uma bela maleta branca de couro da Harrods, forrada com seda, que eu encontrei na sua casa quando ela morreu. Era a única coisa, em toda a casa, que dava um testemunho do seu primeiro casamento, e eu a tenho até hoje.

Eu também o vi agachado na cela, na beirada da cama, com a cabeça hipotecada nas mãos, um jovem orgulhoso que jamais havia passado fome, lavado as próprias meias ou arrumado a própria cama, pensando nas três devotas e gentis irmãs e nos pais que o adoravam, a mãe desolada, retorcendo as mãos e perguntando a Deus "Por quê? Por quê?"

com sotaque irlandês, o pai, ex-prefeito de Poole, vereador e maçom. Ambos cumprindo a pena de Ronnie com ele nas suas mentes. Ambos prematuramente grisalhos enquanto esperavam por ele.

Como Ronnie podia suportar tudo isso enquanto olhava para a parede? Com seu orgulho e sua energia e motivação prodigiosas, como lidava com o confinamento? Eu sou tão inquieto quanto ele. Não consigo ficar parado por uma hora. Não consigo ler um livro por uma hora, a menos que seja em alemão, o que, de alguma forma, me mantém na minha poltrona. Mesmo durante uma boa peça, anseio pelo intervalo e pela oportunidade de esticar as pernas. Quando escrevo, estou sempre levantando da cadeira e passeando pelo jardim ou pelas ruas. Preciso apenas me trancar no banheiro por três segundos – a chave caiu da fechadura e estou tentando pegá-la de volta – para começar a suar e gritar para que me deixem sair. Todavia, Ronnie, no auge da vida, cumpriu uma longa pena – três ou quatro anos. Ele ainda estava cumprindo uma pena quando recebeu mais acusações e lhe deram outra sentença, dessa vez de trabalhos forçados ou, como dizemos hoje em dia, com nosso terrível mau uso da palavra, encarceramento avançado. As penas que cumpriu mais tarde – Hong Kong, Cingapura, Jacarta, Zurique – foram, pelo que sei, curtas. Pesquisando para *Quase um colegial* em Hong Kong, eu me vi frente a frente com seu ex-carcereiro na tenda de Jardine Matheson, em uma corrida de cavalos em Happy Valley.

– Sr. Cornwell, seu pai foi um dos melhores homens que já conheci. Foi um privilégio cuidar dele. Estou me aposentando e, quando voltar a Londres, ele vai me ajudar com os negócios.

Mesmo na prisão, Ronnie estava engordando seu carcereiro para a panela.

★

Estou em Chicago, apoiando uma campanha morna para vender mercadorias inglesas no exterior. O cônsul-geral britânico, na casa de quem estou hospedado, entrega-me um telegrama. Foi enviado pelo nosso embaixador em Jacarta, dizendo que Ronnie está na prisão e perguntando se eu posso pagar a fiança. Prometo pagar o que for necessário.

Para minha surpresa, são apenas algumas centenas de libras. Ronnie deve estar sem sorte.

★

Da Bezirksgefängnis em Zurique, onde ele foi preso por fraude em um hotel, Ronnie me liga, invertendo os papéis.

– Filho? É o seu pai.

O que eu posso fazer por você, pai?

– Você pode me tirar dessa maldita prisão, filho. Foi tudo um mal--entendido. Esses caras se recusam a analisar os fatos.

Quanto?

Não há resposta. Somente um ator engolindo em seco antes de uma voz desesperada enunciar a frase de efeito:

– Não posso passar mais tempo na prisão, filho.

Então os soluços, que, como sempre, me atravessam como facas em câmera lenta.

★

Interroguei minhas duas tias ainda vivas. Elas falam como Ronnie falava quando era jovem: com um leve e inconsciente sotaque de Dorset do qual eu realmente gosto. Como Ronnie lidou com aquela primeira pena? Como aquilo o afetou? Quem ele era antes da prisão? Quem ele era depois da prisão? Mas as tias não são historiadoras, são irmãs. Elas amam Ronnie e preferem não pensar para além do seu amor. A cena de que melhor se lembram é aquela em que Ronnie está se barbeando na manhã em que o veredicto seria anunciado em Winchester Assizes. Ele se defendera do banco dos réus no dia anterior e estava certo de que voltaria para casa, livre, naquela noite. Era a primeira vez que as irmãs recebiam permissão de vê-lo se barbear. Mas a única resposta que consigo delas está nos seus olhos e nas suas palavras murmuradas: "Foi terrível. Simplesmente terrível." Elas estão falando da vergonha como se tivesse sido ontem, e não há setenta anos.

Sessenta e tantos anos antes, eu fizera a mesma pergunta à minha mãe, Olive. Ao contrário das tias, que preferiam guardar as lembranças

O TÚNEL DE POMBOS

para si mesmas, Olive era uma torneira que eu não conseguia fechar. Desde o momento em que nos encontramos, na estação ferroviária de Ipswich, ela havia falado incessantemente de Ronnie. Falou da sua sexualidade muito antes de eu ter descoberto a minha e, a título de referência, entregou-me um surrado exemplar de *Psychopathia Sexualis*, de Krafft-Ebing, como um mapa para me guiar através dos apetites do seu marido antes e depois da prisão.

– *Mudado*, querido? Na *prisão*? Nem um pouco! Você não tinha mudado *nem um pouco*. Tinha perdido peso, é claro... Bem, e deveria. A comida da prisão *não é feita* para ser boa.

E então a imagem que jamais me abandonará, em especial porque ela parecia inconsciente do que estava dizendo:

– E você tinha aquele hábito tolo de parar na frente das portas e esperar, com a cabeça baixa, até que eu as abrisse. Eram portas perfeitamente *normais*, não estavam trancadas nem nada, mas você obviamente não *esperava* ser capaz de abri-las sozinho.

Por que Olive se refere a Ronnie como *você*? *Você* significando *ele*, mas inconscientemente me convocando como substituto de Ronnie, o que, na época da morte da minha mãe, eu havia me tornado. Há uma fita que Olive gravou para meu irmão Tony falando da sua vida com Ronnie. Ainda não suporto essa fita e ouvi apenas alguns trechos. Neles, ela descreve como Ronnie costumava espancá-la, o que, de acordo com Olive, havia sido o motivo para que ela fugisse. A violência de Ronnie não era novidade para mim, porque ele também costumava espancar a segunda esposa – com tanta frequência e determinação, voltando para casa altas horas da noite para fazer isso, que eu, tomado por um impulso cavalheiresco, nomeei-me seu ridículo protetor, dormindo em um colchão em frente à porta do seu quarto e segurando um taco de golfe, para que Ronnie tivesse de lidar comigo antes de conseguir chegar até ela.

Será que eu realmente teria golpeado sua cabeça hipotecada? Será que o teria matado e seguido seus passos na prisão? Ou apenas o abraçado e desejado boa noite? Jamais saberei, mas explorei as possibilidades na minha memória com tanta frequência que todas elas são verdadeiras.

FILHO DO PAI DO AUTOR

É claro que Ronnie também me espancou, mas poucas vezes e sem muita convicção. A parte assustadora era a preparação, o subir e descer dos ombros, o encaixar do maxilar. E, depois de adulto, Ronnie tentou me processar, o que, suponho, é uma forma disfarçada de violência. Ele tinha visto um documentário sobre minha vida na televisão e concluíra haver difamação implícita na minha falha em mencionar que devia tudo a ele.

★

Como Olive e Ronnie se conheceram? Eu perguntei isso a ela no meu período Krafft-Ebing, não muito tempo depois daquele primeiro abraço relembrado na estação de Ipswich.

– Por meio do seu tio Alec, querido.

Ela se referia ao irmão com quem já não falava, vinte e cinco anos mais velho que ela. Seus pais haviam morrido muito tempo antes, e tio Alec, um dos grandes de Poole, membro do Parlamento e afamado pregador local, era seu pai efetivo. Como Olive, ele era magro, ossudo e muito alto, mas também vaidoso, vestindo-se com garbo e com grande consciência da sua importância social. Escolhido para entregar a taça ao time de futebol local, tio Alec levou Olive junto com ele, à maneira de alguém educando uma futura princesa no exercício dos seus deveres públicos.

Ronnie era o centroavante do time. Em que outra posição ele poderia jogar? Enquanto tio Alec se movia pela linha, trocando um aperto de mão com cada jogador, Olive o seguia, prendendo um broche em cada peito orgulhoso. Mas, quando ela o prendeu no peito de Ronnie, ele se ajoelhou dramaticamente, afirmando que havia atingido seu coração e apertando o peito com ambas as mãos. Tio Alec, que, por tudo o que se sabe dele, era um idiota pomposo, condenou altivamente a brincadeira, e Ronnie, com impressionante mansidão, perguntou se ele poderia fazer visitas nas tardes de domingo – não a Olive, naturalmente, que estava socialmente acima dele, mas a uma governanta irlandesa que ele havia conhecido. Tio Alec graciosamente consentiu, e Ronnie, sob o disfarce do cortejo à criada, seduziu Olive.

O TÚNEL DE POMBOS

– Eu estava tão solitária, querido. E você era uma bola de fogo. – O fogo, claro, era Ronnie, não eu.

Tio Alec foi minha primeira fonte secreta, e eu o traí completamente. Fora para Alec que eu havia escrito em segredo no meu vigésimo primeiro aniversário – Alec Glassey, membro do Parlamento, aos cuidados da Câmara dos Comuns, *Particular* – para perguntar se sua irmã, minha mãe, estava viva e, se sim, onde poderia ser encontrada. Glassey, havia muito, deixara de ser membro do Parlamento, mas, milagrosamente, as autoridades da Câmara dos Comuns lhe enviaram minha carta. Eu havia feito a mesma pergunta a Ronnie quando era mais jovem, porém ele apenas franzira o cenho e sacudira a cabeça e, após algumas tentativas, eu desisti. Em um bilhete de duas linhas, tio Alec disse que o endereço dela estava no papel anexado. A condição para essa informação era que eu jamais deveria dizer "à pessoa interessada" onde o obtivera. Estimulado pela injunção, deixei escapar a verdade momentos depois do meu encontro com Olive.

– Então devemos ser gratos a ele, querido – disse ela, e isso foi tudo.

Ou *teria* sido tudo, exceto que, quatro anos depois, no Novo México, e vários anos após a morte da minha mãe, meu irmão Tony me informou que, no seu vigésimo primeiro aniversário, dois anos antes do meu, ele também escrevera para Alec, pegara um trem até a casa de Olive, a abraçara na plataforma 1 e provavelmente, graças à sua altura, conseguira um abraço melhor que o meu. E ele a informara.

Então por que Tony não havia me contado tudo isso? Por que eu não tinha dito a ele? Por que Olive não dissera nada a nenhum de nós sobre o outro? A resposta era o medo que sentíamos de Ronnie, o que, para todos nós, era o medo da vida em si. Seu alcance, psicológico e físico, e seu charme terrível eram inescapáveis. Ele era um Rolodex ambulante de conexões. Quando uma das suas esposas foi descoberta se consolando com um amante, Ronnie se pôs ao trabalho como se fosse um homem sozinho em sua sala de guerra. Em uma hora, ele já havia conversado com o empregador do sujeito infeliz, seu gerente de banco, seu senhorio e o pai da sua esposa. Todos foram recrutados como agentes de destruição.

280

E o que Ronnie havia feito com aquele marido infiel desamparado, podia fazer dez vezes pior conosco. Ronnie destruía tanto quanto criava. Cada vez que me sinto tentado a admirá-lo, lembro-me das suas vítimas. Sua própria mãe, ainda enlutada, chorosa executora do espólio do seu pai; a mãe da sua segunda esposa, também viúva, também em atordoada posse da fortuna do marido morto – Ronnie roubou as duas, privando as mulheres das economias dos maridos e os herdeiros das suas heranças. Dezenas, centenas de outros, todos confiantes, todos, pelos nobres padrões de Ronnie, merecedores da sua proteção: enganados, roubados e privados do seu cavaleiro errante. Como ele explicava isso a si mesmo, se é que o fazia? As corridas de cavalo, as festas, as mulheres e os Bentleys que mobiliavam sua outra vida enquanto ele tirava dinheiro de pessoas tão indefesas, em seu amor por ele, que eram incapazes de dizer não? Será que Ronnie alguma vez mensurou o preço de ser o escolhido de Deus?

★

Guardo poucas cartas, e quase todas as de Ronnie para mim eram tão horríveis que eu as destruía quase antes de lê-las: cartas mendicantes dos Estados Unidos, da Índia, de Cingapura e da Indonésia; cartas exortatórias perdoando minhas transgressões e urgindo-me a amá-lo, rezar por ele, fazer o melhor uso possível das vantagens com que ele me cobrira e lhe enviar dinheiro; exigências ameaçadoras de que eu lhe pagasse o custo da minha educação; e prognósticos sombrios sobre sua morte iminente. Não lamento tê-las jogado fora; às vezes, gostaria de poder jogar fora a lembrança que tenho delas também. Ocasionalmente, a despeito dos meus melhores esforços, um pedaço do seu inextinguível passado retorna para me provocar: uma página de uma das suas cartas datilografadas no papel fino do correio aéreo, por exemplo, aconselhando-me sobre algum esquema maluco que ele queria que eu "levasse à atenção dos seus empresários com vistas a um investimento inicial". Ou um antigo adversário de negócios de Ronnie me escreve, sempre com ternura, sempre grato por tê-lo conhecido, mesmo que a experiência tenha se mostrado custosa.

O TÚNEL DE POMBOS

★

Há alguns anos, hesitando à beira de uma autobiografia e frustrado com a escassez de informações adicionais, contratei dois detetives, um magro, outro gordo, ambos recomendados por um experiente advogado de Londres e ambos bons de garfo. Saiam pelo mundo, eu disse a eles casualmente. Estou pagando. Encontrem as testemunhas e os registros escritos e me tragam um relato factual de mim mesmo, da minha família e do meu pai, e eu os recompensarei. Sou um mentiroso, expliquei. Nasci na mentira, fui criado nela e depois treinado por uma indústria que mente por profissão e agora pratico mentiras como escritor. Como criador de ficções, invento versões de mim mesmo, jamais a coisa real, se é que ela existe.

Então eis o que farei, eu disse. Deixarei minha memória imaginada na página esquerda e colocarei o registro factual na página direita, sem modificações ou adornos. Dessa maneira, meus leitores verão por si mesmos em que extensão a memória de um velho escritor é a puta da sua imaginação. Todos nós reinventamos nosso passado, continuei, mas os escritores são uma classe à parte. Mesmo quando conhecem a verdade, ela jamais é suficiente para eles. Eu lhes indiquei datas, nomes e lugares relacionados a Ronnie, e sugeri que desenterrassem atas dos tribunais. Eu os imaginei caçando fontes vitais enquanto algumas delas ainda estavam disponíveis, antigas secretárias, agentes penitenciários e policiais. Disse que deveriam fazer o mesmo com meus registros escolares e do Exército e, como eu havia passado várias vezes por investigações oficiais de segurança, as avaliações da minha confiabilidade pelos serviços nos quais costumamos pensar como secretos. Eu os urgi a não serem impedidos por nada na busca por mim mesmo. Contei tudo o que conseguia lembrar sobre as fraudes e meu pai, domésticas e no exterior: como ele tinha tentado enganar os primeiros-ministros de Cingapura e da Malásia em uma operação dúbia envolvendo uma associação de times de futebol e quase havia conseguido. Mas era o mesmo "quase" que sempre o derrotava.

Contei sobre suas "famílias adicionais" e amantes-mães, mantenedoras da chama, que, nas suas próprias palavras para mim, sempre estavam

FILHO DO PAI DO AUTOR

lá para cozinhar uma salsicha caso ele aparecesse. Informei-lhes os nomes de algumas mulheres que conhecia e um ou outro endereço, além dos nomes dos filhos – de quem, ninguém sabe. Contei sobre o serviço de guerra de Ronnie, que consistiu em usar todos os truques conhecidos para não prestar nenhum serviço, inclusive se candidatar às eleições parlamentares sob égides estimulantes como "Independente Progressista", o que obrigou o Exército a liberá-lo para exercer seus direitos democráticos. E como, mesmo enquanto estava sendo treinado, ele mantivera um par de cortesãos e uma ou outra secretária à mão, hospedados em hotéis locais, para que pudesse levar adiante seu negócio legítimo de aproveitador da guerra e comerciante de bens escassos. Estou convencido de que, nos anos imediatamente após a guerra, Ronnie maquiou seus registros no Exército a fim de conceder a si mesmo o codinome de coronel Cornhill, nome pelo qual ele era bem conhecido nos cantos mais obscuros do West End. Quando minha meia-irmã Charlotte estava trabalhando em um filme sobre a notória família criminosa do leste de Londres, chamado *The Krays*, ela procurou o irmão mais velho, Charlie, para coletar material para o papel. Enquanto tomavam chá, Charlie Kray mostrou a ela um álbum de fotos da família e lá estava Ronnie, com os braços em torno dos irmãos mais novos.

Eu contei a eles sobre a noite em que me hospedei no hotel Royal, em Copenhague, e fui imediatamente convidado a visitar o gerente. Presumi que minha fama me precedera. Fora a fama de Ronnie, não a minha. Ele era procurado pela polícia dinamarquesa. E lá estavam eles, dois deles, empertigados como colegiais nas cadeiras encostadas na parede. Ronnie, disseram-me, entrara ilegalmente em Copenhague, vindo dos Estados Unidos, com a ajuda de dois pilotos escandinavos que ele havia derrotado no pôquer em um antro de Nova York. Em vez de dinheiro, ele sugerira que lhe dessem uma carona grátis até a Dinamarca, o que eles diligentemente fizeram, fazendo-o passar despercebido pela alfândega e pela imigração. Será que eu sabia, perguntaram-me os policiais dinamarqueses, onde poderiam encontrar meu pai? Eu não sabia. E, graças a Deus, realmente não sabia. A última vez que tinha ouvido falar de Ronnie fora no ano anterior, quando ele havia fugido da Inglaterra na surdina para escapar de um credor, da prisão, da máfia ou dos três ao mesmo tempo.

Assim, havia outra pista para meus detetives: vamos descobrir do que Ronnie estava fugindo quando saiu da Inglaterra e por que saiu dos Estados Unidos da mesma maneira. Eu contei sobre os cavalos de corrida de Ronnie, que ele mantinha em atividade mesmo quando estava falido: cavalos em Newmarket, na Irlanda, e em Maisons-Laffitte, em Paris. Eu lhes dei os nomes dos treinadores e jóqueis e contei como Lester Piggott correra para ele quando ainda era aprendiz e como Gordon Richards o havia aconselhado na hora das compras. E como certa vez eu encontrara o jovem Lester na parte traseira de um trailer para cavalos, deitado na palha vestindo o uniforme de seda de Ronnie, lendo um gibi infantil antes da corrida. Os cavalos de corrida de Ronnie recebiam nomes em homenagem aos seus amados filhos: Dato, Deus nos ajude, correspondendo a David e Tony; Tummy Tunmers combinava o nome da sua casa com sua afeição pelo próprio estômago; Príncipe Rupert – o único cavalo que demonstrava algum potencial –, por causa do meu meio-irmão Rupert; e Rose Sang, em uma referência arcaica ao cabelo ruivo da minha meia-irmã Charlotte. E como, no fim da minha adolescência, eu costumava ir às reuniões no lugar de Ronnie, depois que ele fora proibido de comparecer por não pagar suas dívidas de apostas. E como na ocasião em que, para a surpresa de todos, Príncipe Rupert tinha conseguido um pódio – foi em Cesarewitch? –, eu retornara a Londres no mesmo trem que os agenciadores a quem Ronnie não pagara, agarrado a uma valise estufada com o dinheiro das apostas que eu havia feito por ele.

Contei aos meus detetives sobre a Corte de Ronnie, como, secretamente, eu sempre a chamara: a mistura heterogênea de ex-presidiários refinados que formavam o núcleo da sua família corporativa – ex-professores, ex-advogados, ex-tudo. E como um deles, chamado Reg, me chamou de lado após a morte de Ronnie e, em meio às lágrimas, contou-me sobre o que chamou de o fundo do poço. Reg tinha ido para a prisão no lugar de Ronnie. E não estava sozinho nessa distinção. O mesmo fizera George-Percival, outro cortesão. E Eric e Arthur. Os quatro levaram a culpa no lugar de Ronnie, em outra ocasião, para não permitir que a Corte fosse privada do seu líder genial. Mas essa não era a questão. A questão, David – disse ele em meio às lágrimas –, é que eles eram um bando de idiotas malditos que deixaram Ronnie enganá-los repetidas vezes. E ainda estavam fazendo isso. Se Ronnie se levantasse da cova e pedisse a Reg que cumprisse outra pena por ele, Reg o faria, assim como George-Percival, Eric e Arthur. Porque, no que dizia respeito a Ronnie – Reg não se importava em admitir –, os quatro eram meio malucos.

– Todos nós estávamos corrompidos, filho – acrescentou Reg como último e respeitoso epitáfio de um amigo. – Mas seu pai, ele era de fato muito, muito corrupto.

Contei aos detetives que Ronnie havia sido candidato liberal por Yarmouth na eleição parlamentar de 1950, levando a Corte com ele, todos liberais, sem exceção. E que o agente do candidato conservador se encontrara com Ronnie em um lugar privado e, temendo que Ronnie pudesse dividir os votos em favor do Partido Trabalhista, avisara que os *tories* iriam vazar seu histórico na prisão e um ou outro detalhe sobre seu passado se ele não recuasse, o que Ronnie, após consultar uma sessão em plenário da Corte, da qual eu era membro *ex-officio*, recusou-se a fazer. Seria tio Alec o Deep Throat dos *tories*? Será que enviara a eles uma das suas cartas secretas exortando-os a não revelar sua fonte? Eu sempre suspeitei que sim. De qualquer modo, os *tories* fizeram exatamente o que ameaçaram fazer. Vazaram o histórico na prisão de Ronnie, e ele, como previsto, dividiu os votos e os trabalhistas venceram.

Talvez como um aviso amigável aos meus detetives, ou então para me gabar um pouquinho, enfatizei a extensão da rede de contatos de Ronnie e seu acesso às pessoas mais improváveis. No fim da década de 1940 e início da década de 1950, nos seus anos dourados, Ronnie podia dar festas na sua casa em Chalfont St. Peter que incluíam diretores do clube de futebol Arsenal, subsecretários permanentes, jóqueis campeões, astros do cinema e do rádio, reis do bilhar, ex-prefeitos de Londres, todo o elenco da Crazy Gang, então se apresentando no Victoria Palace, sem mencionar um punhado selecionado de belezinhas, onde quer que ele as conseguisse, e os times de críquete da Austrália ou da Índia, se estivessem na cidade. Don Bradman estaria presente, assim como a maioria dos grandes jogadores dos anos pós-guerra, além de um coro de juízes presidentes e promotores da época e uma tropa de oficiais da Scotland Yard em blazers com brasões no bolso.

Ronnie, com sua formação em métodos policiais, podia detectar um oficial flexível a quilômetros de distância. Ele sabia, com um olhar, o que comiam e bebiam, e o que os fazia felizes, quanto estavam dispostos a forçar os limites da lei e onde estabeleceriam um limite. Era um dos seus prazeres estender proteção policial aos amigos, de modo que, se o filho de alguém, caindo de bêbado, jogasse o Riley dos pais em uma vala, era Ronnie quem recebia a primeira ligação frenética da mãe do garoto e era Ronnie, de novo, quem fazia um gesto com a mão, levando os testes de sangue a serem invalidados no laboratório da polícia e a promotoria a se desculpar profusamente por desperdiçar o tempo de Sua Reverência. O feliz resultado era que Ronnie acrescentava outro favor ao seu saldo no grande Banco das Promessas, onde guardava seus únicos bens reais.

Todas as informações passadas aos meus detetives, é claro, eram inúteis. Nenhum detetive do mundo poderia ter encontrado o que eu estava procurando – e dois não eram melhores que um. Dez mil libras e vários excelentes almoços depois, tudo que eles tinham a oferecer era um punhado de recortes de jornal sobre antigas falências, a eleição de Yarmouth e uma pilha de registros corporativos inúteis. Nenhuma ata de julgamento, nenhum carcereiro aposentado, nenhuma testemunha valiosa e nenhuma arma do crime. Nem uma única menção ao julgamento de Ronnie em Winchester Assizes, no qual, de acordo com seu próprio relato, ele se defendeu brilhantemente contra um jovem advogado chamado Norman Birkett, mais tarde Sir e depois lorde Norman, que atuou como juiz britânico nos Julgamentos de Nuremberg.

Da prisão – foi isso que Ronnie me contou –, ele escrevera para Birkett e, no espírito esportivo peculiar de ambos, havia felicitado o grande advogado pelo seu desempenho. E Birkett ficara lisonjeado ao receber tal carta de um pobre prisioneiro que estava pagando sua dívida com a sociedade e respondera. E assim uma correspondência se desenvolvera, na qual Ronnie afirmava sua determinação em estudar direito. E, tão logo saiu da prisão, matriculou-se em Gray's Inn. Foi por causa desse ato heroico que Ronnie comprou a peruca e a toga que ainda vejo acompanhando-o em uma caixa de papelão, enquanto ele viaja pelo mundo em busca de El Dorado.

*

Minha mãe, Olive, abandonou furtivamente nossas vidas quando eu tinha 5 anos, e meu irmão Tony, 7, e ambos estávamos dormindo. No débil jargão do mundo do serviço secreto em que mais tarde entrei, sua partida foi uma operação de extração bem-planejada, executada de acordo com os maiores princípios de segurança – informar somente aqueles que precisam saber. Os conspiradores selecionaram uma noite em que meu pai, Ronnie, devia chegar de Londres muito tarde ou nem chegar. Isso não era difícil. Recém-liberado das privações da prisão, ele se estabelecera no West End, onde diligentemente recuperava o tempo perdido. Que tipo de negócio, podemos apenas conjecturar, mas seu sucesso era inconstante.

Ronnie mal inspirara seu primeiro sopro de ar fresco e já se reunira com o núcleo disperso da sua Corte. Na mesma velocidade inebriante, abandonara a humilde casa de tijolos em St. Albans, para onde meu avô, com muito franzir de cenho e apontar de dedos, nos conduzira após a soltura de Ronnie, instalando-nos no subúrbio de Rickmansworth, com suas limusines e escolas de equitação, a menos de uma hora dos inferninhos mais caros de Londres. Acompanhados pela Corte, havíamos passado o inverno em esplendor no hotel Kulm, em St. Moritz. Em Rickmansworth, as estantes dos nossos quartos estavam repletas de brinquedos. Os fins de semana eram um sonho, durante o qual eu e Tony perseguíamos tios para jogar futebol conosco e olhávamos para as prateleiras sem livros dos nossos quartos, enquanto ouvíamos música no andar de baixo. Entre os improváveis visitantes daqueles dias, estava Learie Constantine, mais tarde Sir Learie e então lorde Constantine, provavelmente o maior jogador de críquete da Índia de todos os tempos. Era um dos muitos paradoxos da natureza de Ronnie gostar de ser visto na companhia de pessoas morenas ou negras, o que, naqueles dias, era uma raridade. Learie Constantine jogava "críquete francês" conosco e nós o adorávamos. Lembro-me de uma cerimônia doméstica jovial na qual, sem o benefício de um padre, ele foi formalmente nomeado meu padrinho ou padrinho do meu irmão – nenhum de nós tem certeza.

– Mas de onde vinha o dinheiro? – perguntei à minha mãe em uma das muitas conversas que tivemos. Ela não fazia ideia. Os negócios não chegavam até ela ou eram demais para ela. Quanto piores as coisas ficavam, mais ela se afastava. Ronnie era desonesto, disse ela, mas, no mundo dos negócios, não são todos?

A casa para onde Olive fugiu em segredo era uma falsa mansão Tudor chamada Hazel Cottage. No escuro, o jardim comprido em declive e as janelas com grades em forma de losango lhe davam a aparência de uma cabana de caça na floresta. Imagino uma lua nova fraca ou então nenhuma. Durante todo o interminável dia da sua fuga, eu a vejo envolvida em preparos sub-reptícios, enchendo a maleta branca da Harrods com suas necessidades operacionais – um pulôver grosso, pois a Ânglia Oriental estará gelada, e onde, em nome de Deus, eu coloquei minha carteira de motorista? –, lançando olhares nervosos ao relógio de ouro St. Moritz enquanto mantinha a compostura na frente dos filhos, do cozinheiro, da faxineira, do jardineiro e da babá alemã, Annaliese.

Olive já não confiava mais em nenhum de nós. Seus filhos eram subsidiários de Ronnie, completamente dominados. Ela suspeitava que Annaliese estivesse dormindo com o inimigo. A amiga de Olive, Mabel, vivia com os pais a apenas alguns quilômetros, em um apartamento de frente para o Moor Park Golf Club, mas Mabel não sabia mais sobre o plano de fuga que Annaliese. Mabel havia feito dois abortos em três anos, após engravidar de um homem cujo nome se recusava a revelar, e Olive começava a desconfiar. Na sala de estar com vigas aparentes, pela qual ela passa na ponta dos pés com sua maleta branca, está um dos primeiros aparelhos de televisão do período pré-guerra, um ataúde suspenso de mogno com uma minúscula tela que mostra pontos se movendo rapidamente e, ocasionalmente, as feições enevoadas de um homem de smoking. Ela desliga a televisão. Olive jamais assistirá à TV novamente.

– Por que você não nos levou junto? – perguntei a ela certa vez.

– Porque você iria atrás de nós, querido – respondeu Olive, referindo-se, como sempre, não a mim, mas a Ronnie. – Você não descansaria até ter seus preciosos meninos de volta.

Além disso, disse ela, havia a importantíssima questão da nossa educação. Ronnie era tão ambicioso quando se tratava dos filhos que, de algum modo, por mais desonesto que fosse, faria com que frequentássemos escolas sofisticadas. Olive jamais conseguiria fazer isso. Conseguiria, querido?

Não consigo descrever Olive muito bem. Quando era criança, eu não a conhecia e, depois de adulto, não a entendia. Das suas habilidades, sei tão pouco quanto sobre o restante. Será que ela era gentil, mas fraca? Será que sofreu ao se ver separada dos dois primeiros filhos ou era uma mulher sem emoções muito profundas que simplesmente se arrastou pela vida, ao sabor das decisões alheias? Será que possuía talentos latentes gritando para emergir? Eu me reconheceria de bom grado em qualquer uma dessas identidades, mas não sei qual escolher, se é que devo escolher alguma.

A maleta branca de couro está hoje na minha casa em Londres e se tornou um objeto de intensa especulação para mim. Como ocorre com todas as grandes obras de arte, há certa tensão na sua imobilidade. Será que ela voltará à vida subitamente, sem deixar endereço? Por fora, é uma maleta cara de noiva em lua de mel, de uma boa marca. Os dois porteiros uniformizados que, na minha memória, ficarão em pé para sempre atrás das portas de vidro do hotel Kulm em St. Moritz, escovando a neve das botas dos hóspedes com um floreio dramático, imediatamente reconheceriam seu proprietário como membro das classes abastadas. Mas, quando estou cansado e minha memória está vagueando sozinha, o interior da maleta exsuda uma pesada sexualidade.

Em parte, por causa da seda cor-de-rosa surrada do forro: uma anágua frágil esperando para ser rasgada. Mas também há, em algum lugar da minha mente, a lembrança nebulosa de comoção carnal – uma comoção no quarto que interrompi quando era muito jovem – e ela é cor-de-rosa. Será que foi quando vi Ronnie e Annaliese fazendo amor? Ou Ronnie e Olive? Ou Olive e Annaliese? Ou os três ao mesmo tempo? Ou nenhum deles, exceto nos meus sonhos? E essa pseudomemória retrata algum tipo de paraíso erótico infantil de onde fui expulso quando Olive fez as malas e foi embora?

Como artefato histórico, a maleta não tem preço. É o único objeto conhecido que contém as iniciais de Olive enquanto era casada com Ronnie: O.M.C., Olive Moore Cornwell, impressas em preto abaixo da suada alça de couro. Suor de quem? De Olive? Ou do seu colega conspirador e salvador, um agente hábil e irascível que também foi o motorista do seu carro de fuga? Tenho a impressão de que, assim como Olive, seu salvador era casado e, da mesma forma que ela, tinha filhos. Se isso é verdade, as crianças também tinham sono pesado? Sendo profissionalmente íntimo da aristocracia proprietária de terras, seu salvador também tinha classe, ao passo que Ronnie, no julgamento de Olive, não tinha nenhuma. Olive jamais perdoou Ronnie por se casar com alguém acima dele.

Durante toda a vida, ela martelou esse tema, até que comecei a entender que a inferioridade social de Ronnie era a folha de parreira da dignidade a que ela se agarrava enquanto continuava a segui-lo anos depois do seu suposto rompimento. Ela o deixava convidá-la para almoços no West End, ouvindo seus relatos fantasiosos sobre sua fortuna prodigiosa, embora quase nada chegasse até ela, e, depois do café e do conhaque – ou é assim que imagino –, cedia a Ronnie em algum refúgio antes que ele saísse correndo para ganhar outro milhão imaginário. Mantendo abertas as feridas que as origens inferiores de Ronnie haviam aberto nela, desprezando silenciosamente a vulgaridade do seu modo de falar e os lapsos em sua delicadeza social, Olive era capaz de culpá--lo por tudo e a si mesma por nada, exceto sua aquiescência estúpida.

No entanto, Olive era tudo, menos estúpida. Tinha uma língua espirituosa, lúcida e cheia de farpas. Suas sentenças longas e claras estavam sempre prontas para serem impressas e suas cartas eram convincentes, rítmicas e engraçadas. Na minha presença, ela era dolorosamente articulada, como a Sra. Thatcher durante seu curso de oratória. Mas, na presença de outras pessoas, era um mainá, adotando imediatamente os efeitos vocais de quem quer que estivesse na sua companhia, mesmo que isso a levasse para baixo na escala social. E sim, eu também tenho um bom ouvido para vozes. E talvez seja algo que herdei dela, porque Ronnie não tinha nenhum. E eu adoro imitá-las e transcrevê-las. Mas eu sei tanto sobre o que Olive lia, se é que lia, quanto sobre sua contribuição genética para minha existência. Olhando para trás e conversando com seus outros filhos, sei que há uma mãe por lá, esperando para ser conhecida. Mas nunca a conheci e talvez não o quisesse.

Sempre me pareceu que Ronnie e Olive, apesar de tudo, combinavam muito bem. Mas, enquanto Olive estava disposta a ser definida por quem quer que afirmasse amá-la, Ronnie era um trapaceiro cinco estrelas agraciado com o desafortunado talento de despertar o amor em homens e mulheres. O ressentimento de Olive com as origens sociais do meu pai não parou no agressor principal. O pai de Ronnie – ninguém menos que meu venerado avô, Frank, ex-prefeito de Poole, maçom, abstêmio, pregador, ícone da probidade da nossa família –, de acordo com Olive, era tão corrompido quanto ele. Fora Frank quem colocara Ronnie no caminho da sua primeira fraude, a financiara, a controlara a distância e mantivera a cabeça baixa quando Ronnie se dera mal. Ela encontrou até mesmo algo de ruim a dizer sobre o *avô* de Ronnie, de quem me lembro como um D. H. Lawrence de barbas brancas andando em um triciclo aos 90 anos. Ela jamais me disse onde eu deveria me posicionar nessa condenação completa da nossa linhagem masculina. Mas eu havia recebido educação, não havia, querido? A linguagem e os modos das pessoas respeitáveis foram impressos em mim.

★

Há uma história da família sobre Ronnie que permanece sem verificação, mas gosto de acreditar nela porque ela fala do seu bom coração, algo que, tão frequente e frustrantemente, desafiou seus detratores.

Ronnie está fugindo, mas ainda não saiu da Inglaterra. As acusações de fraude são tão sérias que a polícia britânica iniciou uma caçada. Em meio ao clamor popular, um velho colega de Ronnie morre subitamente e precisa ser enterrado. Na esperança de que Ronnie comparecesse ao funeral, a polícia estabeleceu vigilância. Detetives à paisana se misturaram aos enlutados, mas Ronnie não estava entre eles. No dia seguinte, um membro da família vai cuidar da cova recente. Ronnie está parado, sozinho, ao lado dela.

*

Agora passamos aos anos 1980 e isso não é apenas uma história familiar, tendo acontecido à luz do dia e na presença do meu editor britânico, do meu agente literário e da minha esposa.

Estou fazendo uma turnê pelo sul da Austrália. Almoço na grande tenda. Sento-me a uma mesa sobre cavaletes, com minha esposa e meu editor ao meu lado e meu agente observando. Estou autografando meu último romance, *Um espião perfeito*, que contém um retrato não muito velado de Ronnie, cuja vida mencionei durante o discurso após o almoço. Uma dama idosa em uma cadeira de rodas passa energicamente pela fila e me diz, com certa paixão, que estou completamente enganado sobre Ronnie ter sido preso em Hong Kong. Ela vivera com ele na colônia e ele não poderia ter ido para a prisão sem que ela percebesse, não acha?

Enquanto penso em uma resposta – por exemplo, a de que recentemente tive uma conversa amigável com o carcereiro de Ronnie em Hong Kong –, uma segunda dama, de idade similar, se levanta.

– Isso é ridículo! – grita ela. – Ele vivia comigo em Bangkok e apenas *trabalhava* em Hong Kong!

Asseguro a ambas que elas provavelmente têm razão.

*

Você não ficará surpreso ao ler que, nos meus piores momentos, como muitos filhos de muitos pais, eu me pergunto que partes de mim ainda pertencem a Ronnie e quanto de mim é meu. Realmente há uma grande diferença entre um homem que se senta à mesa e imagina fraudes para colocar em uma página em branco (*eu*) e um homem que veste uma camisa limpa todas as manhãs e, sem nada no bolso além da imaginação, segue em frente para enganar sua vítima (*Ronnie*)?

FILHO DO PAI DO AUTOR

Ronnie, o trapaceiro, podia inventar uma história do nada, esboçar um personagem que não existia e pintar uma oportunidade de ouro onde não havia nenhuma. Ele podia cegá-lo com detalhes inventados ou explicar cuidadosamente um inexistente ponto complicado se você não fosse rápido o bastante para entender as tecnicidades da fraude da primeira vez. Ele podia saber um grande segredo em caráter confidencial e então murmurá-lo em seu ouvido porque tinha decidido confiar em você.

E, se tudo isso não for parte integrante da arte de escrever, então não sei o que é.

★

O azar de Ronnie foi ser um anacronismo ainda em vida. Nos anos 1920, quando começou sua carreira, um comerciante inescrupuloso podia falir em uma cidade e, no dia seguinte, conseguir crédito em outra, a oitenta quilômetros de distância. Mas, com o tempo, as comunicações alcançaram Ronnie do mesmo modo que haviam alcançado Butch Cassidy e Sundance Kid. Tenho certeza de que ele ficou profundamente chocado quando o Departamento de Segurança Interna de Cingapura o confrontou com seu registro policial britânico. E mais uma vez chocado quando, sumariamente deportado para a Indonésia, foi parar atrás das grades por crimes financeiros e tráfico de armas. E mais chocado ainda quando, alguns anos depois, a polícia suíça o arrastou do seu quarto no hotel Dolder Grand, em Zurique, e o jogou na cadeia do distrito. Lendo recentemente sobre como os cavalheiros da FIFA foram retirados das suas camas no Baur au Lac, em Zurique, e distribuídos por celas selecionadas por toda a cidade, vejo Ronnie, há quarenta e tantos anos, sofrendo a mesma humilhação, na mesma hora, nas mãos da mesma polícia suíça.

Trapaceiros são atraídos por grandes hotéis como mariposas pela luz. Até aquela madrugada em Zurique, Ronnie se hospedara em inúmeros deles e seu sistema nunca havia falhado: pegar a melhor suíte que o melhor hotel tivesse a oferecer, receber luxuosamente e conquistar porteiros, *maîtres* e, acima de tudo, recepcionistas, ou seja, distribuir gorjetas generosas e frequentes. Ligar para o mundo todo e, quando o hotel apresentar a primeira conta, dizer que a passou para seus assistentes. Ou, se estiver jogando uma partida mais demorada, atrasar o pagamento da primeira conta e então pagá-la, mas nada depois dela.

Assim que sentir que já não é mais bem-vindo, arrumar uma maleta leve, dar 20 ou 50 dólares ao recepcionista e dizer que você tem negócios urgentes fora da cidade e que eles podem detê-lo durante a noite. Ou, se ele for esse tipo de recepcionista, piscar e dizer que tem uma obrigação a cumprir com uma dama – ah, e será que ele pode se assegurar de que a suíte está devidamente trancada, em função de todas as coisas valiosas lá dentro? –, já tendo se assegurado de que qualquer coisa valiosa que possua, se é que possui alguma, esteja na sua maleta. E talvez, para um disfarce mais eficaz, pedir a ele que fique com seus tacos de golfe como garantia, mas somente em caso de necessidade, porque você adora jogar golfe.

Mas aquela batida durante a madrugada no Dolder disse a Ronnie que o jogo tinha acabado. E, hoje em dia, esqueça. Eles têm o número do seu cartão de crédito. Eles sabem qual colégio seus filhos frequentam.

★

Será que Ronnie, com seus comprovados poderes de embuste, poderia ter sido um mestre espião? É verdade que, quando enganava as pessoas, também enganava a si mesmo, embora isso não necessariamente o desqualificasse. Mas, se tivesse um segredo – seu ou de outra pessoa –, ele se sentia decididamente desconfortável até que o partilhasse, o que, sem dúvida, seria um problema.

Show business? Afinal, ele fizera um bom trabalho visitando um grande estúdio cinematográfico em Berlim, sob o pretexto de estar representando a mim e à Paramount Pictures – por que parar por aí? E Hollywood, como todos sabemos, tem o comprovado hábito de acolher trapaceiros.

E quanto a ser ator? Ele não amava os espelhos? Não passara a vida inteira fingindo ser quem não era?

Mas Ronnie jamais quis ser um astro. Ele queria ser apenas Ronnie, um universo único.

FILHO DO PAI DO AUTOR

Quanto a se tornar autor das próprias ficções, esqueça. Ele não invejava minha notoriedade literária. Ele a possuía.

★

Estamos em 1963. Acabei de chegar a Nova York, na minha primeira visita aos Estados Unidos. *O espião que saiu do frio* está no topo das listas. Meu editor americano me leva ao Club 21 para um grande jantar. Quando o *maître* nos conduz até nossa mesa, vejo Ronnie sentado a um canto.

Não nos falamos há anos. Eu não fazia ideia de que ele estava nos Estados Unidos, mas ele está, a quatro metros de distância, segurando um drinque feito com brandy e ginger ale. Como foi que chegou até ali? Fácil. Ele ligou para meu gentil editor americano e apelou para seu bom coração. Jogou com a carta irlandesa. Uma olhada para o nome do meu editor lhe diz que ele é de origem irlandesa.

Convidamos Ronnie para nossa mesa. Ele humildemente aceita, trazendo o brandy com ginger ale, mas somente para um drinque rápido e então nos deixará à vontade. Ele se porta de modo doce e orgulhoso, dá umas palmadinhas no meu braço e diz, com lágrimas nos olhos, que não foi um pai ruim, filho, e nos saímos bem juntos, não nos saímos? Sim, sim, pai, muito bem, concordo.

Então Jack, meu editor, que é um pai orgulhoso, além de ser irlandês, pergunta por que Ronnie não termina seu drinque e divide uma garrafa de champanhe conosco. É o que fazemos, e Ronnie ergue a taça e bebe ao nosso livro. Note o *nosso*. Então, Jack diz: ei, Ronnie, que diabos, por que você não come conosco? E Ronnie se deixa persuadir e pede um belo prato misto de grelhados.

Na calçada, trocamos o obrigatório abraço de urso e ele chora, o que faz com frequência: soluços profundos que fazem seus ombros estremecer. Eu choro também e pergunto se ele está bem de dinheiro. Surpreendentemente, ele responde que sim. E então me dá um conselho, no caso de eu estar permitindo que o sucesso do livro me suba à cabeça:

– Você pode ser um escritor de sucesso, filho – diz ele –, mas não é uma *celebridade.*

Após esse aviso incompreensível, ele parte para a noite sem dizer para onde está indo. Imagino que haja uma dama à sua espera, porque quase sempre há.

★

Meses depois, sou capaz de montar a história por trás desse encontro. Ronnie estava fugindo, sem dinheiro ou lugar para morar. Entretanto, os agentes imobiliários de Nova York ofereciam um mês de aluguel grátis para os novos inquilinos de prédios recém-construídos. Sob diferentes nomes, Ronnie ia de prédio em prédio: um mês grátis aqui, um mês grátis ali, e até então não o haviam descoberto, mas que Deus o ajudasse quando o fizessem. Somente o orgulho o fizera recusar minha oferta de dinheiro, porque ele estava desesperado e já livrara meu irmão mais velho da maior parte das suas economias.

No dia seguinte ao nosso jantar no Club 21, ele ligou para o departamento de vendas da minha editora americana, apresentou-se como meu pai – e, é claro, amigo íntimo do meu editor –, encomendou duzentos exemplares do *nosso livro*, a serem deduzidos do saldo do autor, e assinou o recibo com o próprio nome. Seu plano era distribuir os livros como cartões de visita.

Já recebi uns vinte dos tais livros, com pedidos do proprietário para que eu acrescente meu autógrafo ao de Ronnie. A versão padrão diz "Assinado pelo Pai do autor", com um enorme pê na palavra "Pai". Em resposta, escrevo "Assinado pelo Filho do pai do autor", com um enorme efe na palavra "Filho".

Mas tente ser Ronnie por um momento, como eu fiz com tanta frequência. Tente estar sozinho nas ruas de Nova York, completamente quebrado. Você já usou todos os seus recursos e acessou todos os seus contatos. Está na lista de procurados na Inglaterra e em Nova York. Não ousa mostrar seu passaporte, está usando nomes falsos para pular entre apartamentos pelos quais não pode pagar e tudo que resta entre você e a perdição é sua determinação e um terno de risca de giz com abotoadura dupla da Berman na Savile Row, que você passa a ferro todas as noites. É o tipo de situação que eles criam na escola de espionagem: "Agora vamos ver como você se livra dessa." À exceção de um ou outro lapso, Ronnie teria sido aprovado com louvor nesse teste.

*

O esquema com que Ronnie sempre sonhou teve sucesso logo após sua morte, em um daqueles sonolentos tribunais dickensonianos nos quais disputas financeiras complexas se arrastam por muito tempo. Em nome da cautela, vou chamar o subúrbio de Londres afetado de Cudlip, porque é inteiramente possível que a mesma batalha legal esteja sendo disputada até hoje, assim como foi disputada nos últimos vinte e tantos anos da vida de Ronnie e então por mais dois, sem sua presença.

Os fatos envolvidos no caso são a própria simplicidade. Ronnie se aproximara do Conselho de Cudlip, notadamente do seu comitê de planejamento. É fácil imaginar como isso ocorreu. Eles eram batistas como ele, maçons como ele ou gostavam de bilhar como ele. Ou eram homens casados no auge do vigor que, até conhecerem Ronnie, jamais haviam experimentado os prazeres noturnos do West End. Talvez também estivessem atrás de uma fatia do que Ronnie lhes assegurara ser um grande bolo.

Independentemente de como tenha acontecido, não havia dúvida, de natureza legal ou de outra qualquer, de que o Conselho de Cudlip assinara a autorização para que uma das oitenta e três empresas falidas de Ronnie construísse cem cobiçadas casas no meio do cinturão verde de Cudlip. Assim que isso foi feito, Ronnie, que tinha comprado as terras por centavos, uma vez que nada poderia ser construído nelas, vendeu-as, juntamente com a autorização, a uma grande construtora, por uma imensa soma de dinheiro. O champanhe correu solto, e a Corte estava exultante. Ronnie fechara o acordo da sua vida. Meu irmão Tony e eu teríamos tudo que quiséssemos.

E, como ocorreu tão frequentemente em sua vida, Ronnie teria se dado bem, se não fosse pelos cidadãos de Cudlip, que, chamados à ação pelo jornal local, declararam, em uníssono, que qualquer tentativa de construir casas ou qualquer outra coisa no seu precioso cinturão verde – onde ficavam o campo de futebol, as quadras de tênis, as áreas de piquenique e as pracinhas das crianças – ocorreria apenas sobre seus cadáveres. E tamanha era sua paixão que, rapidamente, obtiveram uma ordem judicial, deixando Ronnie com um contrato assinado com a construtora na mão, mas sem um centavo do seu dinheiro.

Ronnie se sentia tão ultrajado quanto os moradores de Cudlip. Como eles, jamais sonhara com tanta perfídia. Não era uma questão de dinheiro, insistia, mas uma questão de princípios. Ele reuniu uma equipe de advogados, somente os melhores. Eles concluíram que o caso era bom e que o aceitariam. Sem vitória, sem honorários. As terras de Cudlip, assim, tornaram-se o padrão de ouro da nossa fé em Ronnie. Pelos mais de vinte anos seguintes, qualquer recuo temporário seria insignificante quando chegasse o grande dia do juízo final. Ronnie podia estar escrevendo de Dublin, Hong Kong, Penang ou Timbuktu – o mantra, em suas estranhas letras maiúsculas, era sempre o mesmo: "Um dia, Filho, e pode muito bem ser Depois do meu Julgamento, a Justiça Britânica irá Prevalecer."

E, de fato, meses após sua morte, a justiça prevaleceu. Eu não estava no tribunal para ouvir o veredicto. Meu advogado me aconselhara a não demonstrar o menor sinal de interesse pelo espólio de Ronnie, sob o risco de me ver preso às suas enormes dívidas. A sala de audiências estava lotada, de acordo com minhas fontes. As mesas dos advogados estavam especialmente cheias. Havia três juízes, mas um deles falou por todos, e sua linguagem era tão convoluta que, por alguns instantes, ninguém conseguia entender o que ele dizia.

Então, aos poucos, a notícia foi revelada. O tribunal tinha decidido pelo pleiteante: Ronnie. Indiscutivelmente. Completamente. Sem "mas" nem "porém". Sem "por um lado" nem "por outro". Da sua cova, Ronnie fizera a cesta de três pontos que sempre insistira que faria: uma vitória do Povo sobre os tolos e os idealistas – leiam-se descrentes cultos e intelectuais –, a justificativa póstuma de todas as suas lutas.

Então houve silêncio. Em meio à comemoração, um funcionário mais uma vez pediu ordem no tribunal. Os apertos de mãos e tapinhas nas costas deram lugar à inquietação coletiva. Um advogado, que até então não se dirigira à corte, pede a atenção de Suas Senhorias. Tenho meu próprio e arbitrário retrato dele. Um sujeito ofegante, pomposo e cheio de espinhas, e a peruca é pequena demais para sua cabeça. Ele representa a Coroa, diz a Suas Senhorias. Especificamente, ele representa a Renda Doméstica de Sua Majestade, que descreve como "credor preferencial" na questão que Suas Senhorias acabaram de julgar. E, para ser preciso e não desperdiçar o precioso tempo de Suas Senhorias, ele gostaria, com infinito respeito, de apresentar uma petição para que toda a soma concedida ao espólio do pleiteante fosse confiscada, a fim de restituir, embora somente em pequena parte, as somas muito maiores, acumuladas durante um grande número de anos, que o falecido deve à Renda Doméstica de Sua Majestade.

★

Ronnie está morto e eu estou revisitando Viena a fim de respirar o ar da cidade enquanto escrevo o romance semiautobiográfico ao qual, finalmente, posso me dedicar. Não o Sacher novamente; eu temo que os garçons se lembrem de Ronnie caindo em cima da mesa e quase me arrastando junto. Meu voo para Schwechat está atrasado, e o balcão do pequeno hotel que escolhi arbitrariamente está a cargo de um recepcionista noturno idoso. Então ele fala em suave e venerável alemão vienense:

— Seu pai era um grande homem. Você o tratava de maneira vergonhosa.

34

Para Reggie, com meus agradecimentos

Suponho que você deva ter mais ou menos minha idade para se lembrar de Reginald Bosanquet, o travesso, boêmio e beberrão apresentador de TV que capturou o coração da nação e morreu ridiculamente cedo, eu nunca soube de quê. Reggie foi meu contemporâneo em Oxford e tinha todas as coisas que eu não tinha: renda própria, carro esporte, mulheres bonitas e certo tipo de maturidade prematura para combinar com tudo isso.

Nós gostávamos um do outro, mas havia um limite para o tempo que eu conseguia passar com um homem que levava a vida com a qual eu sonhava e podia bancá-la, ao contrário de mim. Além disso, eu era um cara indistinto naqueles tempos, ansioso e meio assombrado. Reggie não era nada disso. Mais ainda, eu não estava apenas quebrado mas também – no meio do meu segundo ano – seriamente insolvente, uma vez que meu pai tinha acabado de sofrer uma das suas falências espetaculares, e o cheque para as mensalidades do semestre fora devolvido. E, embora minha faculdade estivesse se comportando com paciência exemplar, eu realmente não via um meio de permanecer em Oxford pelo restante do ano acadêmico.

Mas eu não estava contando com Reggie, que entrou no meu quarto certo dia, provavelmente de ressaca, colocou um envelope na minha mão e foi embora. Ele continha um cheque dos administradores do seu fundo, suficiente para pagar minhas dívidas e me manter na universidade por mais seis meses. A carta anexada também era dos administradores. Eles diziam que Reggie falara do meu infortúnio, que o dinheiro

PARA REGGIE, COM MEUS AGRADECIMENTOS

vinha dos seus próprios recursos e que eu deveria pagar quando me fosse conveniente e somente se pudesse. E era desejo de Reggie que, em todas as questões relativas ao empréstimo, eu me correspondesse diretamente com os administradores, uma vez que ele não misturava amizade e dinheiro.

Passaram-se vários anos antes que eu conseguisse pagar a última parcela, juntamente com os juros que, pelos meus cálculos, aquele capital teria rendido. Os administradores me enviaram uma carta de agradecimento educada e devolveram os juros. Reggie, explicaram eles, não achava que juros eram apropriados naquelas circunstâncias.*

---

* Escrito para a Victim Support, 1998.

35

O homem mais procurado

A ligação misteriosa no início da manhã foi feita por Karel Reisz, o diretor de cinema britânico nascido na Tchecoslováquia e conhecido, na época, por *Tudo começou no sábado*. Estamos em 1967, e eu estou tentando viver sozinho em uma cobertura feia em Maida Vale. Reisz e eu estivemos trabalhando juntos – e sem sucesso, como se veria depois – em um roteiro para meu romance *O amante ingênuo e sentimental*, que, para dizer o mínimo, não era para todos os gostos. Mas Reisz não está ligando para falar do roteiro, como posso adivinhar pela sua voz, profunda e conspiratória:

– David, você está sozinho?

Sim, Karel. Muito sozinho.

– Se você pudesse passar aqui o mais rápido possível, seria de grande ajuda.

A família Reisz não vivia muito longe, em uma casa vitoriana de tijolos vermelhos em Belsize Park. Eu provavelmente caminhei até lá. Quando seu casamento está chegando ao fim, você caminha. Reisz abriu a porta tão rápido que devia estar esperando por mim. Depois de trancá-la, ele me leva até a grande cozinha, que era onde a vida na casa dos Reisz era vivida: sentados em torno de uma mesa redonda de pinho espessa com biscoitos glaceados sobre o tampo giratório, bules de chá e café, jarras de suco, um telefone sempre ocupado e, naqueles dias, muitos cinzeiros, tudo isso em parte para a conveniência de *habitués* improváveis como Vanessa Redgrave, Simone Signoret e Albert Finney, que apareciam, serviam-se, conversavam um pouco e iam embora. Sempre imaginei que, antes de os pais de Reisz serem mortos em Auschwitz, era assim que viviam.

Eu me sento. Há cinco rostos olhando para mim: a atriz Betsy Blair, esposa de Reisz, que pela primeira vez não estava falando ao telefone, e o diretor Lindsay Anderson, famoso por *O pranto de um ídolo*, que Reisz produzira para ele. E, sentados entre os dois diretores, um jovem sorridente, nervoso e carismático, de feições eslavas clássicas, que eu nunca vira antes.

– David, esse é Vladimir – disse Reisz com gravidade, fazendo com que o jovem se levantasse e me desse um aperto de mão vigoroso (eu diria quase com desespero), estendendo o braço por cima da mesa.

E, sentada ao lado daquele jovem efusivo, uma mulher que, considerando sua séria preocupação com ele, tinha mais a aparência de uma cuidadora que de uma amante ou, naquele contexto, de uma agente de talentos ou diretora de elenco – pois o jovem, mesmo visto de relance, tinha presença.

– Vladimir é um ator tcheco – anunciou Reisz.

Ótimo.

– E ele quer permanecer na Inglaterra.

Ah, sim. Entendo – ou algo assim.

É a vez de Anderson:

– Pensamos que, com seu histórico, você conheceria as pessoas certas para lidar com isso.

Silêncio generalizado em torno da mesa. Todo mundo espera que eu diga algo.

– Desertar – digo tolamente. – Vladimir quer desertar.

– Se é assim que você quer chamar – comenta Anderson depreciativamente, e o silêncio se instala novamente.

Está se tornando aparente para mim que talvez Anderson tenha algum tipo de interesse possessivo em Vladimir, e que Reisz, sendo um tcheco bilíngue, seja mais um intermediário que um dos principais empreendedores. Isso causa certo desconforto. Eu encontrei Anderson em três ocasiões, no máximo, nenhuma delas agradável. Por alguma razão inexplicável, havíamos antipatizado um com o outro. Nascido

O TÚNEL DE POMBOS

em uma família militar na Índia, ele fora educado em um colégio interno britânico (Cheltenham, que mais tarde puniu em seu filme *Se...*) e em Oxford. Na guerra, servira no Serviço de Informações militar em Délhi. E creio que fora isso que, desde o início, me indispusera contra ele. Como socialista confesso que estava em conflito aberto com o *establishment* que o havia criado, ele me parecera um tipo de *apparatchik* clandestino na luta de classes e não havia muito que eu pudesse fazer a esse respeito.

– Vladimir é, na verdade, Vladimir *Pucholt* – ouço Reisz explicar. E, quando minha reação não é a que esperam de mim, ou seja, quando não me veem perder o fôlego de admiração ou gritar "o Vladimir Pucholt?", Reisz se apressa em fornecer detalhes, enriquecidos pelos demais à mesa. Vladimir Pucholt, descubro para minha humilhação, é o brilhante astro tcheco do palco e das telas, mais conhecido pelo seu papel principal em *Os amores de uma loira*, de Miloš Forman, que conheceu sucesso internacional. Forman também o usou nos seus filmes anteriores e o declarou seu ator favorito.

– O que significa, em resumo – diz Anderson novamente e de modo agressivo, como se eu tivesse questionado o valor de Pucholt e ele se sentisse obrigado a me corrigir –, que *qualquer* país que o receba pode se considerar com muita sorte. Algo que confio que você deixará claro para seu pessoal.

Mas eu não tenho nenhum *pessoal*. O único *pessoal* que conheço, do tipo oficial ou quase oficial, são meus antigos colegas do mundo da espionagem. E Deus me livre de ligar para um deles e dizer que tenho um potencial desertor tcheco nas mãos. Posso facilmente imaginar o tipo de pergunta solícita a que Pucholt seria convidado a responder: você está sendo plantado aqui pelo Serviço Secreto tcheco e, se sim, pode mudar de lado? Cite outros dissidentes tchecos que podem estar interessados em trabalhar para nós. E, presumindo que você já não tenha revelado suas intenções aos seus doze melhores amigos, pensaria em retornar à Tchecoslováquia e fazer algumas coisas para nós?

Mas Pucholt, como começo a perceber, não lhes daria atenção. Ele não é um fugitivo, ao menos não aos seus próprios olhos. Ele chegou à

304

Inglaterra legalmente, com as bênçãos das autoridades tchecas. Antes de partir, discretamente colocara seus negócios em ordem, cumprindo todos os seus contratos cinematográficos e teatrais e tomando o cuidado de não assinar nenhum novo. Ele já visitara a Inglaterra antes e as autoridades tchecas não tinham motivos para supor que, dessa vez, não voltaria para casa.

Parece que, ao chegar à Inglaterra, ele inicialmente se manteve discreto. Por alguma rota indistinta, Lindsay Anderson soube das suas intenções e ofereceu ajuda. Pucholt e Anderson se conheciam de Praga e Londres. Anderson então se voltara para seu amigo Reisz, e os três esboçaram uma espécie de plano. Pucholt tinha de deixar claro, desde o início, que sob nenhuma circunstância pediria asilo político. Fazer isso seria lançar a ira das autoridades tchecas sobre aqueles que havia deixado para trás – amigos, família, professores, colegas de profissão. Talvez ele tivesse em mente o exemplo do bailarino russo Rudolf Nureiév, cuja deserção, seis anos antes, fora saudada como uma vitória para o Ocidente. Como resultado, os amigos e a família de Nureiév na Rússia foram lançados em uma escuridão profunda.

Com essa disposição em mente, Reisz, Anderson e Pucholt colocaram seu plano em prática. Não haveria fanfarras nem tratamento especial. Pucholt seria apenas mais um jovem descontente com o Leste Europeu caminhando pelas ruas e buscando a indulgência das autoridades britânicas. Juntos, Anderson e Pucholt foram até o Ministério do Interior e entraram na fila para prorrogar seu visto no Reino Unido. Chegando à mesa do oficial, Pucholt empurrou seu passaporte tcheco pelo vão no vidro.

– Por quanto tempo? – perguntou o oficial?

E Anderson, que jamais media as palavras, muito menos ao falar com um lacaio do sistema de classes que ele abominava, respondeu:

– *Para sempre.*

★

Tenho uma imagem clara da longa conversa entre Pucholt e o oficial sênior do Ministério do Interior designado para seu caso.

O TÚNEL DE POMBOS

Em um canto, temos a confusão louvável de um funcionário público determinado a fazer o melhor pelo solicitante mas também a agir de acordo com as regras. Tudo o que ele pede a Pucholt é que declare, inequivocamente, que, caso retorne ao seu país natal, será perseguido. Uma vez que ele faça isso, tudo estará bem, seu visto será estendido indefinidamente e bem-vindo à Grã-Bretanha, Sr. Pucholt.

No outro canto, temos a obstinação louvável de Pucholt, que se recusa taxativamente a dizer o que lhe pedem que diga, porque, ao dizê-lo, terá pedido asilo político e, assim, colocado em risco as pessoas que jurou não colocar. Então não, senhor, eu *não* serei perseguido, obrigado. Sou um ator tcheco popular e serei recebido de braços abertos. Posso ser censurado e sofrer algum tipo de retaliação simbólica. Mas não serei perseguido e não estou pedindo asilo político, muito obrigado.

E há até mesmo um pouco de humor negro nessa cena. Na Tchecoslováquia, Pucholt estivera em sérios problemas e havia sido proibido de atuar em qualquer filme durante dois anos. Ele fora convidado – ordenado é uma palavra melhor – a interpretar o papel de um garoto tcheco em um reformatório que, inspirado pelo seu dedicado professor e instruído nos mais altos princípios do marxismo-leninismo, vê-se incapaz de viver na sociedade menos iluminada e burguesa à qual é devolvido.

Nem um pouco impressionado com o roteiro, Pucholt havia pedido para passar algum tempo como interno do reformatório. Tendo feito isso, ficara ainda mais convencido de que o roteiro não prestava e, para a consternação dos seus controladores, havia recusado o papel. Palavras irascíveis foram ditas, contratos tinham sido apresentados, mas ele não se deixara convencer. O resultado: um banimento de dois anos que, em melhores circunstâncias, ele poderia muito bem ter empregado como base para a afirmação de que era vítima de perseguição política no seu país.

Uma semana se passou antes que Pucholt fosse novamente convidado ao Ministério do Interior, dessa vez para ser informado, por um oficial angustiado, que, na melhor tradição inglesa de compromisso, ele não seria repatriado à força para a Tchecoslováquia, mas precisava ir embora da Grã-Bretanha em dez dias.

E era por isso que estávamos ali agora, sentados em torno da mesa de Reisz em um estado de mudez alarmada. Os dez dias já haviam se passado e o que você sugere que façamos, David? A resposta mais curta é que David não tem a menor ideia do que fazer; muito menos quando, em algum momento da nossa discussão que fica dando voltas, fica claro que Pucholt não tinha ido para a Grã-Bretanha a fim de continuar sua estelar carreira de ator, mas "porque, David" – como explicou avidamente do outro lado da mesa –, "eu quero ser médico".

★

Ele concorda que se tornar médico levará algum tempo. Calcula sete anos. Ele reúne algumas qualificações tchecas básicas, mas duvida que elas tenham muito valor no Reino Unido.

Eu o ouço dizer tudo isso. Reconheço o fervor na sua voz e o zelo nas suas expressivas feições eslavas. E sei, como todos ao redor da mesa sabem, como os atores são capazes de se prender a uma versão hipotética de si mesmos e se transformar nela, mas somente enquanto dura o show. Depois disso, eles partem novamente, em busca de uma nova pessoa na qual possam se transformar.

– Isso é ótimo, Vladimir – exclamo, fazendo meu melhor para contemporizar. – Mesmo assim, você continuará atuando enquanto estuda medicina, não é? Você pode melhorar seu inglês, fazer um pouco de teatro, aceitar um ou outro papel menor em um filme?

Digo tudo isso olhando para os dois diretores, em busca de apoio, sem receber nenhum.

Não, David, responde ele. Ele foi ator desde a infância. Foi levado de papel em papel – com frequência, papéis de que não gostava, como o do garoto do reformatório – e agora pretende ser médico, e é por isso que deseja permanecer na Grã-Bretanha. Olho em torno da mesa. Ninguém parece surpreso. Todos, à exceção de mim mesmo, aceitam que Vladimir Pucholt, herói tcheco do palco e das telas, *deseja apenas ser médico*. Será que eles se perguntam, como eu, se isso não seria apenas a fantasia de um ator, e não uma ambição de vida? Não tenho como dizer.

O TUNEL DE POMBOS

Mas não importa, porque concordei em ser o homem que eles acham que eu sou. Falarei com meu *pessoal*, ouço-me dizer, mesmo sabendo que não tenho nenhum pessoal. Encontrarei a melhor maneira de levar a questão a uma conclusão rápida e bem-sucedida, como nós, *apparatchiks* clandestinos, costumamos fazer. Vou para casa agora, mas me manterei em contato. Saio pela esquerda, de cabeça erguida.

★

No meio século que se passou desde então, ocasionalmente me pergunto por que me ofereci para fazer isso quando Anderson e Reisz, diretores de renome mundial, tinham muito mais *pessoal* ao seu alcance, mais amigos em posições importantes, do que eu jamais tive, sem mencionar advogados espertos. Sei que Reisz era próximo de lorde Goodman, *éminence grise* e conselheiro legal do primeiro-ministro Harold Wilson. Anderson, apesar de todo o seu rigor socialista, tinha credenciais de classe alta impecáveis e, como Reisz, conexões com o Partido Trabalhista no governo.

Acho que a resposta pode ser que, com minha vida tão bagunçada, era um alívio estar resolvendo a vida de outra pessoa. Como jovem soldado na Áustria, eu havia interrogado dezenas de refugiados do Leste Europeu, em função da possibilidade remota de que um ou dois fossem espiões. Que eu saiba, nenhum deles era, mas alguns eram tchecos. Aqui, finalmente, havia um tcheco pelo qual eu poderia fazer algo.

Já não tenho mais certeza de onde Vladimir dormiu nos dias seguintes, se foi na casa de Reisz, na de sua companheira, na de Lindsay Anderson ou até mesmo na minha. Mas lembro que ele passava os dias na minha cobertura feia, andando de um lado para o outro ou olhando para fora através das janelas amplas.

Nesse meio-tempo, estou reativando cada conexão que possuo para anular a decisão do Ministério do Interior. Telefono para meu genial editor britânico. Ele sugere que eu ligue para o correspondente do *Guardian* no Departamento de Assuntos Domésticos. O correspondente no departamento não tem nenhuma conexão direta com o ministro do Interior, Roy Jenkins, mas ele conhece a Sra. Jenkins. Ou melhor, sua esposa a conhece. Ele falará com ela e me ligará de volta.

O HOMEM MAIS PROCURADO

Minha esperança aumenta. Roy Jenkins é um liberal corajoso e franco. O correspondente do *Guardian* me liga. Eis o que você vai fazer. Vai enviar uma carta estritamente formal ao ministro do Interior, sem lisonjas nem *schmaltz*. "Prezado ministro do Interior." Você vai datilografar, explicar os fatos e assinar. Se seu colega quer ser médico, diga isso na carta e não finja que ele vai ser um presente divino para o Teatro Nacional. Mas eis a diferença. Você vai endereçar o envelope não ao ilustríssimo Roy Jenkins, mas à Sra. Jenkins, sua esposa. Ela se assegurará de que a carta estará na mesa do café da manhã, juntamente com seu ovo quente. E você entregará a carta pessoalmente. Hoje à noite. Nesse endereço.

Não datilografo. Jamais datilografei. A cobertura contém uma máquina de escrever elétrica, mas não há ninguém que saiba usá-la. Ligo para Jane. Naqueles dias, eu e Jane estávamos andando em círculos um em torno do outro. Hoje, ela é minha esposa. Com Pucholt olhando para o horizonte de Londres, eu escrevo uma carta ao "Prezado ministro do Interior" e Jane a datilografa. Endereço o envelope à Sra. Jenkins e partimos para Notting Hill ou onde quer que o Sr. e a Sra. Jenkins moram.

Quarenta e oito horas depois, Vladimir Pucholt recebe permissão para permanecer por tempo indefinido na Inglaterra. Nenhum jornal noturno fala de um célebre ator tcheco desertando para a causa ocidental. Ele pode começar seus estudos de medicina tão rápida e discretamente quanto desejar. Recebo a notícia enquanto almoço com meu agente literário. Retorno à cobertura e encontro Vladimir não mais olhando pela janela, mas sentado na varanda de jeans e tênis. É uma tarde quente e ensolarada. Usando uma folha de papel A4 que encontrou na minha mesa, ele fez um avião. Inclinando-se demais para meu conforto, ele espera por uma brisa favorável, lança seu avião e o observa flutuar sobre os telhados de Londres. Até então, explica ele mais tarde, ele não fora capaz de voar. Mas, agora que tinha permissão para ficar, daria tudo certo.

★

Essa história não é sobre minha generosidade ilimitada. É sobre o fato de Vladimir ter se tornado um dos mais amados e dedicados pediatras de Toronto.

O TÚNEL DE POMBOS

De alguma forma – até hoje não sei como –, eu me tornei responsável por pagar as contas da sua formação médica na Inglaterra. Mesmo na época, parecia uma coisa inteiramente natural a fazer. Eu estava no auge da minha renda; Vladimir, no ponto mais baixo. Minha oferta de apoio não me privou de nada. Não causou a mim e à minha família um segundo de dificuldade, naquela época ou depois. As necessidades financeiras de Vladimir, pela sua própria insistência, eram assustadoramente modestas. Sua determinação em devolver cada centavo assim que possível era feroz. Para nos poupar de uma discussão constrangedora, deixei que meus contadores estabelecessem os valores com ele: tanto para viver, tanto para estudos, transporte, aluguel e assim por diante. As negociações foram invertidas. Eu pressionava por valores mais altos; Vladimir, por valores mais baixos.

Seu primeiro emprego na área foi como assistente de laboratório em Londres. De Londres, ele se mudou para um hospital-escola em Sheffield. Em cartas metódicas redigidas em um inglês lírico e altamente aprimorado, ele falava dos milagres da medicina, da cirurgia, da cura e do corpo humano como obra da criação. Sua especialização foi em medicina pediátrica e cuidado intensivo neonatal. Com grande entusiasmo, Vladimir escreve até hoje, falando sobre os milhares de bebês e crianças que estiveram sob seus cuidados.

Sempre achei ligeiramente constrangedor ter interpretado o papel de anjo da guarda com tão pouco sacrifício para mim e um benefício tão extraordinário para outros. E ainda mais constrangedor é saber que, praticamente até o dia da sua formatura, eu jamais acreditei inteiramente que ele conseguiria.

*

Estamos em 2007, quarenta anos depois de Vladimir ter lançado seu avião de papel da varanda de uma cobertura da qual me livrei há muito. Vivo metade do tempo na Cornualha e metade do tempo em Hamburgo, enquanto escrevo um romance intitulado *O homem mais procurado*, sobre um jovem que pede asilo político, vindo não da Tchecoslováquia, como era na época, mas da Tchetchênia, como é hoje. Ele é apenas meio eslavo. A outra metade é tchetchena. Seu nome é Issa, que significa Jesus, e ele é muçulmano, não cristão. Sua única ambição é estudar para se tornar um grande médico e curar o povo sofrido da sua terra natal, especialmente as crianças.

Preso no sótão de um depósito em Hamburgo enquanto espiões lutam pelo seu futuro, ele constrói aviões a partir de um rolo de papel de parede e os faz voar pelo sótão até a liberdade.

Muito antes do que eu imaginara possível, Vladimir pagou cada centavo que eu emprestei a ele. O que ele não sabia – nem eu, até escrever *O homem mais procurado* – é que ele me dera de presente, e um presente não reembolsável, um personagem de ficção.

36

O cartão de crédito de Stephen Spender

Acho que foi em 1991 que fui convidado para um jantar em Hampstead a fim de conhecer Stephen Spender, ensaísta, dramaturgo, escritor, comunista desiludido, cavaleiro do reino, antigo Poeta Laureado dos Estados Unidos – preciso continuar?

Éramos seis à mesa, e Spender tinha a palavra. Aos 82 anos, ele era uma bela figura: cabelos brancos, feições leoninas, vigoroso e determinado. Seu tema era a evanescência da fama – sua própria, presumo, mas não posso deixar de pensar que ele estava me enviando um aviso velado – e a necessidade, por parte daqueles tocados por ela, de aceitar graciosamente seu retorno à obscuridade. Para ilustrá-lo, ele nos contou a seguinte história.

Ele tinha acabado de retornar de uma viagem de costa a costa pelos Estados Unidos. Ao cruzar o deserto de Nevada, vira um raro posto de gasolina e achara prudente encher o tanque. Um aviso escrito à mão, presumivelmente para desencorajar ladrões, advertia que o proprietário aceitava apenas cartões de crédito.

Spender apresentou seu cartão de crédito. O dono do posto o analisou em silêncio. Finalmente, verbalizou sua preocupação.

– O único Stephen Spender que eu conheço é um poeta – objetou.
– E ele está *morto*.

37

Conselhos a um aspirante a escritor

"Antes de encerrar o dia, sempre me asseguro de ter deixado algo para amanhã. O sono faz maravilhas."

Fonte: Graham Greene para si mesmo, Viena, 1965

38

O último segredo oficial

Quando eu era um jovem espião sem preocupações, era apenas natural que acreditasse que os segredos mais importantes da nação estavam guardados em um cofre verde lascado da Chubb, instalado no fim de um labirinto de corredores lúgubres no último andar do número 54 da Broadway, em frente à estação St. James, no escritório particular do chefe do Serviço Secreto.

O Broadway, como chamávamos o prédio, era velho, empoeirado e, em se tratando da filosofia do Serviço, inconveniente. Dos três elevadores barulhentos, o chefe tinha um só para si, que o levava lenta e diretamente às santificadas alturas do último andar. Somente alguns poucos escolhidos tinham a chave desse elevador. Nós, meros mortais, subíamos até ele por uma estreita escada de madeira, observados através de um espelho convexo e, ao chegarmos ao último andar, por um zelador de rosto impassível sentado em uma cadeira de cozinha.

Acho que éramos nós, os jovens iniciantes, que mais gostávamos do edifício, pela sua eterna penumbra; seu cheiro de guerras nas quais não havíamos lutado e intrigas com as quais só podíamos sonhar; seu bar minúsculo destinado apenas a convidados, no qual velhos camaradas se calavam quando você passava; e por sua biblioteca de literatura de espionagem escura e empoeirada, presidida por um bibliotecário idoso com cabelos brancos esvoaçantes que, quando era um jovem espião, correra com os revolucionários bolcheviques pelas ruas de São Petersburgo e enviara mensagens secretas de um porão perto do Palácio de Inverno. Tanto o filme *O espião que saiu do frio* como a versão da BBC para *O espião que sabia demais* captam algo dessa atmosfera. Mas nenhum deles chega nem perto dos mistérios daquele velho cofre Chubb.

O escritório particular do chefe ficava em uma sala no sótão com camadas encardidas de telas nas janelas e a inquietante impressão de ficar no subsolo. Se quisesse se dirigir a você formalmente, ele permanecia sentado atrás da mesa, cercado por retratos da família – e, na minha época, de Allen Dulles e do xá da Pérsia. Se desejasse uma atmosfera mais relaxada, havia as poltronas de couro rachado. Mas, onde quer que se sentasse, o cofre verde estava sempre na sua linha de visão, observando-o inescrutavelmente do outro lado da sala.

O que, em nome de Deus, aquele objeto poderia conter? Eu ouvira sobre a existência de documentos tão secretos que só eram tocados pelo chefe. Se ele escolhesse partilhá-los com alguém, a pessoa primeiro precisaria abrir mão de todos os seus direitos legais, lê-los na presença do chefe e, então, devolvê-los.

★

E agora chegou o triste dia em que a cortina final será baixada sobre o Edifício Broadway e o Serviço e todos os seus bens móveis serão transferidos para uma nova acomodação em Lambeth. O cofre do chefe será isento? Será que guindastes, pés de cabra e homens silenciosos o levarão inteiro até o próximo estágio da sua longa jornada?

Após um debate nos níveis mais elevados, decide-se, relutantemente, que o cofre, embora muito venerável, já não serve a nenhum propósito no mundo moderno. Ele será aberto. O que quer que esteja no interior será examinado por oficiais juramentados, minuciosamente documentado e tratado com todos os procedimentos adequados à sua sensibilidade.

E quem está com a maldita chave?

Não o chefe reinante, aparentemente. Ele fez questão de jamais olhar dentro do cofre ou se familiarizar sem necessidade com seus segredos. O que não se sabe, não se pode revelar. Seus predecessores ainda vivos são consultados com urgência. Com base nos mesmos princípios, eles também resistiram a invadir um solo tão sagrado. E não sabem onde está a maldita chave. Ninguém, nem o Registro, nem a Secretaria, nem

O TÚNEL DE POMBOS

o departamento interno de segurança, nem mesmo o zelador de rosto impassível em sua cadeira de cozinha, viu ou tocou a chave ou sabe onde ela está ou esteve por último. Tudo o que se sabe é que o cofre foi instalado por ordem do venerado e patologicamente reservado Sir Stewart Menzies, que foi chefe do Serviço entre 1939 e 1952.

Será que Menzies levou a chave? Será que foi enterrada com ele? Será que ele levou seus segredos literalmente para o túmulo? Ele tinha todas as razões para isso. Fora um dos pais fundadores de Bletchley Park. Conduzira milhares de interrogatórios privados com Winston Churchill. Negociara com movimentos de resistência antinazistas no interior da Alemanha, com o almirante Canaris, o dividido chefe do Serviço Secreto alemão, e com a Abwehr. Só Deus sabe o que poderia haver naquele cofre.

No meu romance *Um espião perfeito*, ele surge como o arquivo de metal lascado verde que acompanha o *alter ego* de Ronnie, Rick, na sua jornada. Supostamente, continha a soma das suas dívidas para com a sociedade, mas também jamais fora aberto.

Nesse meio-tempo, o prazo está correndo. A qualquer momento, o novo inquilino estará exercendo seus direitos legais. Uma decisão executiva urgente é necessária. Muito bem, o Serviço já arrombou algumas fechaduras e parece que está na hora de arrombar outra: mandem chamar o arrombador do Serviço.

O arrombador do Serviço conhece seu ofício. Com desconcertante velocidade, a fechadura cede. O arrombador abre a porta de ferro, que guincha com o movimento. Como os caçadores de tesouro Carter e Mace ante a tumba aberta de Tutancâmon, os espectadores esticam o pescoço para uma primeira olhada nas maravilhas no interior do cofre. Não há nenhuma. O cofre está vazio, desnudo, inocente até mesmo do mais mundano segredo.

Mas esperem! Esses são conspiradores sofisticados que não são facilmente enganados. Será uma distração, um cofre falso, uma muralha externa para proteger o santuário interno? Mandam buscar um pé de cabra. O cofre é gentilmente retirado da parede. O oficial mais graduado olha atrás dele, solta uma exclamação abafada e retira um par bem

O ÚLTIMO SEGREDO OFICIAL

empoeirado, bem grosso e bem velho de calças cinza, com uma etiqueta presa a um alfinete de segurança. A inscrição datilografada declara que aquelas foram as calças usadas por Rudolph Hess, vice de Adolf Hitler, quando voou até a Escócia para negociar um tratado de paz com o duque de Hamilton, na equivocada crença de que o duque partilhava das suas opiniões fascistas. Abaixo da inscrição há uma anotação à mão na tradicional tinta verde do chefe:

Por favor, analise, porque pode nos dar uma ideia da situação da indústria têxtil alemã.

Fontes

O editor reconhece com gratidão as seguintes fontes. Alguns destes artigos foram reproduzidos conforme publicados na época. Outros foram usados apenas em parte.

Capítulo 10: Indo a campo
"The Constant Muse" [A musa constante] foi publicado pela primeira vez nos Estados Unidos na *New Yorker* em 2000, e no Reino Unido, na *Observer* e no *Guardian* em 2001.

Capítulo 24: Guardião do seu irmão
"His Brother's Keeper" [Guardião do seu irmão] surgiu originalmente como posfácio de *A Spy Among Friends* [*Um espião entre amigos*], de Ben Macintyre, publicado nos Estados Unidos pela Crown Publishing Group, e no Reino Unido, pela Bloomsbury em 2014.

Capítulo 25: Quel Panama!
"Quel Panama!" foi publicado pela primeira vez nos Estados Unidos no *New York Times* e é usado aqui com permissão, e foi publicado pela primeira vez no Reino Unido no *Daily Telegraph*, em 1996.

Capítulo 26: Sob disfarce
"Under Deep Cover" [Sob disfarce] foi publicado pela primeira vez nos Estados Unidos no *New York Times* e é usado aqui com permissão, e foi publicado pela primeira vez no Reino Unido no *Guardian* em 1999.

Capítulo 27: Caçando senhores da guerra

"Congo Journey" [Jornada pelo Congo] foi publicado pela primeira vez nos Estados Unidos na *Nation* em 2006, e no Reino Unido, no *Sunday Telegraph* em 2006.

Capítulo 28: Richard Burton precisa de mim

"The Spy Who Liked Me" [O espião que gostava de mim] foi publicado pela primeira vez na *New Yorker* em 2013.

Capítulo 29: Alec Guinness

"Mission into Enemy Territory" [Missão em território inimigo] foi publicado pela primeira vez no *Daily Telegraph* em 1994 e reimpresso como prefácio de *My Name Escapes Me: The Diary of a Retiring Actor* [*Não lembro meu nome*: o diário de um ator prestes a se aposentar], de Alec Guinness, publicado pela Hamish Hamilton em 1996.

Capítulo 33: Filho do pai do autor

"In Ronnie's Court" [Na corte de Ronnie] foi publicado pela primeira vez nos Estados Unidos na *New Yorker* em 2002, e no Reino Unido, no *Observer* em 2003.

Este livro foi composto na tipografia Dante MT Std,
em corpo 12/15,5, e impresso em papel off-white
no Sistema Cameron da Divisão Gráfica
da Distribuidora Record.